格差の連鎖と若者 3

石田浩［監修］

ライフデザインと希望

佐藤香［編］

編集協力
東京大学社会科学研究所附属社会調査・
データアーカイブ研究センター

keiso shobo

シリーズ刊行のことば

　現代日本の若者を取り巻く環境は，厳しさを増している．特に1990年代以降，安定した職場に就職しそこで働き続け，交際相手をみつけて結婚するという以前には当たり前であったことが難しく感じられ，若者たちは乗り越えなければならない多数のハードルが存在することを痛感するようになった．

　事実，1990年代からの景気停滞は，新規の学卒者の就職機会を大きく後退させた．学校が組織的に学生たちの就職活動を支援することで，卒業と同時に安定した正規社員の仕事を得るといった慣行は揺らぎ，教育の世界から職業の世界へのスムーズな移行が困難になってきたと指摘されはじめたのもこの頃である．若年者の失業率が上昇し，学校から職場への移行問題がすでに深刻化した欧米での出来事が，にわかに日本でも現実味を帯びてきたのである．

　新規学卒者の一括採用による長期雇用を前提とした「日本型雇用慣行」は，若年労働者の賃金を相対的に低く設定することで，中高年労働者の相対的に高い賃金を保障するという仕組みがある．若年の正規社員は，雇用保障と社内での昇進の長期的な展望の見返りに，低賃金の長時間労働や転勤といった働き方を受け入れることを余儀なくされる．このような雇用慣行の下では，すでに雇われている正規社員の雇用と賃金を保障せざるを得ず，景気の悪化に伴って急遽取りやめることはできない．そこで企業は，固定費となる正規社員の雇用をできるだけ抑え，非正規社員の雇用を増やし，正規社員が担ってきた業務を代替させ，柔軟性を確保する必要がある．既得権の恩恵に与らない若年者こそ「新たな」ニーズを埋める絶好の人材となり得る．このように，絞り込んだ正規社員であっても企業は固定費を回収すべく若者への労働強化を図り，非正規の雇用の場合には雇用保障，賃金，福利厚生の面での不利を甘受せざるを得ず，若年を取り巻く労働環境は厳しさを増している．

シリーズ刊行のことば

　また少子高齢化に代表される社会的環境の変容は，若者の生き方（ライフコース）の変化と大きく関わっている．例えば，1989年の合計特殊出生率が丙午の年よりも低い値となったことを受けた「1.57ショック」は，少子化の問題を公の舞台に押し上げた．少子化は現役労働人口の減少に伴う税収入の減少を生み，高齢化による社会保障費の増加の中で財政のアンバランスが懸念された．その背景として真っ先に指摘されたのが，若者が結婚時期を遅らせ（晩婚化），あるいは一生結婚しない者が増える（未婚化）傾向である．結婚年齢は上昇傾向にあり，生涯未婚率も上昇していることから，若年者の結婚への道が険しくなっていることがわかる．しかし，若者が結婚を希望しなくなったわけではない．結婚願望は依然として強い一方で，その願望が実際にかなえられない現実がある．

　21世紀に入り，社会経済の環境は大きく変容し，これまで当然と思われてきたことがそうではなくなってきた．それでも若者は1歩1歩，社会を構成する1人前のメンバーである「大人」へと成長する道を歩んでいかなければならない．スムーズな大人への移行を実現するのは，若者個人だけの問題ではなく，その移行を支援し環境を整える社会にとっても重要な課題である．「大人への移行」とは，親から独立し経済的に独り立ちすること，仕事を持ち納税の義務を果たし投票すること，結婚し子どもを育てること，などさまざまな局面での経済的・社会的・市民的「自立」のプロセスと密接に関連している．

　若者の大人への巣立ちというライフコースの過程と格差の関連を考えるのが，本シリーズの問題意識である．若者の間の格差・不平等の現状はいかなるものなのか．格差はどの時点で生まれ，連鎖していくのか．具体的には，生まれ落ちた家庭の不平等，教育を受ける機会の格差，はじめての仕事での有利さ・不利さの違い，交際や結婚という家族形成をめぐる格差など，若者が歩むライフコースの過程で，格差がどのように生成されてくるのか，初発の格差がその後の人生における有利さ・不利さとどのように関連していくのか，について実証的な調査データに基づいて分析していく．

　現代日本の若年者をめぐる格差の生成・連鎖とライフコースの関連を把握するために，東京大学社会科学研究所（東大社研）では，「働き方とライフスタイルの変化に関する全国調査」（JLPS: Japanese Life Course Panel Surveys）とい

うパネル（追跡）調査を実施している．本調査研究は，通称，東大社研パネル調査プロジェクトと呼ばれ，若年，壮年，高卒パネル調査という3つの調査を実施している．同じ対象者を何年にもわたり追跡することで，対象者の人生の軌跡を丹念に跡付けることができるところに最大の特色がある．ライフコースのさまざまなイベント（転職，結婚，出産など）の発生時期やその効果をつぶさに観察することができると同時に，それぞれのライフコースの段階で若者個人がどのように考え，意識を変化させたのかを辿ることが可能となる．3巻のシリーズ本は，このJLPSを利用した東大社研パネル調査プロジェクトの成果である．

毎年3つのパネル調査を継続的に実施するのは，多くの時間と労力を要求される．東大社研パネル調査プロジェクトの参加者，特に調査実施委員会のメンバーであった朝井友紀子，有田伸，石田賢二，伊藤秀樹，大島真夫，小川和孝，佐藤香，佐藤博樹，鈴木富美子，田辺俊介，戸ヶ里泰典，中澤渉，藤原翔，三輪哲，諸田裕子（故人），山本耕資，吉田崇の皆さんには，多大なご尽力をいただいた．社会科学研究所の歴代の所長（仁田道夫，小森田秋夫，末廣昭，大沢真理）には，社研パネル調査プロジェクトについて，適宜必要なときに支援の手を差し伸べ，暖かく見守っていただいた．研究所の附属施設である社会調査・データアーカイブ研究センターには，職業・産業コーディングと調査データの公開に関して援助を受けた．これらの人々・組織の力が結集されなければ，このような形で長期に渡り調査を継続し，プロジェクト研究を推進することはできなかった．

調査の実施と分析にあたっては，日本学術振興会の科学研究費補助金基盤研究(S)(18103003, 22223005)，特別推進研究（25000001），基盤研究(C)(25381122)および厚生労働科学研究費補助金政策科学推進事業（H16－政策－018）の助成を受けた．社研パネル調査プロジェクトの運営とパネル調査の継続にあたっては，東京大学社会科学研究所からの研究および人的支援，株式会社アウトソーシングからの奨学寄付金を受けた．

本シリーズの刊行を強く勧めてくださったのは，勁草書房の松野菜穂子氏である．東大社研パネル調査プロジェクトの仕事に早くから関心を寄せられ，3巻構成として体系的なシリーズ本としてまとめることを提案してくださり，編

シリーズ刊行のことば

集面でも大変お世話になった．

　最後になるが，いうまでもなく，私たちの調査・研究プロジェクトが何年にも渡り継続することができ，本書のような研究成果を世に問うことができるのも，調査の対象となったひとりひとりの回答者が，毎年真摯に調査に協力してくださったからにほかならない．心から感謝申し上げたい．

2016 年 10 月

石田　浩

目　次

シリーズ刊行のことば ……………………………………石田　浩　i

序　章　パネル調査がみてきた若者たちの自立への歩み …佐藤　香　3
　1.　若者のトランジション問題　3
　2.　日本の若者がおかれている状況　10
　3.　「働くこと」にかかわる社会システム　16
　4.　若者の自立プロセスを明らかにするために　21

第 I 部　家族とのつながりのなかで考える

第 1 章　幸せ感からみた若者の多様性 ……………………鈴木富美子　31
　　　　　――ジェンダーと女性間の違いに着目して

　1.　多様な若者をどう捉えるか　31
　2.　本研究の特徴と目的　33
　3.　幸せ感におけるジェンダーの違い　34
　4.　客観的状況（収入）と主観的状況（幸せ感）による類型の作成　38
　5.　幸せ感における女性間の違い――類型による分析　39
　6.　おわりに　50

目 次

第2章　何を重視し，どう行動するか ……………………深堀聰子　57
　　　　――日米の若者の価値観・進路・家族

　1．若者を取り巻く社会環境　58
　2．データの概要　61
　3．日米の高校生の価値観　64
　4．高校生の価値観と高校卒業後の予定進路　68
　5．高校卒業後の価値観と職業キャリア形成・家族形成　74
　6．おわりに　78

第3章　親元にとどまる若者 ………………………………伊藤秀樹　83
　　　　――のしかかる「重層的な支出」

　1．親との同居と経済的な困難　83
　2．データの概要　85
　3．誰が親と同居しているのか　87
　4．親と同居する若者の事情　89
　5．重層的な支出へと水路づける社会の構図　97
　6．「依存」された結果としての親との同居　102

　　　　第Ⅱ部　社会とのつながりのなかで考える

第4章　若者の描く将来像 …………………………………元治恵子　109
　　　　――キャリアデザインの変容

　1．若者を取り巻く状況　109
　2．若者の描く将来　111
　3．データと変数　114
　4．自立へのプロセス　115
　5．30歳時のキャリアデザイン　117

6．女性のライフコース希望と 30 歳時のキャリアデザイン　123
　　7．まとめ　128

第5章　分化するフリーター像 …………………山口泰史・伊藤秀樹　133
　　　　　――共感されない非正規雇用の若者たち
　　1．若年非正規雇用問題の解決に向けて　133
　　2．データと変数　138
　　3．誰が非正規雇用を経験しているのか　139
　　4．非正規雇用経験者は「自己肯定」をしているのか　143
　　5．フリーター観は若者の間で分化しているのか　146
　　6．閉じ込められる非正規雇用の若者たち　149

第6章　投票に行く若者は誰か……………………………長尾由希子　157
　　　　　――雇用形態・不公平感と投票行動
　　1．雇用形態の違いと社会参加のひとつとしての投票行動　157
　　2．調査協力者の状況　160
　　3．雇用形態別不公平に対する感度の違い　163
　　4．誰が投票に行くのか　166
　　5．おわりに　169

第7章　希望は失われているのか？ …………………………田辺俊介　177
　　　　　――格差と希望喪失の共犯関係
　　1．「希望喪失」として語られる現代日本社会　177
　　2．「希望」は失われつつあるのか？　179
　　3．希望に格差があるのか？――希望と社会階層　184
　　4．希望の効果についての分析　186
　　5．希望喪失論と階層格差　189

目　次

終　章　就労支援から自立支援へ……………………………佐藤　香　203
  1. 若者たちがおかれている現状　　203
  2. 自立していないのは若者だけなのか　　219
  3. 結びにかえて　　226

付　録　分析に使用した調査票の設問一覧 …………………………………231

索　引………………………………………………………………………………254

格差の連鎖と若者　第3巻

ライフデザインと希望

序 章

パネル調査がみてきた若者たちの自立への歩み

佐藤 香

1. 若者のトランジション問題

1.1 高卒「無業者」の発見から「フリーター」問題,「トランジション」研究へ

　1995年の秋,まだ大学院生で修士論文を書いていた頃であるが,苅谷剛彦教授（東京大学,当時）が立ち上げたある研究会に参加することになった.この研究会のそもそもの目的は,バブル崩壊後,高卒就職者の新規学卒一括採用がどのような影響を受けたのかを明らかにすることにあった.

　その頃,バブル崩壊から数年がたって,新聞などでも大学生の就職難が大きく取り上げられていた.対照的に,高校生の就職難は,それほど重要視されてはいなかった.とはいえ,すでに「学校基本調査」の卒業後の進路データは,93年頃から,高校卒業後の進路が進学でも就職でもない「無業者」が増加していることを示していた.こうしたなかで,高卒就職者の就職決定プロセスに何らかの変化が生じ,新規学卒「失業者」が存在することが予想された.研究会では,調査の準備を進めるなかで,就職活動がうまくいかなかった結果,いわば一種の失業者として無業者が生み出されているのではないかと推測していた.とくに東京では「無業者」率が高かったことから,研究会では調査対象を東京都内に限定し,翌96年の1～3月にかけて,都内13校の高校3年生1804人に質問紙調査を実施した.

序　章　パネル調査がみてきた若者たちの自立への歩み

　事前の推測とは異なり，調査の結果，私たちが発見したのは，無業者の多くが新規学卒「失業者」ではなく，就職活動も進学準備も十分におこなわないまま卒業を迎えてしまった「進路未定者」であるという事実だった．高度経済成長期以降，新規学卒一括採用や実績関係にもとづく就職推薦など，日本に特徴的な就職のメカニズムのもとで，欧米とは異なり，日本の若者の失業率はきわめて低位で安定していた．この状態が大きく変化したことが，うかがわれた．

　この研究会からは，苅谷剛彦・粒来香・長須正明・稲田雅也「進路未決定の構造」(1997) および粒来「高卒無業者層の研究」(1997) の成果があげられた．これらは，高校卒業までに就職と進学という2つの進路のいずれかを選択して準備することが困難になりつつある現状を指摘してはいるものの，労働市場など社会システムとの関係などにまで十分な目配りがなされているとはいえなかった．

　その後，「学校基本調査」の卒業後の進路についての項目から「無業」はなくなり，「左記以外の者」と表記されるようになった．「無業者」に焦点をあてた進路研究は「フリーター研究」と呼ばれ，より射程を拡げて「トランジション（移行）研究」となり，さまざまな研究者によって，その研究領域を広げ，また変化しつつ，多くの研究が蓄積されてきた．

　ここでは，これらの研究蓄積を詳細に紹介することはできないが，きわめて大雑把にいえば，次のようにいうことができるだろう．これらの研究は，そのほとんどが教育と労働（とくに初期キャリア）の2つの世界を扱ってきた．当然のことながら，2つの世界のどちらに比重をかけるかは，研究者によって異なる．けれども，いずれにしても，教育と労働の初期キャリアという，ライフコース全体からみれば一部を切り取って，その問題を指摘してきたといえる．

1.2　狭義／広義のトランジション

　日本のトランジション研究が学校から職業への移行を対象とするのに対して，イギリスの若者を対象としたジョーンズ＆ウォーレス『若者はなぜ大人になれないのか』(Jones and Wallace 1992 = 1996) では，より広い「青年期から成人期への移行」を対象とする．イギリスをはじめ欧米諸国では1980年代から，深刻な若年失業率や貧困が大きな社会的問題となってきた．本書でジョーンズ

とウォーレスは「若者が層として不利益集団になりつつある」と主張している．

この事実を正確に理解し，社会的な対策を講じるためには，若者に関する一連の状況を「若者の自立の権利の剥奪」としてとらえる必要があるという．彼らは，現代の青年期から成人期への移行が，かつてのように学校卒業→就職→結婚といったライフイベントの経験により完了するものではなくなったと強調している．ライフコースの前半期を包括的に自立へのプロセスとしてとらえる必要があり，それは複数のライフイベントが連続したものではなく，「総体としてのシティズンシップを獲得するプロセス」とみなされるべきであるという．

シティズンシップは，日本社会ではまだ，十分に浸透しているとはいえない概念で，そのためジョーンズ＆ウォーレスの『若者はなぜ大人になれないのか』（1992＝1996）は，やや読みにくいものになっている．シティズンシップは英語圏においても，明確な定義をもつ概念ではなく，多義的で多様な定義がもちいられている．本書では，シティズンシップを市民的・政治的・社会的という3つの要素から構成されるものとして定義している．「シティズンシップとは，福祉資本主義社会において，ある年齢に達すれば暗黙のうちに与えられる，個人に対するひとまとまりの権利と責任のことである．青年期とは"シティズンシップへの移行"すなわち"社会へ完全に参加する状態"へと移行する期間とみなすことができる」(Jones and Wallace 1992＝1996: 43)．

ここで，「総体としてのシティズンシップの獲得」を「自立＝社会への完全参加」と読み換えれば，日本の文脈における理解が容易になるだろう．成人年齢に達して政治参加の権利を有し，経済的に親に依存することなく生活を営み，自らの選択によって新たな家族を形成し，その生活を維持すること，と考えることができる．ここで重要なのは，経済的な自立である．

ジョーンズとウォーレスは，「社会への完全参加」における経済的自立の重要性について述べている．「若者の社会への完全参加が許される場合には，経済的自立が達成されなければならない」(Jones and Wallace 1992＝1996: 48)，「現代の英国では，経済的自立と国民として市民生活の利益を得る権利は，ますますフルタイムの有給雇用によってのみもたらされるものとなってきた」(Jones and Wallace 1992＝1996: 49)，「賃金は，青年期の経済的自立を達成する手段として常に重要であり，『シティズンシップの鍵』と記述されてきた．仕

事に就けるかどうかによって，離家や，結婚などの成人期と結びつく出来事が決まる」(Jones and Wallace 1992 = 1996: 54).

1.3 イギリスにおけるトランジションの変容

若者が「層としての不利益集団」になるということは，社会への完全参加が困難な若者が増大したことを意味する．その背景には，第二次世界大戦後にイギリスが進めてきた福祉政策と，その後の政策転換とがあった．

第1に，60年代から顕著になった高等教育進学率の上昇があげられる．

　英国では，長期間でみると若者に対する最も重大な変化は，1963年のロビンズ報告の結果生じた．この報告では，高等教育はシティズンシップの基本的権利であると明確に記述されている．いわゆる「ロビンズ原則」は，能力を有するものは誰でも，高等教育を受ける権利を持つべきであり，それは生活補助金を平行して支給することにより保証される権利であると述べている．(Jones and Wallace 1992 = 1996: 61)

　授業料は学生の出身家族の地方自治体によって支払われている．1964年以降，高等教育機関に受け入れられた学生は，必須の生活補助金を支給されている．この助成金は，必要があって親元を離れても学生の生活を支える上で十分の額である[1]．(Jones and Wallace 1992 = 1996: 113)

第二次世界大戦後，福祉国家政策を進めたイギリスでは，大学などの高等教育の費用は自治体が負担し，さらに学生には生活費が支給された．これによって高等教育進学率が上昇した．こうした教育年限の延長（学生時代が延びること）は，若者の自立を遅らせることに結びつく．ただし，1960年代の学生は，授業料や生活費を親に依存することなく高等教育を受けることができた．

第2は，70年代のイギリス経済における不況である．

　1970年代の最も劇的な変化は，失業の増大であった．……その当時の研究によれば，若者は「振子効果」により，失業の一般水準の上昇からとくに大きな影響を受けた．この振子効果とは，成人に対する失業の影響が若者に

対してより増幅して現れることであった．1970年代には，若者は大恐慌の間でさえ経験したことがないようなやり方で，労働市場で構造的に不利な扱いをされていると論じられることが多くなった．失業の増大は，シティズンシップの基本的な教義である仕事の権利の基盤を危うくした．完全な賃金の権利を持っていないだけではなく，若者は他の集団と比較して，仕事の権利すらわずかしか持っていないと見なされた．（Jones and Wallace 1992 = 1996: 74）

第3は，経済がますます後退するなかでのサッチャー政権の登場と，80年代を通じておこなわれた一連の改革である．

若者は卒業後失業することがキャリアの一部として一般的になった．最も厳しい影響を受けたのは，最も低い資格を持ち，それ以前なら卒業して直ちに単純な仕事に就いた若者集団であった．彼らの出身家庭は，彼らに賃金を家にいれ，家計を助けるよう期待するような家庭であった．しかし彼らはそうした期待に応えられず，失業して社会保障を請求していたのである．（Jones and Wallace 1992 = 1996: 75）

18歳未満の若者は，訓練の機会が与えられるという理由から，1988年に失業手当の受給資格を喪失した．……社会の一員であることに基づいて福祉の権利へアクセスするのではなく，働いて貢献する責任を負うことによって，アクセスするようになった．（Jones and Wallace 1992 = 1996: 81）

この結果，80年代の英国では「成人期への移行」のありかたが連続的に変化していった．ジョーンズとウォーレスは，多くの低学歴者にとって，学校から仕事への単純な移行はもはや存在せず，同時に，家族形成のパターンにも変化が生じたとしている．「同棲が増え，結婚と出産との関連は希薄になった．住宅の私有化に伴って，低家賃の住宅利用は難しくなり，独立居住への移行はますます困難になった．それぞれの移行は一層複雑になり，標準化されないものになってきた」（Jones and Wallace 1992 = 1996: 30）．

これら社会的・経済的背景のうち，最初の2つは日本社会にもあてはまる．

日本では，90年代以降，高等教育進学率が急速に上昇した．しかも，大学生の8割が私立大学に在籍し，教育費・生活費とも親に大きく依存していることを考えれば，日本の若者の自立は，英国よりも遅れることになるだろう．

また，バブル崩壊後の「失われた20年」のなかで，新規学卒一括採用という若者に有利な雇用慣行があるとはいえ，その恩恵を受けることのできない学生も大幅に増加した．若者が社会への完全参加の鍵となる「フルタイムの有給雇用」に付くことが困難になったという点では，日英とも共通といえる．

第3の社会的給付については，かつて「揺りかごから墓場まで」といわれた福祉政策をとっていたイギリス特有の問題といえるだろう．80年代までのイギリスでは，若者を社会に完全参加できるよう支援するのは，親ではなく，社会の役割だという思想が浸透していたと考えられる．財政支出削減のため，より長期にわたって若者を親に依存させる必要が生じたことが指摘されている．

1.4 トランジションにおける階層性・ジェンダーと若者の分化

ひとくちに青年期といっても，各個人がおかれている社会的・経済的状況によって，その内実は大きく異なる．ジョーンズとウォーレスは，このことを構造的コンテクストと呼ぶ．一方，青年期はライフコース上の一段階であり一部分であることから，成人期への移行プロセスとしても，とらえる必要がある．ジョーンズとウォーレスは，青年期を，この2つの側面，すなわち構造的コンテクストと成人期への移行プロセスとの両面から把握しなければならないと，繰り返し主張している（Jones and Wallace 1992 = 1996: 42-43）．

当然のことながら，所属する社会集団が異なればライフコース上での経験も異なる．この，社会集団（公的領域における構造的コンテクスト）とライフコース上での経験（私的領域における移行プロセス）との関係を対象とすることによって，はじめて社会学の領域で個人史を扱うことが可能になり，若者に影響を及ぼす社会政策に対して建設的批判をおこなうことができるようになる（Jones and Wallace 1992 = 1996: 221-222）．

構造的コンテクストに着目すれば，そこには社会的な格差が存在する．たとえば，学校（日本では高校）卒業後の進路は，社会階級，家族的背景，学業成績などによって異なる．高校卒業後すぐに就職するか大学に進学するかによっ

て学校から職業への移行のありかた,すなわち狭義のトランジションが異なってくる.これが広義のトランジション(成人期への移行プロセス)の違いと関連することは,容易に想像されるだろう.

図表序-1は,1980年代初頭のイギリスにおいて,ライフイベントの発生年齢が社会階級とジェンダーによって,どのように異なるかを示したものである.「成人期への移行」のあり方に影響を与える要因はさまざまにあるが,少なくとも社会階級とジェンダーという2つの要因を無視することはできない.

図表序-1 1980年代初頭におけるライフイベント発生年齢 (中位値)

年齢	ミドルクラス 男性	ミドルクラス 女性	労働階級 男性	労働階級 女性
16			学校卒業	学校卒業
17				
18	学校卒業	離家		
19		学校卒業		
20	離家			離家・結婚
21				第一子出生
22			離家	
23		結婚	結婚	
24			第一子出生	
25	結婚	第一子出生		
26				
27				
28	第一子出生			
29				
30				

注:Jones and Wallace(1992 = 1996)p. 162 図表5・3より筆者が作成.

成人期への移行のあり方は,もともと階級やジェンダーによって異なる.さきに述べた高等教育の拡大,失業率の上昇,社会政策の変更などが生じると,親への依存を問題なく長期化することができる層と,親には依存できず自立することも困難な層との間の格差が拡大する.そのため,若者全体の移行のありかたが変化するだけでなく,より有利な移行をする者と,より不利な移行を余儀なくされる層とに分化することになる.この点について,ジョーンズとウォーレスは次のように述べている.

教育の延長,若者に対する移行的制度の創設および移行局面の混乱は,若

者の間の分化の進行と結びついている.訓練生,学生,失業者はすべて移行状況にあるとはいえ,平等な集団ではなく,長期の軌道は極めて異なっている.学生にとって,青年期の従属と相対的貧困は,社会でより高賃金の仕事や高い地位を得る大人としての時期に先立つものであろう.ところが,訓練生および失業している人々にとっては,このような成人への移行期が,二流シティズンシップを持つ人々の,生涯の中の一時期となるかもしれない.
(Jones and Wallace 1992 = 1996: 88)

　青年期の不利な立場は階層化されている.社会の底辺にいる若者が最も不利な立場に置かれているが,他の年齢層と比べ,若者全体がますます不利な立場に苦しんでいる.若者は,歴史時間の中で年齢と位置だけで結ばれた不均一な集団である.彼らの問題は,組織化した声を持たず,実際のところ容易には自己主張することができない点にある.若者は労働組合運動,政党,圧力団体(ユースエイドという圧力団体の著名な例外はあるが)のような政治的ロビー活動からは置き去りにされている.全政党が個人の権利を強調する時代に,若者がそのレトリックから明らかに除外されているのは,極めて皮肉に思われる.若者にも権利と責任があることが認識されるべきであろう.
(Jones and Wallace 1992 = 1996: 224)

2. 日本の若者がおかれている状況

2.1 イギリスを合わせ鏡にして
　ここまで,1980年代後半のイギリスを対象としたジョーンズ&ウォーレス(1992 = 1996)に沿って,広義のトランジションにおける論点をみてきた.これを合わせ鏡として,日本の若者の状況について,その特徴を考えてみたい.

(1) 失業者になれない日本の若者
　イギリスの場合,就業経験のない新規学卒者でも職業訓練に参加すれば給付が支払われ,一定の年齢に達していれば失業給付を受けることもできる.
　それに対して,日本では,失業したときに失業手当が支払われる雇用保険には,雇用されていない者は加入できない.正規雇用であれば,ほとんどの労働

者が加入しているが，パートやアルバイトなどの非正規雇用では半数近くが加入条件を満たさず，加入していない．ましてや，新規学卒者で就業経験がなければ，就職できずにいても失業手当の給付対象とはならないため，多くの若者は何らかの収入を得るためにアルバイトなど非正規の仕事に就くことになる．また，学卒時に正規雇用に就いたとしても，就職後，6ヵ月未満で退職した場合は，失業保険の給付対象とはならない．6ヵ月以上働いたとしても，自己都合退職（自分の都合で退職を願い出たとき）では，退職してから3ヵ月間は失業手当を受けることができない制度となっている．日本では，若者が失業手当を受けることに対して，かなり高いハードルが課されているといえるだろう．

　バブル崩壊以降，日本経済は非正規雇用を急速に拡大させてきた．正社員の雇用機会はなくても，非正規雇用がなくなるということはない．非正規雇用に就く若者は，しばしば「フリーター」と呼ばれるが，小杉（2003）では，フリーターのタイプを「やむを得ず型」「モラトリアム型」「夢追い型」の3つに分類している．正社員になれなかった学卒者が，その代わりに"やむを得ず"一時的な仕事をするだけでなく，"自分に向いている仕事がよくわからない"ためにモラトリアムとして非正規の仕事に就いたり，"音楽や芸能など特殊な領域で成功する"夢を追いかけつつ生計の手段としてアルバイトをしたりする．これほどまでにフリーターが拡大した背景には，「フリーター」という呼称が定着したこと，非正規の雇用機会が少なくないこと，失業できないこと，という日本社会に特有の条件があった．

　ところが，一方で，労働市場は新規学卒市場とその他の市場とに分断されており，新規学卒採用が基本であるという点では変化がない．そのため，新規学卒時に正社員の雇用機会をつかめなかった場合は，特別なスキルをもたない若者の正社員就職は難しい．さらに，非正規雇用からの正社員登用は，きわめて限定的なものに限られている．

　日本の非正規雇用は，既婚女性のパート労働がその基盤を支えているためもあって，賃金水準が過度に低く抑えられている．非正規雇用による収入で衣食住の生活全般を支えることは難しく，経済的自立が困難である．衣食住のうち，少なくとも，とくに大きな支出となる「住」の部分を親に依存するしかない．

(2) 日本の親子における依存関係

さきにもふれたように，大学生の教育・生活が経済的に大きく親に支えられている点が日本社会のひとつの特徴である[2]．日本の親子は，強い依存関係にあるが，そのことを互いに意識していない．

1999年には，「パラサイト・シングル」という「学卒後もなお親と同居し，基礎的生活条件を親に依存している未婚者」（山田 1999）の存在が指摘され，大きな話題となった．このパラサイト・シングルは，時代的背景もあって「独身貴族」の色合いが濃いものだったため，現実を反映していないという批判がなされたが，日本の親子の強い依存関係を指摘した点では評価される．

親子の依存関係が，狭義／広義のトランジションにおいて，どのような影響をもつかについては，実は，それほど明らかにされているわけではない．漠然と，子どもの自立を遅らせるのではないかと考えられるにとどまっている．

そのなかで，宮本みち子は，2000年代初頭から若者の自立を親子の関係から考察してきた[3]．たとえば宮本（2005）では，首都圏・関西・東北在住の51ケースの聞き取り調査をもちいて，狭義のトランジション，すなわち学校から職業への移行に際して，家庭環境がどのような役割を果たすのかを考察している．親が経済的にも精神的にも子どもを支えることができず，他の家庭のような親子の依存関係を築けない場合，子どものトランジションは困難で，貧困の連鎖があらわれることも少なくない[4]．

　このようなタイプの若者は，親に依存することができないだけでなく，不和，放任，親の病気や怪我，借金などを体験し，親の理不尽な横暴にもさらされている．このような環境のなかでは，自力で稼ぐことは貧困からわずかでも脱出し，親から解放される手段なのである．高校時代にアルバイト収入の一部を家計に入れている者もいる．いったんアルバイトを開始すると，親には経済的に頼る（小遣いをもらう）段階は終了したと親子双方で認識するようである．その意味で，親からの自立は早い．（宮本 2005: 158）

ところが近年では，自立への開始が早いにもかかわらず，不安定な雇用，少ない収入などに規定されて，親からの完全な自立を達成するのに長期間を要するばかりか，達成すること自体もおぼつかないような状況になっている

ことに問題がある．親の家から出て独立して暮らしたいと願いながらも，収入が少なくて親の家を出られない者のほうが圧倒的に多い．それゆえ当然，結婚して自分の家庭をもつメドが立たない者が少なくない．（宮本 2005：192）

(3) ジェンダーと性別役割分業

ジョーンズ＆ウォーレス（1992＝1996）でも繰り返し指摘されているが，成人期への移行におけるジェンダー（社会的な性別による違い）の問題は重要である．成人期への移行の鍵となるのは経済的自立であるが，とくに日本では，個人で経済的自立を達成する女性は，まだ一部に限られている．ジョーンズとウォーレスは，男性に経済的に依存している場合，女性のシティズンシップは代理人を通じた部分的なものにとどまり，完全な社会参加は達成できていないと考えている（Jones and Wallace 1992＝1996：46）．

ジェンダーの問題と深くかかわっているのが性別役割分業である．いわゆる「男性は仕事，女性は家事・育児」という考えかたを示す．日本では，性別役割分業が，現実のレベルというよりも，規範のレベルで強く存在することから，女性の経済的自立が自明のものとして実現するような社会システムになっていない．この社会システムを前提にしている以上，経済的自立を目指す女性も少なく，達成できない場合でも，それが問題視されることはない．だが，そのために女性の賃金水準は低く抑えられ，そのことが，また女性の専業主婦志向につながるという構造になっている．

女性の成人期への移行が経済的自立をともなわないまま達成された親の世代は，娘にも経済的自立を期待しないだろう．けれども，親の世代と現在の若者たちとでは，社会的な環境が大きく異なっている．

親の世代（おおむね男女雇用機会均等法以前に成人期を迎えた人々である）で経済的自立を目指した女性の多くは，結婚・出産を諦めざるをえなかった．それだけの代償を支払って，経済的自立を達成したとしても，女性としての役割からの逃避・役割の放棄として，非難の対象となることさえあった．逆にいえば，女性が経済的自立を達成しないことは非難されるべきではないという社会的合意があったということになる．

それから一世代を経て，現在では，女性の経済的自立と結婚・出産を両立さ

せることは原則として可能である（ということになっている）．ただし，その両立を実現するためには，女性個人の努力が重要であるだけでなく，配偶者や親世代の協力も不可欠である．自分だけでなく家族にも大変な努力を求めながら両立をめざすことも，経済的自立を断念することも，女性の自己選択とされている．こうしたなかで，経済的自立を断念しても非難されることは少ない．

性別役割分業と関連する重要な問題に，ワーク・ライフ・バランスの問題がある．ワーク・ライフ・バランスは，仕事と家庭の両立という文脈で理解されることが多いが，日本人男性の，とくに正社員の大部分では長時間労働が常態化しており，家事や育児，介護などの家庭内の責任を果たすことが困難になっている．この責任を女性が担わざるをえないため，女性が家庭の外で仕事をすることが難しいという側面もある．

こうしたなかで，若い女性たちの選択は，その時々の社会的・経済的環境に左右され，揺れざるをえない．結婚や出産を含めたライフコースを想定しつつ，どのような働きかたをするかを選択するなかで，彼女たちの成人期への移行がどのようなプロセスをたどるのかは，男女共同参画が社会的課題となっているなかで重要な問題といえる．

2.2 就労支援に偏る自立支援政策

冒頭で述べたように，日本のトランジション研究は，その多くが狭義のトランジション，すなわち学校から職業への移行に焦点をあてている．安定した職に就くことは，経済的な自立を達成させ，それが離家や結婚，新たな家族の形成という成人期への移行の他のプロセスをスムーズなものにすることは間違いない．

『希望格差社会』（山田 2004）では，雇用が不安定化した社会のなかで，若者たちが，連鎖的に家族の不安定化・教育の不安定化に直面し，自分自身も不安定な職業生活を送り，希望を喪失していく姿が描かれている．逆にいえば，安定した職業は安定した収入をもたらすだけでなく，社会的な「居場所」となり，社会的ネットワークの核となり，家族をも支える役割を果たす．日本で「働けない／働かない若者」が問題となるのは，彼らが貧困におちいるという懸念からでもあるが，それ以上に，彼らが社会的な「居場所」をもたず，社会的ネッ

トワークを枯渇させていき，家族との関係も崩壊させかねないからである[5]．したがって，「安定した職業の欠如」は，若者の自立を阻害する要因といえる．

そのため，日本の若者のトランジション問題は「働けない／働かない若者問題」と同一視されがちだった．また，しばしばフリーターとニートが並列で語られることからもわかるように，「働けない／働かない」若者と不安定な就業をしている若者とは近い存在として考えられてきた．その結果，フリーターやニートを安定した職に導くことが，若者の自立支援の中心的課題となってきた．

このようにみてくると，現在，学校教育修了後の若者像として，おおむね3種類が考えられていることがわかる．第1は「働けない／働かない若者」，第2は非正規雇用で働いている若者，第3は正規雇用で働いている若者，である．第1および第2の若者に対しては，就労支援を通じて自立を支援しようとする政策が存在する．けれども，第3の若者については，自立が達成された，あるいは，ほぼ確実に達成されるものとして，支援の対象とはなっていない．

だが，安定した職に就きさえすれば，他のプロセスが問題なく進むという保証はない．近年では，安定した職業に就いた若者でさえも自立が困難であることが少なくない．その意味で，就職の重要性を強調しすぎることは，他のプロセスを等閑視する危険と隣り合わせにある．

熊沢誠（2006）では，非正規雇用・正規雇用を問わず，若者の離職率が高い事実を指摘し，その背景や影響を検討している．若者の離職理由としては，非正規雇用では不本意就職や仕事内容の貧しさが多いとされる．一方，正規雇用では休暇取得の不十分さをともなう長時間労働，それを不可避にする過重なノルマ，そこにまつわる人間関係の緊張，それらのベースになっている「即戦力論」によって選別をはかる労務管理などがあげられる（熊沢 2006: 53-55）．非正規雇用の若者は「使い捨てられ」，正規雇用の若者は「燃え尽き」る．そこに熊沢の危機感がある．

燃え尽きて退職した若者は，さきにもふれたように，必ずしも失業手当を受けることができるわけではない．受けられたとしても，その期間は限られている．失業手当が受けられなかったり，給付期間が終了したりした彼ら／彼女らは，非正規雇用で働き始めるしかない．あるいは再就職の意欲さえ失ってしまうかもしれない．こうした状況について，熊沢はフリーター・ニートの存在と

離職を余儀なくされる正社員とは，相互補完的であるという．「それゆえ，主としてフリーター・ニート問題という文脈で語られる若者労働論が，学校から職場への『トランジションの困難』を重視するあまり，正社員の離職理由としての労働現場の状況を視野の外におくとすれば，それはまったく不十分」（熊沢 2006: 54）であると主張している．

3. 「働くこと」にかかわる社会システム

3.1　日本の「正社員」制度

さきにみた熊沢（2006）の主張は，言い換えれば，若者の自立支援のためには，若者のワーク・ライフ・バランスを考える必要があるということになる．樋口美雄（2008）は，ワーク・ライフ・バランスについて，次のように語る．

　　ワーク・ライフ・バランスの「ライフ」というのは「生活」という前にまず「生命」ではないかと思わざるを得ないことが起こっている．「生命の維持」とか「生命の誕生」とかに関わる問題です．いまの日本では仕事に偏りすぎて，これらが難しくなっている人が増えている．例えば過労死の問題やメンタルヘルスの問題というようなことが現実に起こっている．（樋口 2008: 36-37）

生命の維持，すなわち生命そのものや健康といったものを危険にさらしてまでもなお，日本の正社員が仕事に打ち込むのはなぜなのだろうか．日本社会における正社員という働きかたから，その理由を考えてみたい．

濱口桂一郎（2010）は，日本型雇用システムを「正社員」体制と呼び，その特徴として次の3つをあげる．第1の，そして最大の特徴は「職務のない雇用契約」である点である．第2は，労働時間と就業場所が限定されていない点である．第3の特徴は，生活給制度でもある年功賃金制度である．

それぞれの特徴について，濱口（2010）に沿って，詳しくみていくことにしたい．第1の「職務のない雇用契約」については，次のように説明される．「日本以外の社会では企業の中の労働をその種類ごとに職務として切り出し，

各職務に対応する形で労働者を採用し，定められた労働に従事させるのに対し，日本型雇用システムでは，企業の中の労働を職務ごとに切り出さずに一括して雇用契約の目的にする．労働者は企業の中のすべての労働に従事する義務があるし，使用者はそれを要求する権利を持つ」（濱口 2010：90）．職務が特定されていないため，ある職務に必要な人員が減少しても，別の職務で人員が足りなければ，その職務に異動させて雇用契約を維持することができる．従来，日本型雇用システムの特徴とされてきた「長期雇用」は，濱口によれば，独立した特徴というよりも，「職務のない雇用契約」であることの論理的帰結であるという．

第2の特徴である労働時間と就業場所の無限定性については，法律上と現実との間に大きな隔たりがあることが指摘されている．「法律上は，……時間外・休日労働は例外的なものである．しかし，現実の労働社会においては，労働基準法の『上限』は，（サービス残業でない限り）そこから残業代の割増が付く基準であるに過ぎない．正社員である以上，企業が時間外・休日労働を命令すればそれに従う義務があり，これに逆らって残業を拒否すれば懲戒解雇の正当な理由となる」（濱口 2010：92）．「同様に，家庭状況を理由に転勤を拒否することも懲戒解雇の正当な理由になる」（濱口 2010：93）．使用者が残業や配転を自由に命じることができ，年次休暇を自由に取得することもままならないのが正社員という働きかたであるということができる．

第3の生活給，あるいは年功賃金という制度は，第1・第2の特徴と深く結びついている．日本型雇用システムでは雇用契約で職務が決まっていないため職務に応じた賃金支払いが困難である．そのときに従事している職務に応じた賃金を支払っていると，高賃金職種から低賃金職種への異動ができなくなり，長期雇用制度も難しくなる．そのため，賃金と職務を切り離し，勤続年数や年齢にもとづいて決める．これが年功賃金制である．年功賃金制には，正社員の家族の生活費も含めて保証する生活給という側面がある．この制度では，子どもができて家族の人数が増えたり，子どもの教育費がかかるようになったりしたときに，それが賄うことができるだけの賃金が，その時期に支払われる．

3.2 「正社員」制度のメリット・デメリット

　正社員は職務・労働時間・勤労場所について限定のない労働義務を負う．その代償として，職務がなくなっても守られる雇用保障があり，その年齢に応じた生活給が支払われる．この生活給に加え，家族手当や住宅手当のような追加的な給付も企業から支払われる．健康保険や雇用保険などについても，企業の一員として，当然，その対象となる．無限定な職務に対応できるように，手厚い教育訓練を受けて幅広い職務を経験していく．

　このような，正社員に対するさまざまな給付をおこなうにあたって，使用者は厳密な査定をおこない，それに基づいて昇給昇進を決定している．「労働者の仕事への意欲や態度といった主観的な要素を重視して差をつけていく『能力主義管理』によって，労働者は仕事に全力投球することを求められ，これが長時間労働のような弊害を伴いながらも，企業の発展に大きく貢献してきた」(濱口 2010: 94)．部分的なデメリットは存在しながらも，労働者にとっても企業にとっても，全体的にはメリットがあったからこそ，日本型雇用システムが定着したといえるだろう．

　労働者にとってのデメリットは，長時間労働だけではない．年齢に応じた生活給を支払われるためには，同一企業に勤務し続けなければならず，企業を移動する転職が不利なものと意識されるようになる．また，生活給の支払いによって労働者の生活を保障する主体が企業である以上，企業の経営状態によって生活が大きく異なってくる．

　さらに重要な問題は，このようなメリット・デメリットをあわせもつ正社員が，男性に限定されているという点である．正社員は会社のメンバーであり，そのために「受け入れなければならない職務，労働時間，勤務場所の無限定さは，それに対応可能な者（妻が専業主婦かせいぜいパート勤務の成人男性）のみに正社員の地位を許すことに」なる（濱口 2010: 100)．

　無限定な職務・労働時間・勤務場所に対応できない労働者は，結果的に非正規労働者として働くことになった．非正規労働者は，正社員とは異なり企業のメンバーとは認められない．したがって，長期雇用制度も年功賃金制度も適用されず，各種の保険や企業別組合への加入も認められないことが多い．「格差」への社会的関心とともに，これらの待遇の違いが問題として指摘されるように

なった．けれども，非正規労働者は仕事のうえでの拘束が少ないことが，待遇の違いを正当化する理由となっている．

3.3 正社員と結びついた自立のための社会的資源

ここまでの議論でみてきたように，日本型雇用システムのもとでは，正社員は自分の生活が成り立つ賃金に加え，家族手当・住宅手当などの給付を受けることができる．この給付は，企業の経営が安定している限り，長期的に期待することができる．これとは逆に，非正規労働者は低賃金で自立した生活を営むことが難しいうえに，追加的な給付を受けることもない．日本型雇用システムは，正社員にならないかぎり，さまざまな社会的資源を獲得することができないシステムということができる．

一方で，正社員は無限定な拘束を受けて長時間労働を受け入れるばかりか，企業の経営を安定させるという目的から自発的に長時間労働をおこなうこともある．正社員のワーク・ライフ・バランスの実現が困難である背景には，生命や健康を損ねる危険を冒しても，正社員に執着せざるをえない社会的なシステムがある．このシステムのもとで成立しているのが，「長時間残業や遠距離配転もいとわずに猛烈に働きながら，生活給制度に基づき年齢とともに賃金が上昇していく正社員の夫（父）と，基本的な生計はそれで支えられて主に家事や勉学にたずさわりながら，家計補助的にパートやアルバイトとして就労する妻やこどもからなる仕組み」（濱口 2010: 109）である．

このような社会を，今後，長い将来にわたって継続していくことは難しい．住む場所を選択すること，家族を持ち子どもに教育を受けさせること，これらが可能であることが「自立」に他ならない．自立が可能であるか否か，自立のために必要な社会的資源のすべてが，どのような働きかたをするかにかかっている．こうした状況について，太郎丸博・亀山俊朗（2006）は次のように述べている[6]．

近代国家は，女性や障害者などのマイノリティを二級市民扱いしてきた．典型雇用に就かない若者も，二級市民として扱われている．こうした構造を前提に，若い男性を教育・訓練して一級市民たる正社員にしようとするのに

は限界がある．女性やマイノリティが十全なシティズンシップの諸権利を享受しにくいことと，フリーターやニートの問題は別のことではない．（太郎丸・亀山 2006: 194）

3.4 「働くこと」と結びつけられる希望

「働くこと」が自立に必要なさまざまな社会的資源と結びついていることは事実であるが，水町勇一郎（2009）は，近年，「働くこと」と「希望」を結びつけた言説が流布していることを指摘している．たとえば，生きがい・喜び・人間的成長などが働くことと結びつけられているという（水町 2009: 192-193）．

水町によれば，労働にはいくつかの側面があり，その組み合わせによって2つの危険が存在する．一方は「働けずに孤立する危険」，もう一方は「働きすぎて自己を見失う危険」である．

> いまの日本にはこの二つの状況がともに存在している．一方で，労働を失い（あるいは労働にたどりつけず）孤立して生きる気力を失う危険であり，他方で，他律性や手段性を内包する労働のなかに自己を投入して（あるいはそれを強いられて）自分自身を見失う危険である．この両極にある危険をともに回避するためには，「労働」のもつ二面性を自覚的に認識し，両者の緊張関係を保っていくことが重要である．
> いまの日本でみられている「労働」に「希望」や「生きがい」を見出そうという動きは，前者の危険を回避しようとするものといえる．しかしこれは，後者の危険を加速させる可能性をもつ．労働の二面性（特にその負の側面）を自覚していない場合，その危険はより大きなものとなる．（水町 2009: 210）

水町の指摘する2つの危険は，現在の若者が直面している2つの危険そのものである．これら2つの危険を回避しつつ，前進していくことが，若者たちには求められている．これらの危険がさほど深刻ではなかった時代には，回避に失敗しても，やり直すことができた．けれども，今日においては，どちらの危険に陥ったとしても，そこから脱出するには大きな困難がともなう．

欧米の若者の状況は，おもに前者の危険に直面しているものといえる．けれども，2つの危険に直面しているという意味で，日本の若者は，より厳しい状況におかれている．

4. 若者の自立プロセスを明らかにするために

4.1 パネル調査データの利用

現在，成人期への移行には数年から10年近い時間を要するようになっている．広義の移行のあり方を実証的にみるためには，1時点の調査データではなく，複数年にわたるパネル調査データが必要になる．

第1節でみたジョーンズ＆ウォーレス（1992＝1996）でも，分析は記述的ではあるが，全国児童発達調査およびスコットランド若者調査の2つのパネル調査のデータを部分的に利用している．前者のNCDS（the National Child Development Study）は，1958年3月3日から9日までの1週間に英国で生まれたもの全員17,733名を対象に，5歳，7歳，11歳，16歳，23歳時に追跡調査を実施したパネル調査である．後者のSYPS（Scottish Young People's Survey）は，1984年に学校を卒業した若者の調査である．1985年以降，毎年1回の追跡調査が実施された．

SYPSデータによれば，17歳の時点では3分の2の若者が親から金銭的援助を受けていたが，19歳で援助を受けるのは，ごくわずかな例外になるという．逆に，若者たちは食費として親に金を支払っている[7]．フルタイムの学生では食費を支払うことはないが，それ以外は，職業訓練中であったり失業中であったりしても，90％を超える若者が親に食費を支払っていることが示されている．

横断的調査では，回答者が直近の出来事を念頭におくため，各イベントの発生年齢が高くなる傾向がある．成人期への移行のような長期にわたるプロセスを明らかにするためには，パネル調査を有効に利用することが重要だろう．

4.2 JLPS-H（高卒パネル調査）プロジェクト

現代の日本の若者がおかれている格差的な社会状況と，そのなかでの自立プロセスを明らかにするため，2003年に，私たちは高卒パネル調査プロジェク

トを立ち上げた．研究代表者は東京大学社会科学研究所の石田浩教授である．このプロジェクトは，当初，社会科学研究所の全所的研究プロジェクト「失われた10年？ 90年代日本をとらえなおす」[8)]の一部として位置づけられていた．

実際の高卒パネル調査は，2004年1月から3月にかけて，日本全国のなかから抽出した4県の101校の全日制高校に在学する高校3年生を調査対象者として実施され，7563名（回収率69.1%）の生徒から回答を得た．

2004年度からの3年間は，厚生労働科学研究費補助金を受けて追跡調査を実施した．2007～2008年度には奨学寄附金（株式会社アウトソーシング）の援助を受けた．2009年度以降は，日本学術振興会科学研究費補助金を受けている．この間，2006年度から奨学寄附金（株式会社アウトソーシング）を受け，「働き方とライフスタイルの変化に関する全国調査（JLPS：Japanese Life Course Panel Survey）」が開始されたことを受けて，高卒パネル調査はJLPS-Hとして位置づけられることになった[9)]．

高卒パネル調査プロジェクトの背景や調査設計については，石田・苅谷(2005) に詳細があるので，ここでは，ごく簡単に記述することにしたい．対象となったのは，進学率と無業率の組み合わせによる4つの類型に属する4つの県である（図表序-2）．

図表序-2 高卒パネル調査（JLPS-H）の対象地域

		進学率	
		高	低
無業率	高	神奈川	宮城
	低	石川	秋田

全国47都道府県のプロットから各類型のいずれに属するかを判断して，2004年3月卒業見込みの高校生126万人余りの類型別構成比を推計した．第1類型（進学率高・無業率高）24.9%，第2類型（進学率高・無業率低）28.3%，第3類型（進学率低・無業率高）17.7%，第4類型（進学率低・無業率低）29.2%である．この比率をもとに，①10,000人の高校生を抽出する，②1校あたり80人（2クラス）を抽出する，の2つを仮定して各類型の割り当て高校数を決めた．第1類型31校，第2類型35校．第3類型22校．第4類型37校となる．協力を得られない高校のあることを予想し，予備を含めた抽出数を決め，各県の全

日制高校リストから無作為に高校を選びだした．ここでは，普通高校・専門高校などの区別をせずに定時制高校を除外したすべての高校を対象とした．

4県で計 162 校に調査を依頼し，協力受諾の返事を得た高校に「高校生の生活と進路に関するアンケート調査」（高校生調査：JLPS-H 第1波）の調査票を送付し，最終的に 101 校 7563 票（回収率 69.1%）の回収を得た．ついで，高校生調査の調査票を回収できた 101 校の高校に対しては，「高校生の進路指導に関するアンケート調査」（高校調査）の調査票を郵送し，進路指導担当教員に記入を依頼した．高校調査については 78 校（回収率 77.2%）の返送があった．

高校生調査では，調査の最後に追跡調査に協力する意向があるか否かを質問し，協力する場合は卒業後の連絡先（住所と電話番号）を記入することを求めた．この記入があったのは 2057 名であった．

4.3 国際比較を念頭においた調査票設計

高卒パネル調査では，高校生調査の段階から国際比較を念頭においた調査設計をおこなっていた（石田・苅谷 2005）．具体的には，米国の高卒者を対象としたパネル調査（通称 NELS）を参考にして，類似の調査項目を意識的に挿入している．質問の仕方も米国調査と類似した形にし，選択肢の内容や数もできるだけ比較可能なものに設計した．

追跡調査においても，NELS の追跡調査をふまえつつ，適宜，同じ質問を入れるようにしてきている．この NELS との比較は，本書の第 2 章でその成果の一例をみていただくことができる．

4.4 2004 年度以降の高卒パネル調査

2004 年 10 月には，追跡調査協力受諾者 2036 名を対象に[10]，「第 1 回 高校卒業後の生活と意識に関する調査」（第 1 回高卒者調査：JLPS-H 第 2 波）と「保護者調査」を郵送で実施した．高卒者調査については 501 名（回収率 24.6%），保護者調査については 483 名（回収率 23.7%）の回答があった．

2005 年 10 月には第 2 回高卒者調査（JLPS-H 第 3 波）を実施し，670 名（回収率 33.3%）の回答を得た．2006 年には郵送した調査票に Web 上で回答できるシステムを併用し，どちらでも回答できるようにした．各調査の概要は図表

図表序 - 3　高卒パネル調査 (JLPS-H) の調査概要

		高卒者票			保護者票		
		発送数	回収数	回収率	発送数	回収数	回収率
第2波	2004年10月～	2036	501	24.6%	2036	483	23.7%
第3波	2005年10月～	2014	670	33.3%			
第4波	2006年10月～	1969	548	27.8%	1957	348	17.8%
第5波	2008年10月～	1923	531	27.6%			
第6波	2009年10月～	1861	465	25.0%			
第7波	2010年10月～	1757	516	29.4%			
第8波	2011年10月～	1723	505	29.3%			
第9波	2012年10月～	1673	514	30.7%			

注：2013年3月1日現在

序 - 3 の通りである．

　高卒パネル調査では，また，インタビュー調査を実施している．各年度の調査票の最後にインタビュー調査への協力意思を尋ね，協力受諾者に対して日程を調整してインタビュー調査をおこなっている．2010年8月から12月にかけて14名，2012年3月には12名に対してインタビューをおこなった．

　調査を開始した2004年3月の高校卒業生を18歳とすれば，彼ら／彼女らは2012年調査（JLPS-H 第9波）では27歳になっている．ただし，本書で扱うデータは2011年調査（JLPS-H 第8波）までであり，18歳から26歳までの8年間の軌跡を追うことになる．

4.5　データの制約と本書の狙い

　パネル調査ではつねに脱落するサンプルが問題となる．調査を継続していくうちに，連絡先が不明になったり，回答の負担が過大に感じられるようになったりすることは十分に考えられ，ある程度の脱落はやむをえないことでもある．けれども，脱落によってサンプル全体の偏りという問題が生じる可能性がある．当初のサンプルが偏りのないように設計されていても，一定の特徴をもつケースが脱落していけば，そのデータは，その特徴をもつ人々の回答が反映されない歪んだものになってしまう[11]．

　高卒パネル調査も例外ではない．2004年3月に追跡調査への協力を受諾した2057名の調査対象者が，2012年には1673名にまで減少している．返送される回答をみると，最初の数年間は高卒就職者での減少が顕著であった．この

ことと，部分的には重なるが，男性の，とりわけ非正規雇用に就いた対象者での回答が少ない傾向が認められる．そのため，第2波以降のデータでは，いずれのウェーブでも，女性が多く，大卒者が多く，正規雇用が多いという特徴がある．また，郵送法による調査としては妥当な回収率を維持しているが，大規模調査といえるほどケース数が多いわけではなく，分析手法も限られる．

こうしたデータ上の制約はあるものの，すでに10年近く継続されてきた調査データの蓄積をもちいて，若者の自立プロセスを明らかにし，若者を支援するために社会にできること，すべきことを考えることには意味があるだろう．本書の第1章から第6章では，JLPS-Hのデータをもちいた分析をおこなっている．第7章では，若者の希望について，より詳細な分析と議論をおこなうためJLPS-YおよびJLPS-Mのデータをもちいている．

各章を読んでいただければわかるように，データからみえる自立のプロセスは，決して平坦でも容易でもない．回答者たちは，毎年のパネル調査に継続して回答するだけの心身の健康を維持し，自由記述欄に「この1年にこのようなことがあった」と報告してくれる意欲と社会的関心をもった若者である．調査に回答したくない対象者のなかには，より険しい道程を歩んでいる若者もいるはずである．私たちのデータと分析が，より適切な若者支援策を構築する材料になれば，さらに厳しい状況にある若者に対しても，ささやかながら貢献できるのではないかと考えている．

注
1) イギリスでは，1990年代から教育ローンの導入などによって学生からの授業料徴収を開始し，徴収額を徐々に増大させてきた．2006年には大幅な値上げがあったが，卒業後に学生が所得に応じて支払う制度となっている．
2) この点については，たとえば末冨芳（2010）を参照のこと．
3) 宮本（2002）は教育費が日本の親子の絆を強めていると指摘している．
4) 小杉は，同書の終章で，このタイプの若者が「社会的排除」に陥りやすい典型に類似することを指摘している（小杉編 2005: 206）．
5) 乾彰夫（2011: 82）が指摘しているように，不安定な就業状態にある若者は，経済的な問題だけでなく，さまざまな生きづらさに直面することが多い．
6) 以下の引用からもわかるように，太郎丸・亀山（2008）はシティズンシップの概念をもちいて論点整理をおこなっている．ここで取り上げられているのは「フリーター・ニート」であるが，第1節でみたジョーンズ＆ウォーレス

（1992 = 1996）とも対応している．
  7）この点は，イギリス社会の特徴といえるだろう．ジョーンズとウォーレスによれば，「米国の若者は，親の家にいる間，親の経済状況が絶望的になる時以外は親に金を支払うということなど滅多にない．一方英国では，子どもが自分の食費を払うことは例外ではなく，習慣である．……親の家にいる子どもが食費を支払うことは，長い間広く行きわたった慣行であって，それがなくなるという徴候はない」（Jones and Wallace 1992 = 1996: 139）という．子どもが失業中であれば，その食費は，子どもが受け取る失業給付から支払われることになる．
  8）このプロジェクトの成果は東京大学社会科学研究所編（2005, 2006）にまとめられている．
  9）この JLPS 調査には，同じ調査票をもちいた若年パネル調査（JLPS-Y）・壮年パネル調査（JLPS-M）がある．JLPS-Y および JLPS-M については，本シリーズ第1巻を参照のこと．高卒パネル調査（JLPS-H）は，異なる調査票・調査方法をもちいて実施されている．
 10）高校生調査時点での追跡協力受諾者は 2057 名だったが，8 月に発送した事前葉書の 16 通が住所不明のために配達されず，10 月に郵送した調査票のうち 5 通が住所不明となり，実際に対象者に届いたのは 2036 通であった．これ以降も住所不明となるケースやさまざまな事情から調査協力が拒否されるケースは各時点で生じている．
 11）この点については，たとえば田辺俊介（2012）などを参照．

文献

濱口桂一郎（2010）「『正社員』体制の制度論」佐藤俊樹編著『自由への問い⑥ 労働』岩波書店: 90-111.
樋口美雄（2008）「雇用と人材活用のありかたとワーク・ライフ・バランス──米国モデルは有効か？」樋口美雄・山口一男編『論争 日本のワーク・ライフ・バランス』日本経済新聞出版社: 19-78.
乾彰夫（2011）「学校から仕事への移行期変容」宮寺晃夫編『再検討 教育機会の平等』岩波書店．
石田浩・苅谷剛彦（2005）「高校生の進路の変遷」厚生労働科学研究費補助金報告書: 18-36.
Jones, G. and Wallace, C. (1992) Youth, Family and Citizenship, Buckingham, Open University Press. =（1996）宮本みち子監訳・徳本登訳『若者はなぜ大人になれないのか──家族・国家・シティズンシップ』新評論．
苅谷剛彦・粒来香・長須正明・稲田雅也（1997）「進路未決定の構造」『東京大学大学院教育学研究科紀要』37: 45-76.
小杉礼子（2003）『フリーターという生き方』勁草書房．

熊沢誠（2006）『若者が働くとき――「使い捨てられ」も「燃え尽き」もせず』ミネルヴァ書房．
宮本みち子（2002）『若者が社会的弱者に転落する』洋泉社．
宮本みち子（2005）「家庭環境から考える」小杉礼子編『フリーターとニート』勁草書房：145-197．
水町勇一郎（2009）「労働信仰の魔法とそれを解く法」東大社研・玄田有史・宇野重規編『希望学1　希望を語る』東京大学出版会：191-214．
末冨芳（2010）『教育費の政治経済学』勁草書房．
田辺俊介（2012）「『東大社研・若年壮年パネル調査』の標本脱落に関する分析――脱落前年の情報を用いた要因分析」東京大学社会科学研究所パネル調査プロジェクト　ディスカッションペーパーシリーズ No.56．
太郎丸博・亀山俊朗（2006）「結論と今後の課題　どのような政策と研究が必要か」太郎丸博編『フリーターとニートの社会学』世界思想社：168-198．
東京大学社会科学研究所編（2005）『「失われた10年」を超えて〔Ⅰ〕経済危機の教訓』東京大学出版会．
東京大学社会科学研究所編（2006）『「失われた10年」を超えて〔Ⅱ〕小泉改革への時代』東京大学出版会．
粒来香（1997）「高卒無業者層の研究」『教育社会学研究』第61集：185-208．
山田昌弘（1999）『パラサイト・シングルの時代』筑摩書房．
山田昌弘（2004）『希望格差社会』筑摩書房．

第 I 部

家族とのつながりのなかで考える

第 1 章

幸せ感からみた若者の多様性
——ジェンダーと女性間の違いに着目して

鈴木富美子

1. 多様な若者をどう捉えるか

　1990年代後半以降，世界的不況の深刻化，産業構造の変化や経済のグローバル化を背景に，とりわけ若者を取り巻く雇用環境が厳しさを増していることが繰り返し指摘されてきた．

　なかでも，頻繁に言及されてきたのが，男女ともに非正規雇用者が急速に拡大した点である．雇用者に占める非正規就業者の割合をみると，1992年から2012年の間に男性では9.9%→22.1%へ，女性では39.1%→57.5%へ上昇した．いまや雇用者のうち，男性の2割，女性の6割は非正規雇用者である[1]．初職時の就業形態にも変化がみられる．「非正規就業者として初職に就いた者」の割合を，初職就業時期が「1987年10月～1992年9月」と「2007年10月～2012年9月」で比較すると，男性では8.0%→29.1%へ，女性では18.8%→49.3%へと大幅に増加した（総務省統計局 2012）．正社員を希望しながら非正規就業で働く「不本意型非正社員」も着実に増加している（大嶋 2011）．

　一方，正規雇用が「安泰」とは言い切れない状況も生じている．正規雇用における低賃金層の増加，雇用の安定度の低下，長時間労働化など，とくに若年層において，「正社員で低賃金」という層が出現している（森 2010）．

　正規・非正規を問わずに進行する若年層における雇用環境の不安定化は，単に雇用の場における格差の拡大だけでなく，結婚，出産，子育てといった家族

形成に及ぼす影響も懸念されている．実際，非正規雇用の男性で未婚率が高いことなども指摘されている（山田 2004）．

　こうした客観的な状況をもとに若者の「格差拡大」や「貧困化」が危惧される一方，「若者は幸せ」というデータもいくつか散見される．内閣府の「国民生活に関する世論調査」によれば，20代の7割が主観的にみると，現在，「幸せ」であると感じている（内閣府 2010）．年齢別にみると若年層の幸福度がもっとも高いこと，そして，若年層は昔から幸福感が高かったわけではなく，近年，その傾向を強めている様子が伺える．

　これについて古市憲寿（2011）は，皆が危惧する「若者の貧困化」は未来の問題であり，現時点では彼らは「幸せ」であること，その際のキーワードとして，「経済」と「承認」をあげる．生活していくのに困らない程度の経済力があり，自分を認めてくれる恋人や友人がいれば，若者は幸せなのだとしている．

　本田由紀（2010）は，雇用状況の悪化のなかで，若者たちの異議申し立てが大きなうねりとなって立ち現れてこない理由として，「知識や実践手段の欠如」や「社会や仕事に対するあきらめや無力感」に加え，「それなりに満足を感じている可能性」（本田 2010: 27）の3点を指摘する．

　保田時男（2011）は「楽観的に考えるならば」と前置きをしたうえで，長期的な経済不況が続くなかで，比較的適応能力の高い若者層が「低い所得でも一定の生活満足が得られるライフスタイルを確立」してきた可能性を指摘し，「格差が拡大する中で，若者層はそのような動きに影響されないライフコースを調整しているのではないか」（保田 2011: 187）と述べる．

　いったい若者たちは「過酷な状況」におかれているのだろうか，それとも「それなり」に幸せに暮らしているのだろうか．若者をめぐる相反する2つの記述を前に，若者たちの姿はみえにくくなっている．

　こうした状況が生じる理由の1つに，従来の研究の多くが若者を一括りにし，その全体的な傾向をつかむことに主眼をおいていたことがあげられるだろう．しかし，一口に若者といっても，そう簡単に括ることができるものではない．若者の現状を把握するためには，彼・彼女たちを十把一絡げに捉えるのではなく，その多様性に目を向けることが必要である．

　また，仕事以外の要素に目を向けた若者の幸せ研究が少なかったことも指摘

できるだろう．若者に関する研究は，従来，収入や雇用形態の格差といった客観的状況に焦点をあてたものが主流であったが，近年，生活満足度などの主観的状況に焦点をあてた研究も少しずつ増えつつある（岡部 2007；太郎丸 2006, 2009）．しかしその主な論点は，就業形態，収入，労働時間など，仕事に付随した状況との関連を問う研究がほとんどである．

若者たちが幸せであるとしたら，どのような点に「それなりに満足を感じている」（本田 2010）のか，「低い所得でも一定の生活満足度が得られるライフスタイルを確立」（保田 2011）しているのはどのような人々で，それは具体的にどのようなライフスタイルなのだろうか．これまでは主として仕事面から検討されてきた幸せ研究に，余暇活動，家族や親密な関係の人たちとの関わりなども加えた包括的な視点――ワーク・ライフ・バランス――を取り入れていくことが必要となる．

2. 本研究の特徴と目的

そこで本章では，「収入」（客観的状況）と「幸せ感」（主観的状況）の2つの軸を手がかりに4つの類型を作成し，仕事面と生活面の両面からそれぞれの特徴を探っていく．類型の全体像を描き出し，具体的な像として浮かび上がらせることで多様な若者像を捉えてみたい．

分析では「計量的モノグラフ」を念頭において進めていく．「計量的モノグラフ」とは，「問題発見的な視点を持ちつつ，得られた経験的知見を整序化し，統合化していく試み」（尾嶋2001: 5）である．本章では，ある特定の行動や意識の規定要因を解明するというよりもむしろ，分析から「得られた情報を『全体として』解釈」（尾嶋2001: 9）することに主眼をおいていることから，この方法は本章の目的に沿ったアプローチといえるだろう．

本研究の特長として，他に2つをあげておこう．1つは，ジェンダーへの目配りである．就職までは男女で画一化の様相を示してきたライフコース・パターン（嶋崎 2008）は，結婚や出産・子育てを境に大きく分化する．その際，男性のライフコースが仕事キャリアを中心に構成されていくのに対し，女性の場合には，仕事領域と家庭領域における2つのキャリアをどのようにバランスを

とっていくのかがライフコースを考える上で重要なポイントとなる．今回の分析対象となる20代半ばの若年未婚者は，まさにジェンダーによってライフコースが分化していくまっただ中に位置していることを踏まえると，ジェンダーを加味した分析は不可欠となる．

もう1つは，パネルデータの利用である．高卒パネル調査では，高校卒業を目前に控えた時期の第1回（第1波：2004年1～2月実施）から，高校卒業後8年目（第8波：2011年11～12月実施）まで，計8回の調査を実施してきた．ライフコースの視点にたてば，現在の状況は，これまでの人生において，それぞれの対象者がさまざまな場面において選択を積み重ねてきた結果である．同時に現在の状況は今後のライフデザインとも深く結びついている．本章の主たる分析対象は，第8波において未婚で仕事をしている348名（男性125名，女性223名）であるが，対象者の全員が高校3年生時（第1波）にも回答している．第8波に加え，第1波のデータを用いることで，過去・現在・将来という時間軸上の広がりのなかで類型の特徴を把握することが可能となる．

以上の点を踏まえ，本章では高校卒業後8年を経た20代半ばにおける若者たち――とくに未婚女性――の諸相を仕事と生活の両面において，さらには，それぞれが辿ってきた過去・現在・将来という時間軸の中で計量的に丹念に掘り下げることにより，対象者の包括的な像を捉え，描き出すことを目指す．

なお，分析で用いる変数が多岐にわたるため，主な変数の詳しい説明はそれぞれの節のなかでおこなうこととする．

3. 幸せ感におけるジェンダーの違い

3.1 仕事や生活の状況と幸せ感

最初に，若者の幸せ感がジェンダーによって異なるのかどうかを確認する．幸せ感については，社会学や心理学，そして近年では経済学でも研究が蓄積されてきた．その測定については，「幸福感」や「生活満足度」といった主観的指標が用いられている．この2つの指標は関係が深く，密接に結びついているので，どちらか一方を幸福感としても問題はないとされる（色川 2004）．また内閣府などの官庁統計でも，通常，「生活満足度」を「幸福感」として扱って

いることから，本章でも「生活満足度」を「幸せ感」の指標として用いる．

質問では，「あなたは，ご自身の現在の生活について，全体としてどのくらい満足していますか」と尋ね，「満足」「やや満足」「やや不満」「不満」の4段階で回答してもらっている．回答をシンプルにするために，「満足」と「やや満足」，「やや不満」と「不満」を統合して「満足」と「不満」の2つのカテゴリーとし，「満足」の割合がジェンダーで異なるのかどうかをみた（図表1-1）．その結果，男女ともに7割程度の人が「満足」としており，主観的な幸せ感についてジェンダーによる差がないことがわかる．

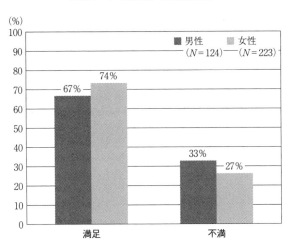

図表1-1 男女別・生活満足度（第8波）

3.2 幸せ感に関連する要因の検討

それでは，若年未婚者の幸せ感と関連する要因はジェンダーで同じなのか，それとも異なるのか，あるいは要因は同じでも関連の仕方が異なるのだろうか．幸せ感に関連する要因のジェンダー差を検討するために，仕事や生活に関する諸要素と「生活満足度」について，男女別にクロス表分析をおこなった．

その結果，男女ともに有意な関連がみられたのは，仕事面では「就業形態」[2]と「当面（5年以内）の仕事継続意向」[3]，生活面では「恋人の有無」[4]と余暇活動[5]の「スポーツをする」，「映画などの鑑賞（自宅外）」の5項目であった．ま

た，男性のみ有意な関連がみられたのは「収入」の1項目だが，女性では「労働時間」，余暇活動の「家族と外出」および「習い事や自己啓発など」の3項目で有意な関連がみられた（図表1-2）．以下，関連の仕方を確認しておこう．

図表1-2　仕事・生活の状況と生活満足度：「満足」の割合

	男性	女性		男性	女性
最後に通った学校			家族で外出		*
高校	55.6%	62.9%	月1回以上	71.4%	79.7%
専門・短大	69.0%	79.5%	月1回未満	64.9%	65.7%
大学・大学院	69.7%	71.9%	友人と外出		
就業形態	†	†	月1回以上	66.3%	74.9%
正規	70.7%	78.2%	月1回未満	68.8%	66.7%
非正規ほか	53.3%	66.7%	習い事や自己啓発など		*
職種			月1回以上	76.7%	84.6%
専門・技術	73.0%	76.5%	月1回未満	63.4%	68.8%
事務・販売	58.3%	74.0%	スポーツをする	*	*
サービス・技能等	68.9%	71.1%	月1回以上	75.4%	82.1%
労働時間		*	月1回未満	58.7%	67.9%
39時間以下	60.0%	74.4%	リラクゼーション		
40～49時間以下	73.1%	79.7%	月1回以上	66.7%	80.4%
50時間以上	63.6%	59.3%	月1回未満	67.0%	71.1%
収入	**		映画などの鑑賞（自宅外）	†	†
12万円未満	45.5%	64.0%	月1回以上	74.6%	78.6%
12～16万円未満	46.7%	77.5%	月1回未満	59.4%	68.2%
16～20万円未満	72.3%	75.0%			
20万円以上	82.9%	75.7%			
当面の仕事継続意向	***	***			
当面継続	78.8%	86.3%			
やめたい・わからない	39.5%	56.7%			
居住形態					
一人暮らし	72.2%	72.2%			
親と同居など	62.9%	74.0%			
恋人の有無	**	†			
いる	82.9%	78.5%			
いない	58.5%	68.7%			

注：*** $p<0.001$，** $p<0.01$，* $p<0.05$，† $p<0.10$

(1) 仕事面について

まず「就業形態」についてみると，男女ともに「非正規ほか」よりも「正規」のほうが「満足」の割合は多い（男性70.7%，女性78.2%）．しかし，「非正規ほか」であっても，女性では7割近くが「満足」としているのに対し，男性ではほぼ半数に留まる．同様のことが「当面の仕事継続意向」についてもみら

れる．現在の仕事を続ける意向がある場合には，男女ともに「満足」が8割を占める．しかし，「やめたい・わからない」場合になると，女性では依然として「満足」の割合が半数を超えるのに対し，男性では4割程度になってしまう．

就業形態が非正規であったり，仕事を継続する意欲がなくなるなど，仕事面で不利な状況におかれた場合には，男性のほうが「満足」の割合が低くなる．男性のほうが仕事の状況によって現在の幸せ感が左右される様子が伺える．

次に満足度との関連が男女で異なっていた要素についてみると，「収入」は男性のみ，「労働時間」は女性のみ，満足度との関連が有意になった．

まず「収入」についてみると，男性の場合，「12万円未満」や「12～16万円未満」では「満足」の割合は半数に満たないが，「16～20万円未満」では7割，「20万円以上」では8割を超えるなど，収入が高いほど「満足」の者が多くなる．これに対し女性の場合には，もっとも収入の低い「12万円以下」であっても6割が「満足」とするなど，より高い収入層と比較しても10ポイント程度しか差がみられない．収入の多寡によって「満足」の割合が大きく異なっていた男性との違いとして指摘できるだろう．

一方，女性のみに有意になったのは「労働時間」である．女性の場合，「39時間以下」と「40～49時間以下」では「満足」の割合は7割を超えるが，もっとも労働時間の長い「50時間以上」では6割に低下する．女性の場合には労働時間の多寡が幸せ感と密接に関連していることがわかる．

(2) 生活面について

生活面をみると，「恋人の有無」については男女とも有意な差がみられ，恋人が「いる」場合には男性のほうが「満足」の割合が高いのに対し（男性82.9％，女性78.5％），「いない」場合には女性のほうが10ポイントも高くなる．恋人の有無が幸せ感に与える影響は女性よりも男性のほうが大きいようだ．

また余暇活動と満足度についてみると，男性では，「スポーツをする」と「映画などの鑑賞（自宅外）」の2項目で有意な関連がみられ，「月1回以上」おこなっている人の4分の3が「満足」としている．女性ではこの2項目に加え，「家族と外出」「習い事や自己啓発など」の計4項目についても有意となり，これらの余暇活動を「月1回以上」行っている人の8割が「満足」と回答して

いる．

　ここまでの結果をまとめると次のようにいえるだろう．男性の幸せ感が仕事の状況——とくに「収入」と「当面の仕事継続意向」——に大きく左右され，親密な関係では「恋人」の存在が大きな意味を持つのに比べると，女性の場合には，「仕事」や「恋人」も現在の幸せ感に影響を与えるものの，その影響力は男性ほど大きくない．女性の場合には，家族の存在や日常における余暇活動のあり方など，現在の幸せ感を規定する要素が男性よりも多岐にわたる可能性がうかがえる．

4．客観的状況（収入）と主観的状況（幸せ感）による類型の作成

　これまでの分析から，若年未婚者の幸せ感はジェンダーによって差はないが，幸せ感と関連する要因は異なること，また同じ要因でもその影響力が異なる可能性が確認できた．そこで，客観的状況のなかでも幸せ感との関連がジェンダーで大きく異なっていた「収入」に注目し，「収入」と「生活満足度」（主観的状況）を2軸とした4つの類型を作成する．「1ヵ月の手取り収入」の平均である16万円を軸に「12～16万円未満」を「低収入」，「16万円以上」を「高収入」に，生活満足度については「満足」と「不満」の2カテゴリーにしたものを用い，両者を組み合わせた類型を作成し，その内訳を男女別に示した（図表1-3）．

　「収入」と「生活満足度」について順当に想定される関連は，「収入が高ければ満足度は高く（「満足」），収入が低ければ満足度は低い（「不満」）」というものである．まず男性についてみると，もっとも多かったのは，第1象限に位置し，収入が高く生活満足度も高い「高収入・満足」（51.2%）であり，全体の半分を占めた．次いで多かったのが，その対極の第3象限に位置し，収入が低く満足度も低い「低収入・不満」の17.9%である．この2つの類型ともに，「収入」と「生活満足度」の順当に想定される関連に沿ったものである．男性の場合には，この右上がりのライン上の第1象限と第3象限で全体の約7割を占める．第2象限に位置する収入は高いが生活満足度が低い「高収入・不満」（15.4%）と第4象限に位置する収入は低いが満足という「低収入・満足」

第1章　幸せ感からみた若者の多様性

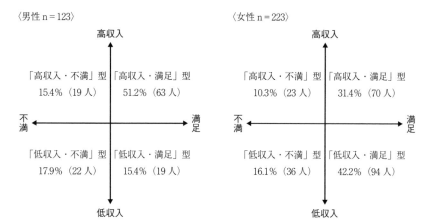

図表1-3　「1ヵ月の手取り収入」と「生活満足度」による類型

（15.4%）については両者をあわせても3割に留まる.

　これに対し女性の場合には，もっとも多かったのは第4象限の「低収入・満足」（42.2%）で全体の4割を占め，次いで第1象限の「高収入・満足」（31.4%），第3象限の「低収入・不満」（16.1%），第2象限の「高収入・不満」（10.3%）であった．女性の場合，「収入」と「生活満足度」の関連が順当に想定される右上がりのラインに位置する「高収入・満足」と「低収入・不満」を合わせても全体の半数に満たない．むしろそのラインに沿わない「低収入・満足」や「高収入・不満」の存在が無視できない割合を占める．とりわけ女性の4割を占めて最多となった「低収入・満足」については，男性では2割に満たなかったことを踏まえると，女性に特徴的にみられる類型ということができるだろう．

　先に幸せ感と関連する要因は男性よりも女性のほうが多様であることを確認したが，今回の分析からも女性は「収入」と「生活満足度」の関連が男性ほどシンプルではなく，女性のなかに多様な層が存在する可能性を示唆している．

5.　幸せ感における女性間の違い——類型による分析

　ここからは女性間における多様性に着目し，4類型を構成するのはどのような女性たちなのかを，過去・現在・将来という時間軸のなかでそれぞれの類型

39

の特徴を細かくみていくことにしよう．

5.1 現在の状況

ここでは各類型の特徴をクロス表から探った（図表1-4）．

(1) 学歴と仕事の状況

まず学歴をみると，「高収入・満足」で「大卒以上」が約6割を占めるのに対し，「低収入・満足」では3割に留まる．同じ「満足」型とはいえ，「低収入・満足」と「高収入・満足」では学歴が大きく異なる．「低収入・不満」や「高収入・不満」などの「不満」型では，「大卒以上」はほぼ半数と同程度だが，「高収入・不満」で「専門・短大」，「低収入・不満」で「高校」が多くなっている．

図表1-4 類型と現在の仕事状況のクロス表（女性）

学歴	高校	専門・短大	大学以上	（人）
低収入・不満	28.6%	22.9%	48.6%	(35)
高収入・不満	13.6%	40.9%	45.5%	(22)
低収入・満足	21.3%	47.2%	31.5%	(89)
高収入・満足	4.4%	35.3%	60.3%	(68)
合計	16.4%	38.8%	44.9%	(214)

$\chi^2 = 22.013$ ***

企業規模	99人以下	100〜999人	1000人以上・公務員	（人）
低収入・不満	40.6%	31.3%	28.1%	(32)
高収入・不満	31.8%	40.9%	27.3%	(22)
低収入・満足	42.7%	29.2%	28.1%	(89)
高収入・満足	21.4%	30.0%	48.6%	(70)
合計	34.3%	31.0%	34.7%	(213)

$\chi^2 = 12.183$ †

就業形態	正規	非正規ほか	（人）
低収入・不満	38.9%	61.1%	(36)
高収入・不満	68.2%	31.8%	(22)
低収入・満足	50.0%	50.0%	(92)
高収入・満足	82.9%	17.1%	(70)
合計	60.5%	39.5%	(220)

$\chi^2 = 26.454$ ***

労働時間	39時間以下	40〜49時間	50時間以上	（人）
低収入・不満	25.9%	48.1%	25.9%	(27)
高収入・不満	4.3%	21.7%	73.9%	(23)
低収入・満足	31.2%	49.4%	19.5%	(77)
高収入・満足	3.0%	66.7%	30.3%	(66)
合計	17.6%	51.8%	30.6%	(193)

$\chi^2 = 43.765$ ***

職種	専門・技術	事務・販売	サービス・技能	（人）
低収入・不満	18.2%	60.6%	21.2%	(33)
高収入・不満	43.5%	30.4%	26.1%	(23)
低収入・満足	24.2%	47.3%	28.6%	(91)
高収入・満足	42.9%	48.6%	8.6%	(70)
合計	31.3%	47.9%	20.7%	(217)

$\chi^2 = 17.959$ **

当面の仕事継続意向	当面継続	やめたい・わからない	（人）
低収入・不満	36.1%	63.9%	(36)
高収入・不満	17.4%	82.6%	(23)
低収入・満足	62.0%	38.0%	(92)
高収入・満足	71.4%	28.6%	(70)
合計	56.0%	43.9%	(221)

$\chi^2 = 27.795$ ***

注：*** $p < 0.001$, ** $p < 0.01$, * $p < 0.05$, † $p < 0.10$

就業形態では,「高収入・満足」で「正規」がもっとも多く約8割,次いで「高収入・不満」の7割,「低収入・満足」の5割と続き,「低収入・不満」では4割程度と半数以下となる.「高収入」型(「高収入・満足」と「高収入・不満」)で「正規」の傾向がみられる.

職種では,「高収入」型で「専門・技術」が約4割を占めるのに対し,「低収入」型ではいずれも2割程度に留まる.ただし,同じ「高収入」型であっても,「高収入・満足」は「事務・販売」が約半数を占め,「サービス・技能」は1割に満たないなど,大半がホワイトカラー系の仕事に就いている.それに対し,「高収入・不満」では「事務・販売」が4類型中もっとも少なく,「サービス・技能」が3割弱を占めるなどの違いもみられる.

企業規模では,「高収入・満足」で「1000人以上・公務員」がもっとも多く,約半数近くを占めるのに対し,他の3類型ではいずれも3割に満たない.「低収入」型では「99人以下」,「高収入・不満」では「100〜999人」が多く,「高収入・満足」で企業規模が大きいことがわかる.

労働時間では,長時間労働ぶりがもっとも目立ったのは「高収入・不満」であり,「50時間以上」が7割を占めた.また,「低収入」型で「39時間以下」も比較的多くみられたが,これは就業形態と関連しているのだろう.

当面の仕事継続意向では,「満足」型(「高収入・満足」と「低収入・満足」)で「当面継続」が多く,どちらも過半数を占めたのに対し,「不満」型(「高収入・不満」と「低収入・不満」)では半数に満たず,「低収入・不満」では6割,「高収入・不満」では8割以上が「やめたい・わからない」としていた.

ちなみに仕事満足度[6]についても同様の傾向がみられ,仕事に「満足」「やや満足」とする者が「高収入・満足」や「低収入・満足」では8割を超えたのに対し,「高収入・不満」と「低収入・不満」では4割にとどまった(図表省略)。

先の分析で女性よりも男性で,仕事が幸せ感に与える影響が大きい可能性が示唆されたが,女性にとっても仕事は幸せ感に重要な意味をもつことがわかる.

(2) 現在の生活

現在,「ひとり暮らし」をしている者は,「高収入」型(「高収入・満足」と「高収入・不満」)では3割を超えるが,「低収入」型(「低収入・満足」「低収入・不満」)では2割に満たず,親との同居などが8割を占める.

「恋人の有無」については,「満足」型(「高収入・満足」「低収入・満足」)で「(恋人)あり」が約5割を占め,「不満」型(「高収入・不満」と「低収入・不満」)よりも恋人のいる者が若干多い.「満足」型のなかでもとくに「高収入・満足」では,「なし(交際経験なし)」の割合が2割に満たず,現在および過去を含め,交際経験が高い様子がうかがえる.

余暇活動のうち,「月1回以上」「家族で外出」する者は「高収入・不満」のみ2割と少なかったが,あとの3類型についてはいずれも過半数を占めた.「高収入・不満」を除き,家族とのつながりを保ちながら生活している様子が伺える.「友人と外出」と「リラクゼーション」で高い活動率を示したのは「高収入・満足」である.「月1回以上」の割合をみると,「友人との外出」はどの類型も7割以上だが,とくに「高収入・満足」では9割を超え,また「リラクゼーション」も「高収入・満足」で4割を占めるなど,他の3類型に比べて活動頻度が高い.この他「習い事・自己啓発」と「スポーツをする」では「月1回以上」の割合が最多だったのが「高収入・満足」(「習い事・自己啓発」37.1%,「スポーツをする」46.4%),次に「低収入・満足」(31.2%, 39.8%)である.

未婚女性でもっとも活発な余暇活動がみられるのが「高収入・満足」,次に「低収入・満足」といえる.こうした「満足」型に対し,「不満」型の余暇活動は総じて低調であった.とくに「家族で外出」については,「高収入・不満」で頻度が低く,他の3類型と比較すると30ポイント以上も差がみられた.「家族との外出」は「友人と外出」に次いで頻度が高いことを踏まえると,「高収入・不満」における「家族との外出」頻度の低さは気になるところである.

5.2 過去の状況——高3時の調査から

類型によって現在の生活における家族との関わりに違いがみられたが,先行研究においても,外食や旅行などの家族との交流が頻繁なほど生活満足度が高いこと(橘木・浦川 2006),また,女性の場合には子どもの存在や自由時間で

の活動に幸福感を感じること（Bonke et al. 2009）など，家族の存在や関わり方が幸せ感と関連することが指摘されている．

そこで次は，パネル調査データを生かし，高校のときの親子関係に着目する．回顧データではなく，高校3年生のときの対象者の回答を用いることにより，類型によって高校のときの親子関係が異なっていたのかどうかをみていく．ここでは，対象者が高校3年生のときに実施した第1波データをもちいる．検討した項目は，①親との会話（学校での出来事，授業の内容，成績，高卒後の進学，高卒後の就職，世の中の出来事，悩み事，あなたの将来の8項目），②進路や将来の職業について参考にする人（父親と母親）の2項目である．

(1) 親との会話頻度・会話内容

第1波では家族（保護者）との会話を項目ごとに3段階で尋ねている．「ひんぱんに」3点,「時々」2点,「まったくない」1点とし，8項目の点数を足し合わせて「会話頻度」とした．類型を独立変数，「会話頻度」を従属変数とした一元配置の分散分析を行ったところ，5％水準で類型間に有意な差がみられた．親との会話頻度がもっとも高かったのが「高収入・満足」，もっとも低かったのが「低収入・満足」，その間にあるのが「低収入・不満」と「高収入・不満」である[7]．

次に会話内容ごとに類型との関連をクロス表でみた（図表1-5）．会話頻度の低かった「低収入・満足」は，「学校での出来事」「成績」「高卒後の進学」などについて「ひんぱんに」話していた者が4類型中でもっとも少なく,「世の中の出来事」や「あなたの将来」について話す機会が「まったくない」者が多い．内容にかかわらず総じて会話頻度は低く，親との関係が淡泊である様子がうかがえる．

一方，もっとも会話頻度の高かった「高収入・満足」は，「学校での出来事」「高卒後の進学」「世の中の出来事」「あなたの将来」「悩み事」などの多岐にわたる項目で「ひんぱんに」話していた．しかし,「成績」については「低収入・満足」に次いで「ひんぱんに」話していた者は少なく（15.4％），親との会話において学業的な事柄にはそれほど触れていないことが読み取れる．

これに対し,「成績」について親と「ひんぱんに」話していたのは,「高収

第Ⅰ部　家族とのつながりのなかで考える

図表1-5　高3時　親との会話頻度（内容別）

項目	類型	ひんぱんに	時々	まったくない
学校での出来事†	低収入・不満	63%	37%	
	高収入・不満	46%	50%	5%
	低収入・満足	36%	56%	8%
	高収入・満足	57%	39%	5%
成績**	低収入・不満	29%	66%	6%
	高収入・不満	32%	59%	9%
	低収入・満足	10%	70%	20%
	高収入・満足	15%	74%	11%
高卒後の進学**	低収入・不満	40%	40%	20%
	高収入・不満	36%	64%	
	低収入・満足	26%	58%	16%
	高収入・満足	52%	45%	3%
悩み事	低収入・不満	14%	37%	49%
	高収入・不満		55%	46%
	低収入・満足	11%	43%	46%
	高収入・満足	22%	43%	35%
世の中の出来事	低収入・不満	37%	57%	6%
	高収入・不満	27%	73%	
	低収入・満足	32%	52%	17%
	高収入・満足	39%	51%	11%
あなたの将来	低収入・不満	20%	77%	3%
	高収入・不満	36%	64%	
	低収入・満足	28%	61%	11%
	高収入・満足	35%	54%	11%

注：*** $p<0.001$，** $p<0.01$，* $p<0.05$，† $p<0.10$

入・不満」と「低収入・不満」で，いずれも3割を占めた．

とくに「高収入・不満」の場合には，「成績」に加え，「高卒後の進学」や「あなたの将来」でも「ひんぱんに」話していた．また，「高卒後の進学」「世の中の出来事」「あなたの将来」については親と話す機会が「まったくない」者はおらず，成績や社会の事柄，将来については親とよく話したことがわかる．ただし，「悩み事」については「ひんぱんに」話す者は皆無であることから，「高収入・不満」では，自分の内面的なことについての会話は低調であった様子がうかがえる．

(2) 進路や将来の職業について参考にする人

次に，進路や将来の職業について親を参考にするかどうかを3つの選択肢で尋ねた項目をもちいて，類型との関連をみた（図表1-6）．

母親については，「高収入・満足」で「かなり参考にする」者が多い傾向がみられるが，どの類型でも8割以上が「参考にする」としている．娘にとって母親は身近な同性の先輩であり，話を聞いたり，その生き方を——おそらく「反面教師」も含めて——参考にしたりしていることがわかる．

差が出たのは「父親」である．「高収入・満足」で「かなり参考にする」が

第1章 幸せ感からみた若者の多様性

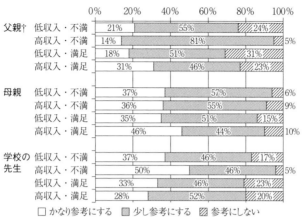

図表1-6 高3時 進路や将来の仕事について参考にする人

注：*** $p < 0.001$, ** $p < 0.01$, * $p < 0.05$, † $p < 0.10$

もっとも多く、3割を占めた。一方、「参考にしない」は「低収入・満足」(30.5%)でもっとも多く、「高収入・不満」(4.8%)でもっとも少ない。程度に差はあるものの、「高収入」型の女性の場合、高校のときに、進路や将来の職業について「父親」を参考にする傾向がみられる。思春期になると、とくに娘の場合には、父親の存在が煙たくなるものだ。そうした時期に父親と社会や将来について話をすることは、将来の仕事への水路付けとなる可能性がうかがえる。この時期の父親の存在は、子ども（娘）の将来にとって、案外、重要な役割を果たしているのかもしれない。

参考までに「学校の先生」についてみたところ、「高収入・不満」の半数が「かなり参考にする」としていた。また、「先生は私が高校でがんばることを期待している」では、「高収入・不満」で「とてもあてはまる」が2割を占め、4類型中、最多であった。「高収入・不満」は、「親」だけでなく、「学校の先生」などの意見も幅広く参考にし、また学校の先生からも期待されながら、進路や将来の仕事についてまじめに考えていたのではないかと思われる。

「子育て」というとせいぜい子どもが中学生くらいまでの時期を想定しがちであるが、今回の分析結果をみると、高校生になっても親が子どもにどのように接するのかは重要な要件であることが示唆される。

45

5.3 将来のライフデザインについて

冒頭に述べたように，高校卒業後8年がたち，現在，26歳となった彼女たちは，少しずつ結婚や出産を経験するライフステージへと入りつつある．仕事中心の男性と異なり，女性の場合には，「結婚」するかしないかは，単に結婚だけの話ではなく，その後の仕事をどのようにしていくのかという問題も含んでいる．それゆえに，ライフコースのパターンも多様となる．

そのようななかで，今後の結婚や仕事，あるいはその両者をどのようにすり合わせていこうと考えているのだろうか．最後に彼女たちの今後のライフデザインについて，結婚，ライフコース展望，将来への不安の3点からみておく．

(1) 結婚意向

まず彼女たちの結婚に関する意識をみると[8]，「ぜひ結婚したい」割合は「高収入・満足」で最多の6割を占め，「できれば結婚したい」を合わせると，9割以上が結婚意向を示した．これに対し，あとの3類型はいずれも「ぜひ結婚したい」が3～4割にとどまり，2割を超す女性たちが「結婚意向なし」と回答するなど，意向の強さは類型間で差がみられた．

そこで，「現在独身でいる理由」が類型によって異なるのかを分析したところ，14項目中6項目で違いがみられた．まず，「低収入・不満」と「低収入・満足」のいずれも4割が「独身でいる理由」として「結婚後の経済状況に不安がある」をあげたのに対し，「高収入・満足」では2割にも満たない．経済面については「低収入」型で多く，「高収入」型のなかでもとくに「高収入・満足」で少ないことがわかる．「家の居心地がいい」では，「低収入・満足」(35.1%)でもっとも多く，「高収入・不満」(13.0%)でもっとも少ない．高校時代には，比較的親と距離を保っていた「低収入・満足」のほうが，現時点で親と良好な関係を築いている．「今は，仕事や学業に打ち込みたい」については，「高収入・不満」の約半数があげた．他の3類型が2割程度であったのに比べると，「高収入・不満」において仕事面の理由の高さが目立つ．その一方，「高収入・不満」では，「異性(交際相手)とうまくつきあえない」「異性とつきあう時間がない」の割合も高く，仕事と交際のバランスの板挟みになっている様子がうかがえる．

若者が結婚しない理由が何かと取りざたされているが，未婚女性のおかれた状況が多様であるとすれば，独身でいる理由もまた多様である．未婚者を「十把一絡げ」にしてはみえてこないさまざまな事情が本分析から垣間みえる．

(2) 仕事と結婚——高3時と現在のライフコース展望から

次はライフコース展望をみる．第8波では，女性の家庭と仕事について，「あなた自身は，どのような生活をしたいと思いますか」を9つの選択肢で尋ねている．今回は結婚や出産を経験しても仕事を続けようと考えているか否かという点に焦点を絞り，「就業継続志向」と「非就業継続志向」の2つに分けた[9]．

最初に「就業継続志向」の割合をみたところ，「高収入・不満」では7割を占めたのに対し，他の3類型では3〜4割程度に留まった．「高収入・不満」において，結婚・出産にかかわらず仕事を継続しようという志向が強い（図表1-7）．

図表1-7　ライフコース展望（第8波と第1波→第8波への変化）

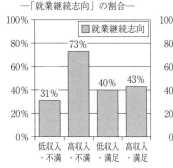
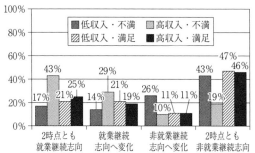

注：*** $p<0.001$，** $p<0.01$，* $p<0.05$，† $p<0.10$

しかしながら，ライフコース展望もまたおかれた状況によって変わる．今回，高校3年生時（第1波）で尋ねたライフコース展望についても「就業継続志向」と「非就業継続志向」に分け，類型との関連をみたが，大きな違いはみられなかった（図表は省略）．高校卒業後の8年間に，彼女たちのライフコース展望の

違いが拡大したことがわかる.

　そこで,どの類型において,どのような変化が起きたのかをみるために,第1波と第8波のライフコース展望を組み合わせ,「両時点とも就業継続志向」「就業継続志向へ変化」「非就業継続志向へ変化」「両時点とも非就業継続志向」の4パターンを作成し,類型との関連をみた(図表1-7).その結果,「両時点とも就業継続志向」の割合は,「高収入・不満」で4割を占めたのに対し,他の3類型ではいずれも2割前後に留まった.

　また,高3から現在の間に「就業継続志向」から「非就業継続志向」へ変化した「非就業継続へ変化」については,「低収入・不満」でもっとも多く25%を占めた(他の類型で1割前後).4類型のなかで,「低収入・不満」は非正規率がもっとも高く,「専門・技術」職に就く割合はもっとも少ない.当面の仕事継続意向も4割に満たず,現在の仕事に不満をもつ者が半数を超える.こうした状況の中で,結婚や出産にかかわらず仕事を続けていこうという気持ちに変化が起きたとしても不思議ではないだろう.

　この点は同じ「不満」型とはいえ,「高収入・不満」と大きく異なる.「高収入・不満」の女性たちの当面の仕事継続意向は「低収入・不満」よりもさらに低く2割に満たず,6割以上が現在の仕事に不満をもっている.それにもかかわらず,彼女たちは現在においても「就業継続型」のライフコースを望んでいるし,約半数が「独身でいる理由」として「今は,仕事や学業に打ち込みたい」をあげていた.ここからは,現在の生活を「不満」としながらも,「高収入・不満」の女性たちの仕事に対する意欲が見て取れる.あるいは,現在の生活が「不満」であっても,仕事に固執せざるをえない状況であるとも考えられる.

(3) 将来への不安

　最後に将来に対する不安についてみた.不安の内容は,「職に就けない・職を失う」「生活をするのに十分な収入が得られなくなる」「家族の介護に追われるようになる」「突然の事故に見舞われる」「突然の病気に見舞われる」「結婚できない」の6項目である.これらについて4段階で尋ねたものを,不安が高いほど数値が高くなるよう4点から1点を与えた.類型を独立変数,各不安項

目を従属変数とした一元配置の分散分析を行い，類型ごとの平均値を比べた．

分析の結果，6項目のすべてにおいて有意な関連がみられ，いずれの項目についても「高収入・満足」の不安がもっとも低かった．ここで類型間の平均値に差があるのかをみるために多重比較を行ったが，その結果について，「高収入・満足」を基準とした比較を図表に示した（図表1-8）．以下，「高収入・満足」と他の類型との違いをみていく．

まず，「満足」型の2類型（「低収入・満足」と「高収入・満足」）を比較すると，仕事や収入に関する不安，突然の事故や病気だけでなく，家族の介護についても「低収入・満足」のほうが高い不安を示した．「低収入・満足」は，親と暮らし，独身でいる理由として「家の居心地のよさ」をあげるものが3分の1を占め，家族からの支援を多く受けている類型であることが予想される．その一方で，将来，家族の介護を自分が負うようになるのではという不安も高い．

図表1-8 類型と将来の不安6項目の分散分析（第8波女性）

	低収入・不満	高収入・不満	低収入・満足	高収入・満足	平均	人数	F値
職に就けない・職を失う	**3.0**	**2.6**	**2.6**	1.8	2.4	(222)	15.980***
十分な収入を得られなくなる	**3.2**	**3.0**	**3.0**	2.2	2.8	(221)	15.087***
家族の介護に追われるようになる	2.3	2.4	**2.4**	2.0	2.3	(221)	2.313†
突然の事故に見舞われる	2.3	**2.5**	2.3	1.9	2.1	(221)	4.715**
突然の病気に見舞われる	**2.5**	**2.7**	**2.5**	2.0	2.4	(221)	4.594**
結婚できない	**2.9**	2.8	2.5	2.3	2.5	(221)	3.684*

注1：多重比較の結果「高収入・満足」（灰色）と有意な差がみられた数値を**太字**で示した．
 2：*** $p<0.001$，** $p<0.01$，* $p<0.05$，† $p<0.10$

次に「高収入」型の2類型（「高収入・不満」と「高収入・満足」）を比較したところ，仕事や収入，突然の事故や病気について，「高収入・不満」のほうが高い不安を示した．この2つの類型は「高収入」という点においては共通しているものの，「高収入・満足」に比べると「高収入・不満」の仕事環境は不利な状況にあり，現在の仕事の継続意向もかなり低い．こうした仕事をめぐる不安定さが将来に対する不安を高めていると思われる．

最後に「高収入・満足」と，その対極に位置する「低収入・不満」を比べた．その結果，「低収入・不満」は仕事や収入に対する不安，「結婚できないのではないか」という不安が4類型中，もっとも高くなるなど，仕事だけでなく結婚

についても不安を募らせていた．

「高収入・満足」と比較すると，他の3類型のいずれも，仕事や収入，突然の病気についての不安が高く，加えて「低収入・満足」では家族の介護，「低収入・不満」では結婚に対する不安が高い．「高収入・満足」を除き，未婚女性たちは，将来について何らかの不安を抱いていることがうかがえる結果となった．

6. おわりに

6.1 まとめ――各類型の特徴

本章では，若者の幸せ感がジェンダーによってどのように異なるのかを確認した後，主たる対象を女性に絞り，現在の仕事や生活だけでなく，高校時代の親子関係，結婚や仕事などのライフデザインや将来に対する不安などを手掛かりに，類型ごとの特徴を探った．その結果，未婚女性を一括りにした際にはみえなかった，おかれた状況による違いが少しずつ明らかになった．それぞれの類型の特徴を簡潔にまとめておく．

- 「高収入・満足」について

「高収入・満足」は女性全体の約3割を占める．ちなみに男性の場合にはこの類型が過半数を占めていたのに比べると，高卒8年目の時点において，すでに男性と女性では社会経済的な位置が随分異なることがわかる．

「高収入・満足」の特徴をみると，高校時代の親との会話頻度はもっとも高く，その内容は学校のことだけでなく，進学や将来のこと，世の中のこと，そして悩みごとまで多岐にわたる．また，将来の進路や仕事についても父親を参考にする割合が高く，高校時代から社会へ向けて目が開かれる機会に恵まれていたようだ．学歴は「大学以上」，仕事は正規職，専門・技術職，1000人以上の大企業もしくは公務員として安定して働く者が多く，労働時間も適正で，収入も高い．当面の仕事継続意向も仕事満足度も高い．また仕事だけでなく，余暇活動も活発に行っている．「ワーク・ライフ・バランス」が取れている状況といえるだろう．今後についても結婚に対する意欲が高く，結婚への経済的な

不安や異性との付き合いに関する不安も少ない．さらに，将来への不安も4類型中，もっとも低く，まさに「一人勝ち」の様相を示している．

- 「低収入・満足」について

　まず指摘すべきは，「低収入・満足」が女性に特徴的にみられる類型であるという点である．学歴は「高校」「専門・短大」が多く，現在は非正規で働く者が半数を占め，「専門・技術」職も少なく「サービス・技能」へ従事する者が多い．中小企業——とくに99人以下の小企業——が中心である．先にみた「高収入・満足」と同じ「満足」型に属するとはいえ，両者は異なる階層に位置しているといえるだろう．一方，余暇については，「高収入・満足」に次いで活発であった．収入，就業形態，職種，企業規模などの「ワーク」の客観的側面については「高収入・満足」に及ばない面もあるが，「ワーク」の主観的側面である仕事の継続意向や仕事満足度は高い．また，「ライフ」の部分は充実しているといえそうだ．

　「低収入・満足」のもう1つの特徴は家族からの支援である．「低収入・満足」は，高校生の時には親と比較的距離を保っていたが，現時点では8割が親と暮らし，家族との外出頻度も高く，独身でいる理由として「家の居心地のよさ」をあげるものも多い．家族と良好な関係をもち，支援も受けている様子がうかがえる．その反面，将来の不安については，「家族の介護に追われるのではないか」が4類型中でもっとも高い．現在受けている家族からの支援と，将来自分が家族の介護を担うようになるという不安が表裏一体となっている．

- 「高収入・不満」について

　この類型も「高収入・満足」と同様に，高校時代の親子関係をみると，世の中のこと，将来のことについての会話頻度が高く，進路や将来の仕事について「父親」の意見を参考にする割合が高い．しかし，「高収入・満足」と比較すると，「成績」については「ひんぱんに」話す割合が高いものの，「学校のこと」や「悩み事」では低いことから，ここでの親子の会話は「情緒的」なものというよりも「手段的」な色合いが強いようだ．

　現在の仕事の状況をみると，正規雇用率は高く，「専門・技術」や「サービ

ス・技能」といった「手に職」系の仕事に就き，中堅規模の企業に勤める割合が高い．収入は高いが労働時間も長い．それが生活を圧迫しているのか，余暇活動は「低収入・不満」と同様に低調である．とりわけ「家族で外出」する頻度は4類型のなかでもっとも低いことから，家族とのかかわりが少なく，支援も少ない類型であると思われる．また，独身でいる理由として異性（交際相手）と「うまくつきあえない」「つきあう時間がない」の割合が高かったことを踏まえると，長時間労働によって，「ワーク・ライフ・バランス」が阻害され，ひいては結婚というライフデザインにまで影響を及ぼしていることが危惧される．現在の仕事に不満をもちつつも，ライフコースとしては就業継続を志向していることから，仕事にしがみつかざるをえない状況におかれていることも懸念される．

- 「低収入・不満」について

　この類型については，男性の場合は「高卒」で多く「大学以上」で少ないなど，階層的な特徴がはっきりしているのに対し，女性の場合には「高卒」は多いものの，「大学以上」はむしろ「低収入・満足」のほうが少ないなど，階層的な特徴は男性ほど明確ではない．「低収入・不満」は，正規率，職種，企業規模，労働時間の面で「低収入・満足」と似た状況にあるが，「低収入・満足」に比べると，現在の仕事に対する継続意向は低く，余暇活動も低調である．いわば，「ワーク」も「ライフ」も満たされていない状況といえるだろう．

　今後の展望についてみると，「低収入・不満」は仕事や収入に対する不安，「結婚できないのではないか」という不安が4類型中，もっとも高い．ライフコース展望をみると，「非就業継続志向」の割合が7割を占め，大半が結婚を前提としたライフコースを想定しており，高3時の「就業継続志向」から「非就業継続志向」へ変化した割合も他の類型より多い．現在の仕事の状況をみると，結婚や出産にかかわらず働き続けていくことを断念し，結婚を前提としたライフコースへの転換をせざるをえなかった可能性も否定できない．仕事にも結婚にも先のみえない状況のなかで，将来への不安が高まっている状況がうかがえよう．

6.2 女性の多様性が意味するもの

　以上,「収入」と「生活満足度」を軸に,主として女性のなかの多様性を描いてきた.当初の問題意識を踏まえ,再度,今回の分析のもつ意味を考えてみたい.

　第1は,男性よりも女性のほうが幸せ感に影響を与える要素が多岐にわたり,収入の多寡に縛られることなく幸せ感を感じているという点である.「幸せ感」を得るルートを多くもっていることは生きていくための1つの重要な要件である.この背景には,日本が依然として「性別役割分業社会」であるという事情があるだろう.女性の場合には,男性よりも「収入」が自分の幸せ感を判断する重要な条件となりにくい状況があるゆえに,幸せへのルートを仕事に限らず,余暇活動や家族との関わりなどに広げているという状況もあり得る.今回の対象者における「収入」の平均をみても,男性は17.7万円,女性は15.3万円など,手取りで1ヵ月に2万円以上も差がある.

　ここからは,「現実にはたとえ困難が満ち溢れていたとしても,現在の自分に多少なりとも満足を感じうるような題材を,否が応でも見出していかざるをえない」のであり,「自己評価を行うにあたって,準拠集団を低く設定」(土井2012: 40) するという若者に対する見方が可能であるかもしれない.だが,女性たちが示す多様性は,そうした受け身の選択に過ぎないのであろうか.女性のほうが不利な状況におかれてきたとしても,与えられた状況のなかでどのように生き延びていくのか,その試行錯誤の1つの形が多様性という形で出現していると考えることができるのではないか.それが「強いられた選択」であったとしても,実際に,女性たちは仕事以外のところにおいて幸せへのチャネルを増やしてきた.

　そうであるとすれば,今後,長引く不況と,社会の状況が劇的に改善していくことが見込まれないなかで,不利な条件で生き抜いてきた女性の生き方のなかに,男性にとっても,今後の生き方の可能性があるのかもしれない.女性たちの生きていく知恵や柔軟性というものがもっと評価されてもよい.これは決して,現在の状況に甘んじることを意味するのではない.むしろ,仕事に対する高い意欲を示していた「高収入・不満」は,長時間労働によって「ライフ」の時間を侵食され,それにもかかわらず仕事に「執着」せざるをえない状況に

置かれているという見方もできよう．そろそろ，ワーク・ライフ・バランスの実現に向けて，本腰を入れて取り組むべき時期に来ていると考える．

　第2は，若者の幸せ感における家族の重要性である．とくに家族からの支援の恩恵を受けているのが「低収入・満足」であり，家族からもっとも疎遠なのが「高収入・不満」であった．貧困と生活満足度の研究において，「家族との結びつきは，低所得・低額の資産による生活満足度の減少をある程度補う役割を果たしている」（橘木・浦川 2006）ことが指摘されている．「低収入・満足」にとり，現在家族から受けている支援と，将来における家族の介護問題への不安が表裏一体となっている側面もあるとはいえ[10]，若者の「今，現在」の幸せ感を支える要因の1つとして，家族からの支援の重要性をあげておきたい．

　興味深いことに，高校時代の親との関わりをみると，この2つの類型ではかなり異なっていた．本田（2008）は，母親の子育てが若者の状況に及ぼす影響を検討し，「きっちり」子育ては教育達成や職業達成などの客観的な社会的地位，「のびのび」子育ては生活満足度などの主観的な状況を高めるとする．本田が小学生時代に着目したように，通常，「子育て」というとせいぜい子どもが中学生くらいまでの時期を想定しがちである．しかし，今回の分析からは，高校時代における親の子育て態度のあり方も，その後の子どもの客観的および主観的な状況と関連する可能性が示唆された．子どもが高校生になれば子育てが「終わる」わけではなく，この時期の親の態度も依然として重要である．

　第3は，今後のライフデザインを考えるうえで，多くの女性たちが将来——とりわけ仕事や収入——に不安を感じていた点である．その背景には，「低収入・満足」や「低収入・不満」では非正規雇用率の高さが，「高収入・不満」では長時間労働によるワーク・ライフ・バランスの阻害などがあるだろう．パネルデータ対象者それぞれに過去があり，それが現在の状況や将来のライフデザインにつながっている．もっとも恵まれた状況におかれ，将来への不安が低い「高収入・満足」は女性全体の3割に過ぎなかったことを踏まえると，他の7割について，労働面での不安をどのように軽減していくのかは，現在のみならず将来の「幸せ」にとっても重要な要件となる．

　非正規雇用者が直面している問題として，雇用の安定，所得の増加，キャリア形成などの可能性の低さが指摘されていることを踏まえると（大嶋 2011），

前述した「ワーク・ライフ・バランス」の実現に加え，非正規雇用者の労働環境の見直しをおこない，正規と非正規の両者の格差を埋めていくことが急務となる．

注
1）国際データとの比較は第2章（深堀）で取り上げたOECD（2011）を参照．
2）「就業形態」を「経営者・役員」「正社員・正職員」「パート・アルバイト・契約・臨時・嘱託」「派遣社員」「請負」「自営業者，自由業者」「家族従業者」「内職」「その他」の9項目で尋ね，「経営者・役員」と「正社員・正職員」を「正規」，その他を「非正規ほか」として，2カテゴリーに分けた．
3）仕事に関する意識として「現在の会社で当面（5年程度）仕事や事業を続けたいと思いますか」を4段階で尋ね，「当面継続」（「当面続けるつもりである」）と「やめたい・わからない」（「やめることを考えている」「すぐにやめるつもりである」「わからない」）の2カテゴリーに分けた．
4）「恋人の有無」を「現在いる」「過去にいた」「いない」の3段階で尋ね，「過去にいた」と「いない」をあわせて「いない」として，2カテゴリーに分けた．
5）余暇は，「家族で外出」「友人と外出」「習い事・自己啓発」「スポーツをする」「リラクゼーション」「映画などの鑑賞（自宅外）」の活動頻度を7段階で尋ね，「月1回以上」と「月1回未満」の2カテゴリーに分けた．
6）職場全体の満足度を「満足」から「不満」の4項目で尋ねたものを用いた．
7）多重比較をおこなったところ，「高収入・満足」（17.0）と「低収入・満足」（15.7）の間が有意になった．
8）「結婚意向」を5段階で尋ね，「ぜひ結婚したい」「できれば結婚したい」「結婚意向なし」（「結婚しなくてもよい」「結婚したくない」「結婚について考えていない」）の3カテゴリーとし，類型とのクロス表分析をおこなったところ，5％水準で有意な関連がみられた．
9）「就業継続志向」は「結婚して子どもができても，仕事を続ける」「結婚しても子どもをつくらず，仕事を続ける」「結婚しないで，仕事を続ける」，「非就業継続志向」は「仕事をせず，結婚して家庭に入る」「結婚したら，もう仕事はしない」「子どもができたら，もう仕事はしない」「結婚して子どもができたらいったん仕事をやめ，子どもに手がかからなくなったら仕事をはじめる」「その他」「わからない」である．
10）この点については古市（2011）も，若者の貧困が顕在化しない理由として同居も含めた親からの援助をあげ，「今は『子ども』として家族福祉の恩恵を受けている若者たちも，二〇年後から三〇年後にかけて，親世代の介護問題に直面することになる」（古市 2011: 246）と指摘している．

文献

Bonke, J., Deding M. and Lausten M.（2009）"Time and Money, A Simultaneous Analysis of Men's and Women's Domain Satisfactions," *Journal of Happiness Studies*, 10（2）：113-131.
土井隆義（2012）「『再埋め込み』の時代――生活満足度の高さが意味するもの」『社会学ジャーナル』37号，筑波大学社会学研究室：21-46.
古市憲寿（2011）『絶望の国の幸福な若者たち』講談社.
本田由紀（2010）「若者にとって働くことはいかなる意味をもっているのか」小谷敏・土井隆義・芳賀学・浅野智彦編『〈若者の現在〉労働』日本図書センター：25-51.
色川卓男（2004）「女性の幸福感はどう変化しているか」樋口美雄編著『女性たちの平成不況――デフレで働き方・暮らしはどう変わったか』日本経済新聞社：261-282.
森ますみ（2010）「労働市場の非正規雇用化と女性の賃金」昭和女子大学女性文化研究所編『女性と仕事』御茶ノ水書房：5-31.
内閣府（2010）『国民生活に関する世論調査』.（2012.12.21取得，http://www8.cao.go.jp/survey/h22/h22-life/index.html）
OECD（2011）*Doing Better for Families*.
尾嶋史章（2001）「研究の目的と調査の概要」尾嶋史章編著『現代高校生の計量社会学』ミネルヴァ書房：1-17.
岡部悟志（2007）「仕事満足にみる若年非正規雇用の現代的諸相」『理論と方法』Vol.22, No2：169-187.
大嶋寧子（2011）『不安家族』日本経済新聞社.
嶋崎尚子（2008）『ライフコースの社会学』学文社.
白石賢・白石小百合（2010）「幸福の経済学の現状と課題」大竹文雄・白石小百合・筒井義郎編著『日本の幸福度』日本評論社：9-32.
総務省統計局（2012）『平成19年就業構造基本調査』.（2016.5.12取得，http://www.stat.go.jp/data/shugyou/2012/pdf/kgaiyou.pdf）
橘木俊詔・浦川邦夫（2006）「生活の質と貧困」橘木俊詔・浦川邦夫編著『日本の貧困研究』東京大学出版会：307-325.
太郎丸博編（2006）『フリーターとニートの社会学』世界思想社.
太郎丸博（2009）『若年非正規雇用の社会学』大阪大学出版会.
山田昌弘（2004）『希望格差社会』筑摩書房.
保田時男（2011）「多様化する世帯構造における主観的な格差――生活満足度の散布指数による検討」佐藤嘉倫・尾嶋史章編『現在の階層社会――格差と多様性1』東京大学出版会：177-189.

第 2 章

何を重視し，どう行動するか
―― 日米の若者の価値観・進路・家族

深堀聰子

　高校や大学を卒業した若者は，多様な職業キャリア形成や家族形成のパターンをたどっている．どのような働き方と家族生活のあり方を選び取っていくかというライフコースの選択は，いうまでもなく，性別や高校卒業後の進路といった構造的要因に規定されているが，価値観といった個人的要因によっても方向づけられている．若者がライフコースをたどっていくなかで，重要な意味をもつ価値観は何か．ジェンダーをはじめとする構造的要因がもたらしてきた格差を助長しているのはどのような価値観であり，格差を克服するうえで有効なのはどのような価値観なのか．日米のパネル・データを比較することを通して，若者の価値観と職業キャリア形成や家族形成との関係について考察することが，本章のねらいである．

　本章は，次の構成を取る．はじめに，分析に使用する日本側のパネル・コーホートが10代後半から20代前半期を過ごしてきた時代を特徴づける雇用とワーク・ライフ・バランスの状況を明らかにし，米国側のパネル・コーホートと比較することの意義を確認する．つぎに，分析に使用する変数の概要を整理したうえで，若者が高校生の頃にどのような価値観をもち，それが高校卒業後の進路とどのような関係にあり，どう変化し，就職や結婚などのライフイベントの選択をどう規定していくのか，そのパターンに日米の違いはあるのかを明らかにする．最後に，日本の若者の価値観を形づくり，選び取るライフコースに矛盾をもたらす社会環境について考察する．

1. 若者を取り巻く社会環境

1.1 閉塞的な日本の雇用環境

分析で使用するのは，JLPS-H の「第1波（高校3年生，2004年1〜2月，n=7563）」および「第8波（高卒8年目，2011年10月〜，n=505）」の2時点データ，および米国連邦教育省国立教育統計センター（National Center for Educational Statistics, NCES）が実施した NELS（National Education Longitudinal Study of 1988）の「第2回追跡調査（2nd follow-up）」（1992年実施，対象は第12学年生徒）および「第4回追跡調査（4th follow-up）」（2000年実施，対象はハイスクール卒業後8年目の若者）の2時点データである（重みづけ後，n=12,144）．この NELS 調査は，1988年の第8学年（14歳）コーホートを2000年（26歳）まで追跡した全米を代表するパネル・データであり，本分析を実施した当時 NCES によって実施されたパネル調査のうち，対象者の追跡が完了して公開されている最新のものであった[1]（NCES 2012）．

ここでは，まず日本側の JLPS-H コーホートがたどってきた，2003年から2011年の8年間がどのような時代だったのか，振り返ってみよう．総務省統計局『労働力調査』によると，若年層（全体（15〜24歳層・25〜34歳層），以下同様）の失業率は，1990年代前半までは 2%（4%・2%）水準で推移していたが，いわゆるバブル崩壊後の雇用環境の悪化にともなって上昇し，JLPS-H コーホートが高校を卒業した直後の2004年4月には，4.8%（9.6%・5.6%）に達した．その後も，いわゆるリーマンショック（2008年）が発端となった世界同時不況や欧州通貨危機に見舞われ，2012年4月には4.6%（9.2%・6.0%）で高止まりしていた（総務省統計局 2012）．

その間，新卒一括採用・終身雇用・年功序列賃金制に特徴づけられる日本型雇用は徐々に後退し，いわゆる雇用の流動化が進行した．平成15（2003）年労働派遣法改正によって製造業務への派遣労働の禁止が解除され，派遣期間が延長されたことによって，非正規労働市場が拡大した．そのなかで，安定した職に就けない若者の問題，働いても豊かになれない「ワーキングプア」の問題が社会問題化してきた．2000年代は，情報技術革新によって経済の生産性が飛

躍的に向上したニュー・エコノミーの時代とよばれているが，その恩恵は社会に広く還元されるのではなく，一部の知識層に集中し，労働者の所得は全体として後退してきた．その結果として拡大した経済格差が，将来に対して希望をもてる層と，努力しても報われないと絶望する層によって分断される「希望格差」(山田 2004) をもたらしたと指摘されている．

さらに近年では，主に新興国に経済成長のチャンスをねらう日本企業によるグローバル採用が顕在化してきており，雇用をめぐって日本の労働者が他国の労働者と競合する事態が現実のものとなってきている．若者が安定的な職に就けない閉塞的な雇用環境が20年近く続いており，さらに不安定で競争の激しいものへと変化してきている．総じて，若者のキャリア形成は，高度経済成長期から1990年代前半までの好況期と比較して困難になっている．

1.2　改善されない日本のワーク・ライフ・バランス

日本の厳しい雇用環境は，家族形成にかかわる環境にも影響をおよぼしている．たとえば，日本では長時間労働が恒常化しており，週労働時間が60時間以上の労働者の割合は2007年に全体で10.3%，30歳代男性で20.2%と高止まりしていた (厚生労働省 2008)．こうした職場環境は，仕事と家庭の両立を困難にし，結果的に伝統的な性別役割規範を固定化させている．OECD (経済協力開発機構) によると，日本の男性が家事・育児に参画する1日あたりの平均時間は，女性の269分に対して59分 (米国男性150分，OECD男性138分) にすぎず，これはOECD諸国のなかで韓国についで2番目に短い．日本の職場慣行や社会規範がワーク・ライフ・バランスを阻む原因となっており，加えて住宅や子育てに係る私費負担の重さが，晩婚化と少子化を招いていると，OECDは指摘している (OECD 2011: 39)．

日本の女性は，パートタイム労働者や非正規労働者として就労する傾向が強い．2011年には生産年齢人口 (15〜64歳) 女性の就労率は63.0% (米国67.8%，OECD平均61.8%) であったが，女性就労者に占めるパートタイム労働は34.8% (米国17.1%，OECD平均26.0%)，非正規労働は20.7% (米国 -，OECD平均12.5%) であった．結果的に日本の女性の所得水準は低く，2010年には男性の71% (米国81%，OECD平均85%) にとどまっていた (OECD 2012)．日本の女

性の労働は補助的で代替可能な性格が強く，このことが職場での子育て支援制度の整備や活用を遅らせていると考えることもできる．

子育てに対する公的支援も，日本ではあまり充実していない．子育てに対する公的支出は，2007 年は GDP の 1.4%（米国 1.3%，OECD 平均 2.2%）にとどまっており，OECD 諸国のなかで 4 番目に低い水準である．また，保育事業等に対する規制が相対的に厳しい水準で維持されているため，民間組織の参入は緩やかにしか拡大していない．その結果，3 歳以下の幼児の保育所入所率は 3 割程度にとどまっており，保育所入所待機児童数は 2011 年 4 月時点で 25,556 人，10 月時点で 46,620 人にのぼっていた（厚生労働省，2011 年）．そうした状況のなかで，日本の合計特殊出生率は 2010 年に 1.39（米国 1.93，OECD 平均 1.74）と，OECD 諸国のなかで 6 番目に低い水準にとどまっていた．

ワーク・ライフ・バランスが改善されず，それを補償する子育てに対する公的支援の導入も，民間サービスの供給もあまり進まないなかで，日本では家族形成が困難な状況が続いている．

1.3　日米パネル・コーホートを比較することの意義

本章で比較する日本側の JLPS-H コーホート（2003 年に高校 3 年生）と米国側の NELS コーホート（1992 年に第 12 学年）には，10 年間の隔たりがある．しかしながら，NELS コーホートが 10 歳代後半から 20 歳代前半期を過ごした 1990 年代の米国の雇用環境は，日本の 2000 年代と同様に閉塞的なものであった．その一方で，柔軟な雇用形態をとる米国では，ワーク・ライフ・バランスが相対的に早い時期から確保されてきた．この類似性と差異性によって，両データは，職業キャリア形成と家族形成について考察するうえで，有効な合わせ鏡となっている．

NELS コーホートが第 12 学年に在籍していた 1992 年のアメリカでは，1970 年代以降の石油危機が長期化し，失業率は労働力人口全体で 7.5% に達していた（BLS 2012）．財政赤字と経済収支赤字による双子の赤字を抱える政府は，社会保障費の圧縮をはじめとする緊縮財政へと路線転換し，企業も従業員を一時解雇（レイオフ）したり，生産拠点を人件費等が安価な開発途上国へ移転したりした．米国では，景気が悪化すると勤続年数の短い者から一時解雇され，

景気が改善すると勤続年数の長い者から再雇用される年功制が多くの企業でとられているため，景気後退の影響をもっとも早く，かつ長期にわたって受けるのは，若者なのである．情報技術革新がもたらしたニュー・エコノミーは，米国では1990年代半ばに顕在化し，企業経営者を中心とした一握りの層が巨額の労働報酬を受ける一方で，労働者の所得は全体として後退し（Mishel, et al. 2007），定職につけない若年層が拡大した（Tannock 2001）．効率的経営をめざす企業によって解雇されて貧困層に転落する中流層や（Ehrenreich 2005），働いても貧困から抜け出せないワーキングプア（Shipler 2004）の実態が社会問題化され，格差拡大の警鐘が鳴らされた．

ただし，新卒一括採用・終身雇用・年功序列賃金制等がとられていない米国の雇用環境は，日本と比較して柔軟性に富んでいる．たとえば，ISSP（International Social Survey Programme）1997年調査では，「失業したとして，納得できる仕事が簡単に見つかると思いますか」という問いに対して，米国では50.3%（日本5.0%）が「非常に簡単である」「まあ簡単である」と回答した（男女共同参画会議 2005: 24）．

ワーク・ライフ・バランスを支援する雇用環境として，米国では有給の出産・育児休暇は制度としては保障されていないが，フレックスタイム（1995年に労働者の45%が利用，日本では19%）などの柔軟な勤務形態が1990年代までに普及してきた．子育てに対する公的支援は，米国では日本と同様に低率に抑制されているが，政府による緩やかな規制と情報開示の推進をとおして，多様な子育てニーズに適合的なサービスが民間組織によって豊富に供給され，市場原理にもとづいて統制されている．質保証の観点から課題を抱えているものの，これらのサービスを利用することで，多くの家族が子育て期の難局を乗り切ることができている（深堀 2008: 53-55）．

2. データの概要

JLPS-H調査では，調査設計段階からNELS調査と比較することを目的として，共通の項目を導入してきた．分析に使用するのは，図表2-1に示す項目である．それらの概要について整理しておこう．

まず，高校の学科は，高校生の学力や学習環境の指標とみなすことができる．日本では，普通科が8割近くを占めているため，卒業後の進路実績にもとづいて2カテゴリ（普通科Ⅰ：進学率40%以上，普通科Ⅱ：進学率40%未満）に分類し，専門学科と総合学科は1カテゴリに統合した．結果的に，各学科に在籍する生徒の分布は，米国の教育課程区分にほぼ対応するものとなった．実際の平均大学進学率は，日本では普通科Ⅰ75%，普通科Ⅱ27%，専門・総合学科13%，米国では学業課程（academic）74%，一般課程（general）36%，職業課程（vocational）20%であった．

図表2-1　JLPS-H と NELS の項目 (カテゴリの %)

	項目	JLPS-H（日本）		NELS（米国）	
高校3年生（第1波）	学科	普通科Ⅰ（進学率40%以上）	37.3%	Academic	45.2%
		普通科Ⅱ（進学率40%未満）	42.6%	General	41.8%
		専門・総合学科	20.1%	Vocational	13.0%
	性別	男	48.8%	Male	50.2%
		女	51.2%	Female	49.8%
	高校卒業後の予定進路	大学進学（4年制）	42.1%	4 year university	49.7%
		その他	57.9%	Other	50.3%
	価値観（カテゴリの分布は図表2-2参照）	・良い教育をうけること		・Getting a good education.	
		・仕事で成功すること		・Being successful my line of work.	
		・結婚して幸せな家庭生活をおくること		・Finding the right person to marry and having a happy family life.	
		・子どもをもつこと		・Having children.	
高卒8年目（第8波）	職業キャリア	正社員	57.9%	Fulltime	76.4%
		非正社員	27.4%	Part-time	10.5%
		学生	3.2%	School	3.8%
		無職	3.0%	No activity	2.8%
		専業主婦（夫）	8.5%	Housekeeping	6.5%
	家族形成	既婚（離死別含む）	21.4%	Married	46.7%
		未婚	78.6%	Single	52.9%
	価値観	高校3年生と同じ		―	

価値観に関する項目では，高校3年生（第12学年，以下省略）の時点で，仕事・家庭・余暇・社会貢献に関する13の価値項目について，「次の事がらは，あなたにとってどれほど重要ですか」と3件法で問うている．本章では，職業キャリア形成と家族形成に関連する次の4つの価値項目に注目する．

「よい教育をうけること」は，一般に，職業キャリア形成にとって重要な意味をもつと考えられてきた．近代社会において学歴は，人物の職業的能力の客

観的指標として，雇用の際に重視されてきた．さらに，近年のいわゆる知識基盤社会においては，予測不可能な事態に柔軟に対応して有効に機能したり，高付加価値の製品やサービスを創造したりするために不可欠なコンピテンスは，高等教育を頂点とする学校教育を通して育成されると考えられるようになっており，生涯を通して教育をうけることが重視されるようになっている．そうした時代背景のなかで，若者がいかなる教育アスピレーションを抱き，それが職業キャリア形成にどのように関係しているかに注目する．

「仕事で成功すること」の意味は，一様ではない．ある人にとってそれは企業などの組織のなかで高い職階に昇格することを意味するかもしれないが，別の人にとってそれは組織のなかの役割を的確に果たすこと，あるいは自らの才能を作品等に結実させて社会的評価を受けることや営利・非営利の事業を発展させることを意味するかもしれない．「仕事で成功すること」の個別具体的な意味を明らかにすることはできないが，そこに通底する，努力を惜しまず粘り強く取り組む姿勢としての職業アスピレーションが，職業キャリア形成にどのような効用をもたらしているのかに注目する．

「結婚をして幸せな家庭生活をおくること」「子どもをもつこと」は，家族を形成することをどれだけ重視しているかを問う価値項目である．日本では晩婚化と少子化が進行しているが，それは若者による家族形成の価値づけが低下していることによるのか，それともワーク・ライフ・バランスの不十分さなどの社会的要因によるのか．結婚や子どもをもつことに関する若者の意識の実態に迫り，家族形成との関係に焦点をあてる．

なお，JLPS-H調査では，これらの価値項目を高卒8年目（第8波）の調査でも問うている．したがって，日本側の分析では，高卒8年目の価値項目も導入する．

つぎに，高校卒業後の予定進路は，卒業直前に実施した高校3年生の回答にもとづくものである．「大学進学」には，4年制大学への進学先決定者・未定者が含まれる．「その他」には，短大や専門・各種学校への進学，正社員就職（内定・未内定），フリーター，家業手伝い，その他，および未定の者が含まれる．『学校基本調査』によると，平成16年（2004年）度の大学進学率は42.4%（男性49.3%，女性35.2%）であり，JLPS-Hの結果42.1%（男性48.3%，女性

36.2%）とほぼ一致している（文部科学省 2012）.

　職業キャリア形成の状況は，高卒8年目の若者の回答にもとづくものである．「正社員」のカテゴリには，正社員，公務員，自営業主，家族従業者が含まれる．「非正社員」には，パート，アルバイト，契約社員，派遣社員，請負等が含まれる．「学生」には，4年制大学（医歯薬学部を含む），短期大学，専門・専修学校，職業訓練校，大学院，進学準備中（予備校通いを含む）が含まれる．「無職」には，仕事を探して活動している者と病気療養中の者が含まれる．「専業主婦（夫）」には，専業主婦（夫），家事手伝い，出産・育児休業中が含まれる．対応する NELS では，フルタイム就労を正社員，パートタイム就労を非正社員とみなし，できる限り対応するカテゴリを設定した．

　家族形成の状況は，高卒8年目の若者の回答からとらえる．「既婚」には，離別や死別などすべての結婚の経験が該当する（NELS では事実婚も含む）．「未婚」は，一度も結婚を経験していない場合が該当する．

3. 日米の高校生の価値観

3.1 教育は重視せず，子どもをもつことを重視する日本の高校生

　日米の高校生は，4つの価値項目の重要性について，どのように回答したのだろうか．図表2−2に示す通り，全体的な傾向として，米国の高校生は日本の高校生よりも，それぞれの価値項目について「とても重要」と回答する比率が高いが，この回答傾向の違いは国民性や言語のニュアンスの違いに起因している可能性もあることから，そのまま日米の高校生の価値観の違いとして解釈することはできない．ここでは，それぞれの国において，高校生が相対的にどの価値項目を重視しているのか，そのパターンを確認し，両国でどのように異なるのかに注目する．

　日本の高校生が重視する価値項目は，「とても重要」と回答した比率が高い順に，「結婚して幸せな家庭生活をおくること（68.3%）」「仕事で成功すること（54.8%）」「子どもをもつこと（51.5%）」であり，「よい教育をうけること（32.5%）」は3割にとどまっている．米国でも「結婚して幸せな家庭生活をもつこと（79.6%）」と「仕事で成功すること（88.1%）」は多数の高校生によって

第2章 何を重視し,どう行動するか

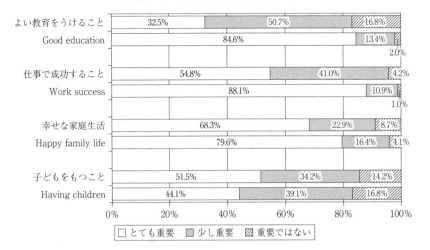

図表2-2 日米の高校生の価値観(%)

重視されている．ところが，日本とは対照的に「子どもをもつこと（44.1%）」を重視する高校生は相対的に少なく，逆に「よい教育をうけること（84.6%）」が極めて高い比率で重視されている．

これらの結果より，日本の高校生の特徴として，教育は重視せず，子どもをもつことを重視する傾向がある点をあげることができる．国民教育水準の高さを誇ってきた日本において教育があまり重視されておらず，少子化が進んでいる日本において子どもをもつことが重視されている結果は，やや意外といえよう．達成することが難しい課題ほど，人は重要だと考えるのだろうか．この意味を探るために，価値項目の関係に注目してみよう．

3.2 大学教育の職業的レリバンスの問題

図表2-3では，教育・仕事・結婚・子どもにかかわる価値項目の組み合わせのうち，教育−仕事，仕事−結婚，結婚−子どもの3組に注目して日米の特徴を抽出している．まず，「よい教育をうけること」と「仕事で成功すること」の関係に注目してみよう．一般に，よい教育は仕事での成功の条件とみなされており，両者には強い相関があると考えられてきた．しかしながら，日本の高校生のうち，教育と仕事の両方を重視（「とても重要」と回答）しているのは全

第Ⅰ部　家族とのつながりのなかで考える

図表2-3　教育・仕事・結婚・子どもに関する価値観の関係（全体に占める%）

		重要ではない	少し重要	とても重要	合計	Not important	Somewhat important	Very important	Total
よい教育を受けること※		仕事で成功すること				Being successful in my life of work			
	重要ではない	2.2%	7.9%	6.7%	16.8%	0.4%	0.7%	0.9%	2.0%
	少し重要	1.4%	25.0%	24.3%	50.7%	0.4%	4.0%	9.0%	13.4%
	とても重要	0.6%	8.1%	23.8%	32.5%	0.2%	6.1%	78.2%	84.6%
	合計	4.2%	41.0%	54.8%	100.0%	1.0%	10.9%	88.1%	100.0%
仕事で成功すること		結婚して幸せな家庭生活				Finding the right person to marry and having a happy family life			
	重要ではない	1.1%	1.1%	2.0%	4.2%	0.2%	0.2%	0.6%	1.0%
	少し重要	3.6%	13.9%	23.4%	41.0%	1.2%	2.7%	7.0%	10.9%
	とても重要	4.0%	7.9%	42.9%	54.8%	2.7%	13.5%	71.9%	88.1%
	合計	8.7%	23.0%	68.3%	100.0%	4.1%	16.4%	79.6%	100.0%
結婚して幸せな家庭生活		子どもをもつこと				Having children			
	重要ではない	7.3%	1.0%	0.4%	8.7%	3.3%	0.7%	0.1%	4.0%
	少し重要	4.1%	15.9%	2.9%	23.0%	6.1%	8.8%	1.5%	16.4%
	とても重要	2.8%	17.3%	48.2%	68.3%	7.4%	29.7%	42.5%	79.6%
	合計	14.2%	34.2%	51.5%	100.0%	16.8%	39.1%	44.1%	100.0%

※ Getting a good education.

体の23.8%にとどまっており，どちらも重視していない（「少し重要」「重要ではない」と回答，以下同様）高校生が36.5%（25.0%，7.9%，1.4%，2.2%），教育は重視していないが仕事は重視している高校生は31.0%（24.3%，6.7%）にのぼり，仕事は重視していないが教育は重視している高校生も8.7%（8.1%，0.6%）存在する．

　対照的に米国では，教育と仕事の両方を重視している高校生が78.2%にのぼり，どちらも重視していない高校生は5.5%，教育は重視していないが仕事は重視（9.9%），仕事は重視していないが教育は重視（6.3%）している高校生は，それぞれ1割程度にとどまっている（相関係数：日本0.271，米国0.358）．

　これらの結果は，教育アスピレーションと職業アスピレーションが日本では連動していないことを明らかにしている．米国では，幅広い層の高校生によって，高校卒業後に受ける大学教育等が将来の仕事に成功をもたらす要件として重視されているのに対して，日本では，そのように考える高校生が一部にとどまっている．この実態は，日本の大学教育等が職業社会との接続や社会的レリバンスについて，高校生に対して十分な説明を行い，職業キャリア形成におけ

る重要な要素として自らを位置づけることに失敗していることを示唆している．

3.3 仕事よりも結婚を重視する女子高校生

つぎに，「仕事で成功すること」と「結婚して幸せな家庭生活をおくること」の関係に注目してみよう．日本では，これらの価値項目を同時に重視している高校生は全体の 42.9%，仕事も結婚も重視していない高校生は 19.7%，仕事は重視していないが結婚は重視している高校生は 25.4%，結婚は重視していないが仕事は重視している高校生は 11.9% である．

この回答傾向には注目すべきジェンダー差がある．図表は割愛するが，仕事と結婚の両方を重視している高校生は男性に多く（男性 47.9%，女性 38.1%），仕事よりも結婚を重視している高校生は女性に多い（男性 19.2%，女性 31.4%）．一方，結婚よりも仕事を重視している高校生に顕著な男女差はみられない（男性 12.4%，女性 11.5%）．男性は稼ぎ手，女性はケアラーとしての伝統的な性別役割規範が，高校生の時点ですでに顕在化しており，高校卒業後の進路選択に影響をおよぼしていると考えられる．

対照的に，米国では仕事と結婚を同時に重視している高校生が 71.9%（男性 70.9%，女性 73.0%）にのぼり，仕事も結婚も重視していない高校生（4.3%）や，仕事は重視していないが結婚は重視している高校生（7.6%）は僅かである．逆に，結婚は重視していないが仕事は重視している高校生（16.2%）がやや多い．いずれのグループにも日本のようなジェンダー差はみられない（相関係数：日本 0.209，米国 0.163）．

以上の結果より，仕事と結婚を両立できる価値としてとらえている高校生が，米国では男女ともに 7 割にのぼるのに対して，日本では男性で 5 割，女性で 4 割にとどまっており，とくに日本の女子高校生は，仕事よりも結婚を優先する特徴があることがわかる．ワーク・ライフ・バランスが困難な日本の雇用環境のもとで，女性の職業アスピレーションは高校生の時点から抑制されており，性別役割規範が再生産されている．

3.4 結婚は子どもをもつことを含意する家族形成の第一歩

最後に，「結婚して幸せな家庭生活をおくること」と「子どもをもつこと」

の関係に注目してみよう．これらの価値項目を等しいウェイトで重視しているグループは，図表2-3の対角線上に示されており，結婚も子どもも「とても重要 (48.2%)」「少し重要 (15.9%)」「重要ではない (7.3%)」と回答した高校生は，全体の71.4%におよぶ．対照的に米国では，結婚と子どもを同じウェイトで重視している高校生は54.6%にとどまり，子どもをもつことは重視していないが結婚は重視している高校生が37.1%と比較的多い．結婚は重視しないが子どもをもつことは重視する高校生 (1.6%) は，日本 (3.3%) と同様に僅かである（相関係数：日本0.649，米国0.470）．

　これらの結果より，日本の高校生の特徴として，結婚することと子どもをもつことを強く結びつけている傾向が浮かびあがる．離婚率が米国ほど高くない日本では，高校生にとって結婚とは，よい配偶者を得るにとどまらず，子どもを含む本格的な家族形成の第一歩を踏み出すことを含意しているようである．その意味で，日本の若者にとって結婚は，覚悟が必要なハードルの高い行動といえそうである．社会問題化されている晩婚化は，若者が結婚を真摯に受け止めているからこそ進行しているのかもしれない．

4．高校生の価値観と高校卒業後の予定進路

　このように，日本社会は多くの矛盾を含む社会として，高校生の目に映っている．大学教育等は職業社会と整合的に接続しておらず，仕事で成功することと結婚して子どもをもつことは，とくに女性にとって両立しにくい営みとみなされている．そして，結婚は子どもをもつことと結びつけて受け止められているからこそ，仕事との両立が一層難しく考えられているようである．こうした不整合の意識は，高校卒業後の進路選択にいかなる影響をおよぼしているのだろうか．

　図表2-4と図表2-5では，日米の高校3年生の時点の価値観と，高校卒業後の予定進路の関係を男女別に整理している．高校卒業直後に大学進学を予定していた高校生は，日本では42.1%，米国では49.7%であったが（図表2-1），4つの価値項目を重視する程度によって，進路に違いはあるのだろうか．

4.1 教育アスピレーションだけでは克服できないジェンダー格差

はじめに,「よい教育を受けること」と「予定進路」の関係に注目してみよう. 日本でも米国でも, 性別にかかわらず, 教育を重視する高校生ほど大学に進学する傾向がある. ただし, 日本の価値グループ間の差異は, 米国ほど顕著ではなく, 教育アスピレーションの進学促進効果は弱い. これは, 日本では教育を「重要ではない」と回答した高校生でも実際には大学に進学している場合が多いことによる (日本: 男性45.0%, 女性27.8%, 米国: 男性16.3%, 女性23.6%).

なお, 日本ではいずれの価値グループでも, 大学進学者の比率で男性が女性を上回っている. しかも, 教育を「重要ではない」と回答した男子高校生 (45.0%) が教育を「とても重要」と回答した女子高校生 (42.4%) よりも高い比率で進学しているのである. 米国では教育を重視している女性 (54.9%) がもっとも高い比率で進学しているのは対照的である.

日本でも, 教育を重視することは確かに進学を促進する方向に作用するが, 教育を重視していなくても実際には大学に進学している高校生が多いため, その効果は限定的である. 大学進学におけるジェンダー格差が顕著な日本では, 女性が高い教育アスピレーションをもつだけでは, 格差を克服することはできない.

4.2 職業アスピレーションの進学抑制効果

つぎに,「仕事で成功すること」と「予定進路」の関係に注目してみよう. 日本では, 職業アスピレーションの高い男子高校生ほど大学に進学しない傾向がある. 女子高校生では有意な差異はない. 対照的に米国では, 職業アスピレーションの高い高校生が, 男女ともに高い比率で大学に進学している.

図表2-3で確認したとおり, 日本では教育を重視する層と仕事を重視する層が必ずしも一致していない. 補助的な分析として, 教育と仕事を重視するか否かにもとづいて4つの価値グループを設定し, 進学との関係に注目してみると, 男性では「教育のみ重視 (n=265, 57.7%)」「仕事も教育も重視しない (n=1139, 50.9%)」「教育も仕事も重視 (n=939, 49.7%)」「仕事のみ重視 (n=1192, 44.2%)」の順に高い比率で進学していた (図表割愛). このことは, 職業アスピ

第Ⅰ部　家族とのつながりのなかで考える

図表 2-4　高校生の価値観と高校卒業後の予定進路（男女別・日本）

			大学進学	その他
よい教育を うけること	男性***	とても重要	52%	48%
		少し重要	48%	52%
		重要ではない	45%	55%
	女性***	とても重要	42%	58%
		少し重要	35%	65%
		重要ではない	28%	72%
仕事で成功 すること	男性**	とても重要	47%	53%
		少し重要	51%	49%
		重要ではない	58%	42%
	女性	とても重要	36%	64%
		少し重要	36%	64%
		重要ではない	36%	64%
幸せな 家庭生活	男性	とても重要	48%	52%
		少し重要	49%	51%
		重要ではない	54%	46%
	女性***	とても重要	34%	66%
		少し重要	40%	60%
		重要ではない	44%	56%
子どもを もつこと	男性***	とても重要	46%	54%
		少し重要	51%	49%
		重要ではない	55%	45%
	女性***	とても重要	32%	68%
		少し重要	38%	62%
		重要ではない	47%	53%

注：*** $p < 0.001$, ** $p < 0.01$, * $p < 0.05$, † $p < 0.10$

第2章 何を重視し，どう行動するか

図表2-5 高校生の価値観と高校卒業後の予定進路（男女別・米国）

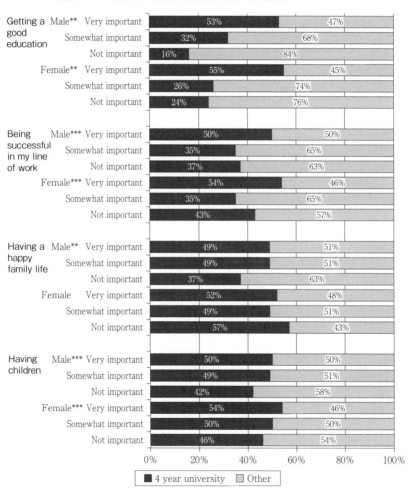

注：*** $p < 0.001$，** $p < 0.01$，* $p < 0.05$，† $p < 0.10$

レーションは教育アスピレーションを伴わない場合に，進学を抑制する効果がとくに強いことを表している．このグループは，男性全体の3分の1を占め，大学に進学する者は44.2%にとどまっている．

4.3 家族形成志向の進学抑制効果

「結婚して幸せな家庭生活をおくること」「子どもをもつこと」と「予定進路」の関係に注目してみよう．日本では，男女とも結婚や子どもを重視する高校生ほど大学に進学しない傾向にある．とくに，女子高校生の場合，結婚を「重要ではない」と回答したグループで44.2%が進学しているのに対して，「とても重要」と回答したグループでは34.0%しか進学していない．同様に，子どもを「重要ではない」と回答したグループ46.5%に対して，「とても重要」と回答したグループは32.2%しか進学していない．

対照的に米国では，結婚や子どもを重視する高校生ほど，高い比率で大学に進学している．家族形成を志向することは，大学を経由したキャリア形成を志向することを強化する方向に作用している．ただし，米国でも，結婚を「重要ではない」と回答した女子高校生のグループがほかのどの価値グループよりも高い比率（57.4%）で大学に進学している．このことは，ワーク・ライフ・バランスが比較的整っている米国でも，高学歴志向の女子高校生は結婚を志向しない傾向があることを示している．

日本では，家族形成を志向することは進学の妨げになると考えられており，逆に，家族形成を志向する高校生にとって進学は魅力的な選択肢とはみなされていないようである．

4.4 大学進学の規定要因

こうした日本の高校生における「教育アスピレーションだけでは克服できないジェンダー格差」「職業アスピレーションの進学抑制効果」「家族形成志向の進学抑制効果」を，重回帰分析の方法を用いて確認してみよう．図表2-6は，高校卒業後の予定進路（基準：非大学進学）を従属変数，高校の学科に加え，性別と結婚，教育と仕事の交互作用をみるカテゴリカルな変数を独立変数として計算した，2項ロジスティック回帰分析の結果である．結婚と子どもにかか

第 2 章　何を重視し，どう行動するか

図表 2-6　大学進学の規定要因（2 項ロジスティック回帰分析）

		日本 Exp(B)	米国 Exp(B)
学科	普通科 I	11.171 ***	5.880 ***
	(基準：普通科 II，専門・総合学科)		
性別	結婚を重視する女性	0.443 ***	1.073
×結婚重視	結婚を重視しない男性	1.028	1.184 *
	結婚を重視しない女性	1.403 ***	0.832
	(基準：結婚を重視する男性)		
	※男性×結婚「とても重要」		
教育重視	教育は重視せず仕事のみ重視	0.860 *	0.514
×仕事重視	仕事は重視せず教育のみ重視	1.242 †	0.862
	仕事も教育も重視しない	0.871	1.318 †
	(基準：教育も仕事も重視)		
	※教育「とても重要」×仕事「とても重要」		
	(定数)	0.426 ***	0.412 ***
	−2 対数尤度	7748.944	11544.999
	Cox & Snell R^2	.262	.186
	Nagelkerke R^2	.352	.248
	N	7320	10108

注：*** $p<0.001$，** $p<0.01$，* $p<0.05$，† $p<0.10$

わる価値項目には強い相関（相関係数 0.649）があるため，モデルには子どもにかかわる価値項目は投入していない．

　はじめに，図表 2-6 の左欄の日本の結果に注目してみよう．高校での学科は高校卒業後の進路を規定するきわめて重要な要因であるが，その効果を統制したのちに，性別と結婚に係る価値項目の効果を，両者の交互作用に考慮して計算してみると，基準「結婚を重視する男性」に対して，「結婚を重視する女性」は 0.443 倍（$p<0.001$），「結婚を重視しない男性」は 1.028 倍，「結婚を重視しない女性」は 1.403 倍（$p<0.01$）のオッズで進学している．すなわち，結婚を重視する女子高校生は有意に進学しにくく，重視しない女子高校生は有意に進学しやすい．これは大学進学のジェンダー格差と，家族形成志向の進学抑制効果を裏づける結果といえる．

　教育と仕事にかかわる価値項目の効果を，両者の交互作用を考慮して計算してみると，基準「教育も仕事も重視」に対して，「教育は重視せず仕事のみ重視」は 0.860 倍（$p<0.05$），「仕事は重視せず教育のみ重視」は 1.242 倍（$p<0.10$），「教育も仕事も重視しない」は 0.871 倍のオッズで大学に進学している．

教育アスピレーションを伴わない職業アスピレーションには，進学を抑制する効果があることを確認することができる．

つぎに，図表2-6右欄の米国の結果に注目してみよう．高校の教育課程を統制した後の性別と結婚にかかわる価値項目の効果では，日本のような男女間および女性間の顕著な違いはみられない．逆に，男性間では結婚を重視しない場合に進学しやすいことがわかる．教育と仕事にかかわる価値項目の効果では，日本と同様に米国でも，教育アスピレーションを伴わない職業アスピレーションに大学進学を抑制する効果があることがわかる．

5. 高校卒業後の価値観と職業キャリア形成・家族形成

5.1 女性の安定就労を促す進学・家族形成を遅らせる進学

高校卒業後に進学したり，就職したりした高校生は，その後，どのような職業キャリア形成や家族形成のライフコースをたどったのだろうか．図表2-1で確認したとおり，高卒8年目（第8波）の時点では，日本では57.9%が正社員として，米国では76.4%がフルタイムとして，安定した形態で就労していた．また，日本では21.4%，米国では46.7%が結婚していた．

補助的な分析として，高卒8年目の安定就労や結婚の状況を，性別および高校卒業後の進路別に整理してみると，日米に共通する次の2つの傾向が明らかになる（図表割愛）．第1に，安定就労の比率は全体として男性で高いが，男性の場合は大学進学者よりも非進学者が（日本68.6% < 76.3%，米国82.7% < 85.3%），女性の場合は大学進学者の方が非進学者よりも（日本62.8% > 42.2%，米国76.2% > 66.6%）高い．高卒8年目の時点では，安定就労するうえで，男性の場合は就労期間の長い非大学進学者がやや有利であるが，女性の場合は大学に進学することが大きな強みになっている．

第2に，既婚の比率は，全体として女性が高く，男女ともに大学進学よりも非進学が高い（日本：男性9.8% < 30.6%，女性14.3% < 29.6%，米国：男性30.6% < 58.7%，女性45.8% < 57.3%）．大学進学には結婚を遅らせる効果があり，とくに男性で顕著である．

5.2 弱まる職業アスピレーション・強まる女性の家族形成志向

このように，高卒8年目の安定就労や結婚の状況は，性別と高校卒業後の進路に少なからず規定されている．そのなかで，若者の価値観は，就職や結婚などのライフイベントの選択にどれほどの影響力をもつのだろうか．高卒8年目の価値観と職業キャリア形成や家族形成の関係に注目する前に，高校3年生と高卒8年目の2時点で価値観がどう変化したかをとらえておこう．米国のNELS調査の高卒8年目調査には価値項目が含まれていないため，このセクションの分析で使用するのは，日本のJLPS-Hデータのみである．

図表2-7の網掛けした対角線上は，高校3年生と高卒8年目の2時点で回答に変化のなかったグループ，対角線よりも右側は，全体として重視する方向にシフトしたグループ，左側は重視しない方向にシフトしたグループの全体に占める比率を表している．

注目すべき変化として，次の2点があげられる．第一に，「仕事で成功すること」では，男性の33.5%（26.7%，3.4%，3.4%），女性の43.1%（30.4%，4.9%，7.8%，以下同様）が，重視しない方向にシフトした．とくに女性では，「とても重要」と回答した比率が，2時点で48.7%から24.2%に大きく減少していた．日本の

図表2-7　価値観の変化——高校3年生と高卒8年目（男女別・全体に占める%）

			重要ではない	少し重要	とても重要	合計			重要ではない	少し重要	とても重要	合計
			よい教育を受けること（高卒8年目）						仕事で成功すること（高卒8年目）			
よい教育を受けること（高校3年生）	男	重要ではない	6.3%	6.3%	2.3%	14.8%	仕事で成功すること（高校3年生）	重要ではない	1.1%	3.4%	1.1%	5.7%
		少し重要	4.5%	23.9%	16.5%	44.9%		少し重要	3.4%	18.2%	9.7%	31.3%
		とても重要	4.5%	18.2%	17.6%	40.3%	男	とても重要	3.4%	26.7%	33.0%	63.1%
		合計	15.3%	48.3%	36.4%	100.0%		合計	8.0%	48.3%	43.8%	100.0%
	女	重要ではない	4.6%	8.8%	1.6%	15.0%		重要ではない	2.3%	0.3%	0.3%	2.9%
		少し重要	8.5%	33.6%	11.7%	53.7%	女	少し重要	7.8%	30.1%	10.5%	48.4%
		とても重要	1.6%	13.4%	16.3%	31.3%		とても重要	4.9%	30.4%	13.4%	48.7%
		合計	14.7%	55.7%	29.6%	100.0%		合計	15.0%	60.8%	24.2%	100.0%
			結婚して幸せな家庭生活をおくること（高卒8年目）						子どもをもつこと（高卒8年目）			
結婚して幸せな家庭生活（高校3年生）	男	重要ではない	1.1%	2.8%	2.8%	6.8%	子どもをもつこと（高校3年生）	重要ではない	5.1%	5.7%	2.8%	13.6%
		少し重要	2.8%	5.7%	8.0%	16.5%		少し重要	4.5%	14.2%	1.2%	30.7%
		とても重要	2.3%	18.8%	55.7%	76.7%	男	とても重要	2.8%	19.3%	33.5%	55.7%
		合計	6.3%	27.3%	66.5%	100.0%		合計	12.5%	39.2%	48.3%	100.0%
	女	重要ではない	3.9%	3.3%	4.9%	12.1%		重要ではない	7.8%	6.8%	3.9%	18.6%
		少し重要	3.3%	8.8%	9.5%	21.6%	女	少し重要	4.6%	12.7%	16.6%	33.9%
		とても重要	1.0%	11.1%	54.2%	66.3%		とても重要	1.3%	10.7%	35.5%	47.6%
		合計	8.2%	23.2%	68.6%	100.0%		合計	13.7%	30.3%	56.0%	100.0%

若者，とりわけ女性は，高卒8年目までに職業アスピレーションを大幅に低下させている．

第2に，「結婚」や「子どもをもつ」ことについて，男性は重視しない方向（結婚 23.9%，子ども 26.6%）に，逆に，女性は重視する方向（結婚 17.7%，子ども 27.3%）にシフトしていた．家族形成志向は，高校3年生の時点では男性のほうが女性よりも強かったが（結婚：男 76.7% ＞ 女 66.3%，子ども：男 55.7% ＞ 47.6%），高卒8年目の時点では逆転して，男性よりも女性のほうが強くなっている（結婚：66.5% ＜ 68.6%，子ども 48.3% ＜ 56.0%）．学校から職業社会に移行する過程で，日本の男性は仕事も家庭も重視しない方向に，女性は仕事よりも家庭を重視する方向に変化した．

5.3 安定就労と結婚の規定要因

図表2-8では，若者の職業キャリア形成や家族形成を規定する要因分析を行った．安定就労の有無（基準：非正社員・学生・無職・専業主婦）および結婚の有無（基準：未婚）を従属変数とし，性別と進路，高卒8年目の仕事と子どもの交互作用をみるカテゴリカルな変数を独立変数とする2項ロジスティック回帰分析の結果を整理している．

教育にかかわる価値項目は，モデルに投入しても有意な効果はみられず，モデルの説明力にもほとんど変化がなかったため除外した．教育アスピレーション効果は，「進路」の効果に概ね吸収されていると考えることができよう．また結婚と子どもにかかわる価値項目には強い相関（相関係数 0.624）があり，従属変数「結婚の有無」とのトートロジーを避ける必要もあることから，結婚にかかわる価値項目は除外し，子どものみ採用した．

図表2-8の左欄の「安定就労」の有無を規定する要因に着目してみよう．性別と進路の影響に注目すると，基準「進学しなかった男性」に対して，「進学しなかった女性」は 0.192 倍（$p < 0.001$），「進学した男性」は 0.623 倍，「進学した女性」は 3.758 倍（$p < 0.01$）のオッズで安定就労している．大学に進学しなかった女性は有意に安定就労しにくく，進学した女性は有意に安定就労しやすい．この結果は，「女性の安定就労を促進する進学効果」を裏づけるものである．高校3年生時点での教育アスピレーションに大学進学を促進する有意

第2章　何を重視し，どう行動するか

図表 2-8　安定就労と結婚の規定要因 (2項ロジスティック回帰分析)

		安定就労 Exp(B)	結婚 Exp(B)
性別 ×結婚重視	進学しなかった女性	0.192 ***	0.753
	進学した男性	0.623	0.227 **
	進学した女性	3.758 **	1.643
	(基準：進学しなかった男性)		
仕事重視 ×子ども重視	子どもは重視せず仕事のみ重視	0.953	1.597
	仕事は重視せず子どものみ重視	1.665 *	4.806 ***
	仕事も子どもも重視	0.791	0.363 †
	(基準：仕事も子どもも重視しない) ※仕事「少し重要」「重要ではない」 　×子ども「少し重要」「重要ではない」		
	(定数)	2.959 ***	0.209 ***
	− 2 対数尤度	612.281	436.223
	Cox & Snell R^2	0.085	0.106
	Nagelkerke R^2	0.114	0.163
	N	482	469

注：*** $p<0.001$，** $p<0.01$，* $p<0.05$，† $p<0.10$

な効果があることは，先に確認したとおりであることから，女性が安定就労するうえで，高校生の時点で高い教育アスピレーションをもって大学に進学することが，極めて重要な意味をもつということができる[2]．

　仕事と子どもに係る価値項目の影響に注目すると，基準「仕事も子どもも重視しない」に対して，「子どもは重視せず仕事のみ重視」は0.953倍，「仕事は重視せず子どものみ重視」は1.665倍（$p<0.05$），「仕事も子どもも重視」は0.791倍のオッズで安定就労している．この結果から2点指摘することができる．第1に，高卒8年目の時点で仕事での成功を重視しているか否かは，安定就労できているか否かを直接規定する要因ではない．この結果は，日本の若者のうち男性の71.9%，女性の50.3%が高卒8年目までに安定就労を達成しており，全体として職業アスピレーションを低下させているという先の結果と矛盾しない．第2に，高卒8年目の時点で子どもをもつことを重視している若者は，安定就労している傾向にある．ただし，子どもを重視する価値観が安定就労を促したのか，安定就労している状況が子どもを重視する価値観を育んだのか，その因果関係を本分析から特定することはできない．

　図表2-8の右欄の「結婚」の有無を規定する要因に着目してみよう．性別

と進路の影響に注目すると,基準「進学しなかった男性」に対して,「進学しなかった女性」は 0.753 倍,「進学した男性」は 0.227 倍($p < 0.01$),「進学した女性」は 1.643 倍のオッズで結婚している.大学進学には男性の家族形成を遅らせる効果があることを確認することができる[3].仕事と子どもにかかわる価値項目の影響に注目すると,基準「仕事も子どもも重視しない」に対して,「子どもは重視せず仕事のみ重視」は 1.597 倍,「仕事は重視せず子どものみ重視」は 4.806 倍($p < 0.001$),「仕事も子どもも重視」は 0.363 倍($p < 0.10$)のオッズで結婚している.子どもを重視する人は結婚している傾向にあることを示す結果であるが,「安定就労」の場合と同様に,子どもを重視することと結婚することの因果関係を本分析から特定することはできない.

6. おわりに

　若者がライフコースをたどっていくなかで,ジェンダーをはじめとする構造的要因による格差を助長しているのはどのような価値観であり,格差を克服するうえで有効なのはどのような価値観なのか.若者の教育・仕事・結婚・子どもをめぐる価値観と,高校卒業後の進路,職業キャリア形成,家族形成との関係を明らかにすることをめざして,本章では検討をすすめてきた.
　米国では,よい教育をうけ,仕事で成功し,結婚して幸せな家庭生活をおくり,子どもをもつことを重視することが,基本的に大学進学を促す方向に作用しており,この関係性に男女による顕著な違いはなかった.例外的に,結婚を重視しない女子高校生が,もっとも高い比率で大学に進学していた.この結果は,ワーク・ライフ・バランスが比較的整っている米国でも,結婚を志向することと大学を経由したキャリア形成を志向することが,女性にとって必ずしも整合的ではないことを示している.しかしながら,教育アスピレーションと職業アスピレーションが大学進学を促している点では,男女は一致しており,大学教育の職業的レリバンスが米国では広く支持されていた.対照的に日本では,4つの価値観は,大学進学・安定就労・結婚を促進したり抑制したり,男女によって異なっていたりと,不揃いに作用していた.大学教育の職業的レリバンスとワーク・ライフ・バランスの観点から,若者の価値観とライフコースの矛

盾をとらえなおし，本章をしめくくりたい．

6.1 大学教育の職業的レリバンスの問題と男性進路選択の不整合

　教育と仕事を重視するか否かにもとづいて，日本の男子高校生を4つの価値グループに分類すると，教育も職業も重視しているグループは全体の4分の1にとどまり，仕事のみ重視するグループ，教育も仕事も重視しないグループがそれぞれ3分の1を占めていた（4.2項参照）．この結果は，日本の若者の進路選択を不可解なものにしている大学教育の職業的レリバンスの問題点を浮き彫りにしている．

　男子高校生の多くが大学教育の教育的価値も職業的価値も積極的に評価していないにもかかわらず，約半数が大学に進学している．そんな彼らにとって大学は，学問を探究する場所でも職業キャリアにむけて準備する場所でもない．大学進学は，ライフコースを見据えた積極的な進路選択というよりは，進路選択を先送りするモラトリアムの意味合いをもっているようである．

　大学教育は若者に何を提供し，彼らの生活をどう豊かにするのか．日本の大学が自らの教育の社会的レリバンスを，とくに職業社会との接続の観点からわかりやすく説明できるようにならない限り，若者の教育アスピレーションを喚起し，若いエネルギーを学びに向かわせることは難しいだろう．日本の男子高校生の進路選択の不整合は，大学と職業社会の接続の問題を鮮明に反映しているとみなければならない．

6.2 ワーク・ライフ・バランスの問題と2分される女性ライフコース

　日本の女子高校生のライフコースは，大きく2分される．1つは，高校3年生の時点で高い教育アスピレーションをもち，家族形成の重要性を否定し，大学に進学するパターンである．もう1つは，高校3年生の時点から家族形成を重視し，大学に進学しないパターンである．

　高卒8年目まで追跡できたJLPS-Hコーホートのうち，高卒8年目の時点で安定就労していた女性は，進学者119人中74人（62.2％）・非進学者177人中73人（41.2％），結婚していたのは進学者17人（14.3％）・非進学者52人（29.4％）であった．確かに，大学に進学した女性は相対的に高い比率で安定就労してお

り，進学しなかった女性は相対的に高い比率で家族形成に着手している．しかしながら，ライフコースが必ずしも希望していたとおりに展開していない女性も少なくない．

　高卒8年目の女性たちは，全体として職業アスピレーションを低下させ，家族形成志向を強めていた（5.2節参照）．変化の所在を高校卒業後の進路（大学進学・その他）および高卒8年目の職業キャリア別（正社員・その他）に整理してみると，職業アスピレーションを弱めた比率と強めた比率の差は，大きい順に「その他・その他39.3%」「大学進学・正社員32.0%」「その他・正社員26.9%」「大学進学・その他24.5%」であった．一方，家族形成志向を強めた比率と弱めた比率の差は，大きい順に「大学進学・その他22.2%」「大学進学・正社員14.5%」「その他・その他9.3%」「その他・正社員1.2%」であった[4]．

　したがって，日本の若い女性は，その職業キャリア上の地位にかかわらず，職業アスピレーションを低下させており，家族形成を相対的にあまり重視してこなかった高学歴層を中心に，家族形成志向を強めている．仕事か家庭かの二者択一を迫る日本社会は，家族形成を先送りして職業キャリア形成を志向するライフコース，または職業キャリア形成を早期に断念して家族形成を志向するライフコースに女性を誘導してきたが，ワーク・ライフ・バランスの環境整備が遅れるなかで，社会人となった彼女たちの職業アスピレーションを全体として低下させ，家庭に向かわせている．もっとも，閉塞的な若年雇用環境がつづくなかで，結婚は必ずしも男性稼ぎ手のもとでの安定した生活を保障するものではない．日本女性のライフコースのジレンマは，家庭と職業社会との不調和の問題を鮮明に反映しているとみなければならない．

注

1）NCESの指定する重みづけ変数F4F2PNWTを用いて重みづけを行うことで，全米を代表するサンプルとみなした．ただし，重みづけ後のN=3,148,608をもとのサンプル規模n=12,144に戻して統計量を算出した．なお，NCESは2002年にELS（Education Longitudinal Study of 2002，基本年は第10学年生徒が対象）に着手し，2012年に高卒8年目の第3回追跡調査を実施した．このデータは2014年に公開されたため，JLPS-Hコーホートを同時代の米国の若者コーホートと比較・分析することも可能となっている．

2）米国でも，「安定就労」と性別と進路の関係をみると，基準に対して「進学

しなかった女性」は 0.343 倍（$p < 0.001$），「進学した男性」は 0.823 倍（$p < 0.05$），「進学した女性」は 1.942 倍（$p < 0.001$）のオッズで安定就労しており，「女性の安定就労を促進する進学効果」を確認することができる．

3）米国でも，「結婚」と性別と進路の関係をみると，基準に対して「進学しなかった女性」は 1.558 倍（$p < 0.001$），「進学した男性」は 0.510 倍（$p < 0.001$），「進学した女性」は 1.234 倍（$p < 0.05$）のオッズで結婚しており，大学進学には男性の家族形成を遅らせる効果があることを確認することができる．

4）「大学進学・正社員（n=76）」「大学進学・その他（n=45）」「その他・正社員（n=78）」「その他・その他（n=107）」（女性のみ）．

文献（※インターネット資料はすべて 2012 年 9 月 3 日時点で有効）

BLS（2012）*Labor Force Statistics from the Current Population Survey*.（http://www.bls.gov/cps/cpsaat01.htm）．

男女共同参画会議・少子化と男女共同参画に関する専門調査会（2005）『少子化と男女共同参画に関する社会環境の国際比較（報告書）』．

Ehrenreich, B.（2005）*Bait and Switch: The (Futile) Pursuit of the American Dream*, New York, N.Y.: Owl Books.

深堀聰子（2008）「自助主義に基づく子育て支援のあり方に関する研究——アメリカの保育事業の特徴と課題に着目して」『比較教育学研究』第 36 号：45-65．

厚生労働省（2008）「労働時間適正化キャンペーンの実施について」（http://www.mhlw.go.jp/houdou/2008/10/h1024-4.html#betten2）．

厚生労働省（2011）「保育所入所待機児童数（平成 23（2011）年 10 月）」（http://www.mhlw.go.jp/stf/houdou/2r98520000022mcp.html）．

Mishel, L., Bernstein, J. and Allegretto, S.（2007）*The State of Working America 2006/2007*. An Economic Policy Institute Book. Ithaca, N.Y.: ILR Press.

文部科学省（2012）「年次統計（進学率（昭和 23 年〜））」『学校基本調査』（http://www.e-stat.go.jp/SG1/estat/List.do?bid=000001015843&cycode=0）．

NCES（2012），*National Education Longitudinal Study of 1988*.（http://nces.ed.gov/surveys/nels88/）．

OECD（2011）*Doing Better for Families*, OECD Publishing.（http://dx.doi.org/10.1787/9789264098732-en）．

OECD（2012）*Employment Outlook Statistical Annex*.（http://www.oecd.org/employment/employmentpoliciesanddata/employmentoutlookstatisticalannex.htm）．

Shipler. D.（2004）*The Working Poor: Invisible in America*. New York, NY: Vintage Books.

総務省統計局（2012）『労働力調査（完全失業率【年齢階級別】）（1953 年 1 月

〜)』(http://www.stat.go.jp/data/roudou/longtime/03roudou.htm).
Tannock. S.（2001）*Youth at Work: The Unionized Fast-food and Grocery Workplace*, Philadelphia, PA: Temple University Press.
山田昌弘（2004）『希望格差社会——「負け組」の絶望感が日本を引き裂く』筑摩書房.

第 3 章

親元にとどまる若者
―― のしかかる「重層的な支出」

伊藤秀樹

1. 親との同居と経済的な困難

　これまで，若者の親との同居については，「誰が」同居する傾向にあるのかについてたびたび分析がなされてきた．しかし，彼ら／彼女らが「なぜ」同居するのかについて，行為者である若者の視点に立って検討されることは少なかった．本章の目的は，経済的な厳しさを理由に親との同居を継続する若者が，いかなる離家（親との別居）への障壁に直面しているのかについて描き出すことにある．

　近年，欧米諸国では，離家や世帯形成という点での移行が難しくなり，若者が以前より長く家族のもとにとどまるようになっている（Jones and Wallace 1992＝1996；Furlong and Cartmel 2007＝2009 など）．日本でも同様の傾向がみられ，厚生労働省による 2010 年の調査では，18 〜 34 歳の未婚者のうち親と同居している者は男性の 69.7％，女性の 77.2％ であった（厚生労働省 2010）．

　そうした現状のなかで，親と同居する未婚の若者たちには，これまで非難のまなざしが向けられてきた．彼ら／彼女らは，未婚期が長期にわたることによる少子化の元凶として，また「親に甘えている」「子離れができていない」といった親子関係での自立と依存の問題として，問題視されてきたのである（岩上 2010）．

　その先陣を切ったのは，山田昌弘の「パラサイト・シングル」（山田 1999）

論である．山田（1999）では「パラサイト・シングル」について，以下のように論じている．

> 何の気兼ねもせずに親の家の一部屋を占拠し，親が食事を用意したりすることを当然と思い，自分の稼いだお金でデートしたり，車を買ったり，海外旅行に行ったり，ブランドものを身につけ，彼氏や彼女にプレゼントを買う．たぶん，読者の身の回りを探せば，そのような立場の独身者は，何人も見つかるだろう．
>
> このように，学卒後もなお，親と同居し，基礎的生活条件を親に依存している未婚者を，日経新聞紙上で「パラサイト・シングル」と呼んだ．（山田 1999: 11）

しかし，親と同居し基本的な生活条件を依存することでリッチな生活を送るという「パラサイト・シングル」像は，親と同居する若者の実態を反映するものではないとして，数々の研究によって批判がなされてきた．

ファーロングとカートメル（Furlong, A. and Cartmel, F）が指摘するように，一部の若者が親との同居によって責任を免除され自由を謳歌している一方で，自立した生活を築く資源をもたないがために親と同居する若者もいる（Furlong and Cartmel 2007 = 2009）．そして，日本ではむしろ後者が主流である．これまでの計量的研究では，低学歴・低収入・非正規雇用の若者こそが親と同居する傾向にあるということがたびたび示されてきた（岩上 1999; 宮本 2004; 大石 2004 など）．

そうした結果のもとで岩上真珠は，親と同居する未婚の若者のなかで親に基礎的生活条件を「パラサイト」し優雅な生活を送る者は，大都市中流階級の一部にみられる特殊な存在でしかないと論じている（岩上 1999）．「パラサイト・シングル」の名付け親である山田自身も，2000 年代の 20 代の親元同居未婚者は，就業環境の悪化によってもはやリッチな生活を楽しめる存在ではないということを認めている（山田 2004）．

また，同居によって親から経済的な恩恵を受けている若者がいる一方で，親と同居することで家族の世帯収入に貢献している若者もいる（Jones and

Wallace 1992＝1996)．白波瀬佐和子は，親の経済力が低い層では親が子どもの同居によって経済的に恩恵を受けており，むしろ親が子に「パラサイト」している状態にあると指摘している（白波瀬 2005)．

　親との同別居は，親子の双方に経済的余裕がある若者にとっては選択的なものである（米村 2010)．彼ら／彼女らにとっての親との同別居は，「選択されたライフデザイン」として考えることができよう．しかし一方で，これまでの計量的研究が描き出してきたのは，むしろ親子の一方あるいは双方の経済的な厳しさから「強制されたライフデザイン」として親との同居を続けている若者の姿である．

　ところで，強制されたライフデザインとして親との同居を続ける若者たちは，「金銭面での厳しさ」が何らかのより具体的な障壁として顕在化することで，離家が困難であると判断しているはずである．たとえば，収入が低すぎて貯金ができない，雇用の不安定さから貯金をしておかなければならないなどの事態が想定できるだろう．しかし，これまでの研究では，「誰が」親と同居する傾向にあるのかを計量分析によって示す反面，行為者である若者が「なぜ」親との同居に至るのかという側面には十分に接近できていない[1]．経済的な厳しさによって親との同居を継続するに至るその諸相は，これまで明らかにされてこなかったのである．

　本章では，JLPS-H（高卒パネル調査）の対象者に行ったインタビュー調査をもとに，経済的な厳しさを理由として親との同居を継続する若者が，いかなる離家への障壁に直面しているのかという点を描き出していく．これまでの計量的研究は，若者が親との同居に水路づけられる原因を就業環境の悪化や家庭の階層間格差などのマクロな要因のみで語ってきた．本章ではそうしたマクロな要因がいかなる形で若者に作用しているのかについて，より緻密な構図を描き出すことになる．

2.　データの概要

　本章では，第3節ではJLPS-Hの第1波（2004年1～2月実施，対象者は高校3年生，n=7,563)と第7波（2010年11～12月実施，対象者は高卒7年目，n=516)

をもとに，親と同居している若者の属性と意識について改めて確認していく．主に検討していくのは，現在の親との同別居と，性別・学歴・現在の状況・手取り月収といった属性や，親元からの自立規範・離家予定という意識との関連性である．これらの検討によって，若者の親との同居は経済的な困難さと関連があり，多くの場合「本人の甘え」によってもたらされたものではないという，第4節以降の分析の前提となる先行研究の知見を再確認する．

そして第4節以降では，経済的な困難によって親との同居の継続を選択するに至るその諸相を描き出すために，JLPS-Hの対象者のなかで協力が得られた者に実施したインタビュー調査の結果を分析する．インタビュー調査は，2006年2月・2010年8〜12月・2012年3月の計3回実施しているが，本章ではそのうち2010年・2012年の調査を分析対象とする[2]．

2010年・2012年の調査への協力者（計26名）は，インタビュー当時高校卒業後7〜8年目であり，そのほとんどがフルタイムで働く者たちであった（対象者の概要については図表3-1を参照）．インタビューの中では，本章の目的に関連する項目として，親との同別居の状態やその理由，1ヵ月の収入・支出の内容などについて尋ねている．分析では，対象者のうち未婚で親と同居している15名を主な分析対象とするが，離家した11名に関しては同居者の対照例として提示する場合がある．

図表3-1　インタビュー対象者の概要

調査年	2010年：14名 2012年：12名
性別	男性：10名 女性：16名
学歴	高校卒：2名 専門学校卒：8名 短大卒：1名 四年制大学卒：15名
婚姻状態	既婚：1名 未婚：25名
現在の状況	正社員：15名 公務員：4名 非正社員：6名 求職中：1名
現住所	首都圏：9名 地方：17名
親との同別居	**同居：15名** 別居：11名

3. 誰が親と同居しているのか

本節ではインタビューデータの分析に入る前に，質問紙調査の結果を用いて，高卒7年目（24～25歳）の若者における親との同居と属性・意識との関連性を確認する．具体的には，①若者の親との同居は本人の経済的状況といかなる関連をもっているのか，②親と同居する若者たちは親元からの自立についてどのように考えている（考えていた）のか，という2点について分析を試みる．

まず，JLPS-Hの第7波について，回答者の属性別にみる親との同居率[3]を示したものが図表3-2である．未婚者全体では，65.1%が親と同居している

図表3-2 高卒7年目の親との同居率（回答者の属性別・未婚者のみ）

	全体 (n=424)	65.1%
性別**	男性 (n=179)	57.5%
	女性 (n=242)	70.2%
現在の仕事**	正社員・公務員 (n=257)	58.4%
	非正社員 (n=110)	75.5%
	学生 (n=25)	64.0%
	無業・家事 (n=26)	80.8%
最終学歴(在学中含む)*	高校 (n=83)	72.3%
	専門学校・職業訓練校 (n=98)	66.3%
	短大 (n=43)	79.1%
	4年制大学・大学院 (n=199)	58.3%
手取り収入*** (就労者)	～12万円未満 (n=65)	83.1%
	12～14万円未満 (n=60)	78.3%
	14～16万円未満 (n=72)	63.9%
	16～18万円未満 (n=63)	60.3%
	18～20万円未満 (n=51)	56.9%
	20万円以上～ (n=61)	41.0%

注：*** $p<0.001$, ** $p<0.01$, * $p<0.05$, † $p<0.10$

状態にあり，親と同居する若者の方が多数派であるといえるだろう．

そして，カイ2乗検定を行ったところ，性別・現在の状況・最終学歴・就労者の手取り月収は，それぞれ親との同居率と有意な関連がみられた．女性，非正社員・無業・家事，高校卒・短大卒，低収入の者ほど親と同居する傾向にあり，少なくとも「低収入・非正規雇用の若者ほど親と同居する傾向にある」という点は，これまでの計量的研究の知見と整合的な結果であるといえる．

次に，親と同居する若者は親元からの自立に対して，高校生時点と高卒7年目でどのような意識をもっていたのかについて検討しておきたい．第1波と第7波ではともに，親元からの自立規範と離家予定に関する質問項目を用意している．まず，親元からの自立規範については，「親元を離れて自立した方がいい」という質問項目に「とてもそう思う」「まあそう思う」「あまりそう思わない」「まったくそう思わない」の4件法で回答を得ている．図表3-3はその回答分布である．

図表3-3 「親元を離れて早く自立した方がいい」についての回答分布

		とても そう思う	まあ そう思う	あまり そう思わない	まったく そう思わない	無回答	(全体)
全体 (n=7563)	高校生時点	44.5%	42.9%	10.2%	1.0%	1.5%	100.0%
		87.3%					
高卒7年目・ 親と同居の 未婚者のみ (n=261)	高校生時点	44.8%	39.1%	14.2%	1.9%	0.0%	100.0%
		83.9%					
	高卒7年目	16.9%	54.8%	24.5%	1.9%	1.9%	100.0%
		71.6%					

高卒7年目に親と同居している未婚者は，決して親元からの自立についての規範意識が弱いわけではない．高校3年生の時点では83.9%が将来的には親元を離れて自立すべきだと考えており，それは高校生全体（87.3%）と比べても大きな差はみられない．高卒7年目では「とてもそう思う」と答える割合は減少するものの，依然として7割以上の者が親元を離れて自立すべきだと考えている．親元に同居する若者の多くは，親元からの自立規範をもっていなかったから親元にとどまるわけでも，自立規範が解消されるから親元にとどまるわけでもない．自立規範をもち続ける彼ら／彼女らは，親元を離れなければならないと考えていながらも何かしらの理由でそれができない者たちだと考えるべき

であろう．

　なお，高校生時点の彼ら／彼女らにとって，家を離れる予定は30歳ごろの遠い未来ではない．多くの者は第7波を実施した25歳の時点までに親元を離れたいという意思をもっていた．離家予定については何歳までに「親とちがうところに住む」希望をもっているかを尋ねているが，その回答分布が図表3-4である．

図表3-4　「親とちがうところに住む」についての回答分布

		すでにそうした	18〜21歳	22〜25歳	26〜29歳	30〜34歳	35歳以上	そうするつもりはない	無回答	(全体)
全体 (n=7563)	高校生時点	3.5%	44.3%	32.6%	9.2%	1.1%	0.4%	5.6%	3.3%	100.0%
			76.9%							
高卒7年目・親と同居の未婚者のみ (n=261)	高校生時点	1.5%	30.3%	38.7%	16.1%	2.7%	0.8%	8.8%	1.1%	100.0%
			69.0%							
	高卒7年目	3.3%			60.5%	18.8%	2.3%	14.6%	0.4%	100.0%

　高卒7年目に親と同居している未婚者のうち69.0%は，高校3年生時点で，25歳までに離家する意思をもっていた．そして，25歳になる高卒7年目でも，目標は下方修正されているものの，約6割が30歳になるまでに親と離れて住みたいという希望をもっている．多くの親元同居未婚者にとって，離家は継続して目標であり続けていると考えることができるだろう．

　親元にとどまる若者たちの多くは，親元からの自立規範をもち続け，近い将来に離家する意思を保ちながらも，親との同居を継続している者たちであると考えられる．そして，親との同居は低収入や不安定雇用と明確な関連をもっていた．彼ら／彼女らは，「本人の甘え」によって親と同居を続けているのではなく，経済的な事情による「強制的なライフデザイン」として同居を余儀なくされていると考える方が妥当であるだろう．

4.　親と同居する若者の事情

　では，彼ら／彼女らはどのような事情のもとで親との同居を余儀なくされるのであろうか．ここで，インタビュー対象者のうち親と同居している15名に

ついて，彼ら／彼女らが語る親との同居の理由について触れておきたい．

4.1 親と同居するさまざまな理由

もちろん彼ら／彼女らのなかには，「強制的なライフデザイン」としての同居とはいえない者もいる．

第1に，近いうちに転勤や結婚などによる転居の予定があり，それまでの住まいとして実家に身を寄せている者たちがいる．たとえばAさん（女性・地方在住・専門卒・求職中）は，アメリカに在住する男性との国際結婚を予定しており，アメリカに転居する予定でいるという．

第2に，学生時代に一人暮らしを経験しており，家族との関係から現在は一人暮らしをしたいとは考えていないと語る者たちもいる．たとえばBさん（男性・地方在住・専門卒・正社員）は，学生時代の首都圏での一人暮らしは楽しかったが，地元では「家賃かけるっていうのは，ちょっとしたくない」し，「基本，家族大事なんで」一人暮らしをしようとは思っていないという．またCさん（男性・地方在住・四大卒・非正社員）は，養父母である祖父母（とくに持病をもつ祖父）の手助けをするために同居しているが，一人暮らしは「大学の寮のときに，もうある種十分にしたので，4年間ずっとやったので，まずいいかなと思って」と語っている．

しかし，彼ら／彼女らは親との同居でリッチな生活を満喫しているかというと，そういうわけではない．Aさんは会社が倒産したために失業中であり，Bさんは会社で残業代をつけてもらえず，正社員であるにもかかわらず「普通のアルバイトみたいな給料」しかもらっていないと語る．Cさんも祖父母の手助けを最優先するために仕事の勤務日数を抑えており，祖父母の年金でなんとか生活が維持できている状態であるという．彼ら／彼女らにとって親（または祖父母）との同居は選択可能なものではないが，同居に納得しているがために，離家の困難による葛藤が生じていないということなのかもしれない．

また，一時的な同居や家族とのつながりによる同居の様子が語られる一方で，離家への積極的な意思がありながらもそれが叶わないという様子も多く語られている．

たとえばDさん（女性・地方在住・四大卒・正社員）は，一人暮らしの意思を

もちながらも，厳しい労働条件のために仕事と家事の両立が難しく，親との同居を余儀なくされている．Ｄさんは朝8時半から早い時でも19時，遅い時には21〜22時まで会社にいて，休みも週1回しかとれていないという，仕事漬けの生活を送っている．はたしてそうした生活のなかで，家事を親に頼るために同居するというＤさんの選択は，甘えとして非難されるべきものなのだろうか．

  調査者：なかなか実際に一人暮らしができないというか，本当はしたいですか．
  Ｄさん：したいです．職場から遠いです．結構，朝の10分，20分がもったいないというのもありますが，正直，今のこの勤務体制ではなかなかできないというのが，実際に自分のなかにあります．ずっと一人暮らしをしていてのこの時間ならいいですが，いきなり，要は，全部，家だったら洗濯もしてくれるし，掃除もしてくれるという．
  調査者：ご飯も出てくるみたいな感じですね．
  Ｄさん：そう，用意してくれるし，私は本当に帰って寝るだけです．一人暮らしの場合は，絶対にそれは無理です．少なからず掃除して，洗濯して，ご飯を作って，それを9時，10時に帰ってやるのかと思うと，やっぱりちょっと今は厳しいかなという．それよりも，早く寝たいという思いが強いので，なかなか実行されません．

　そして，一人暮らしをしない理由としてもっとも多くあげられたのは，経済的な事情である．たとえばＥさん（男性・首都圏在住・四大卒・正社員）は，アルバイトから転職して4ヵ月前に正社員になったばかりであり，「ちゃんと収入をもらってからは，一人暮らしも実現が現実的なので考えますが，来年ですね」と，収入が安定することでようやく一人暮らしが考慮に入った旨を語っている．
　しかし，フルタイムで働き続けて何年も経過していても，経済的な事情により親と同居している人々もいる．彼ら／彼女らにとって，具体的に何が離家への障壁となっているのか．

4.2 離家が達成できない収入

　当然のことながら，低収入は離家の一つの障壁である．第3節で確認したように，収入が低い者ほど親との同居率は高い傾向にある．同様に収入と親との同居との関連を指摘する宮本（2004）は，年収が400万円を超えると別居者が増える傾向にあり，年収400万円に達するまでの期間を「成人期への移行」の時期として措定しようとしている．しかし，Fさん（女性・地方在住・四大卒・正社員）が一人暮らしを実現できる収入としてあげるのは，手取り月収で20万円という，よりささやかな目標である．また，もし月収が20万円に満たなくても，貯金があれば一人暮らしが開始できると考えている．

　　調査者：だいたい目安として，（筆者注：月収が）どのくらいあると一人暮ら
　　　　　　しができるっていう感じなんですか．金額としては．
　　Fさん：そうですね，私は，やはり20万ぐらいかなっていうのありますね．
　　　　　　ただ，ほんと貯金があれば，まあ，始められるかなっていうのあっ
　　　　　　たんですけど……

　しかし，Fさんはその両方を達成できない状況に置かれ，「経済的な問題」を理由に親との同居を続けていた．Fさんはインタビュー当時，東日本大震災の影響で給料が大幅にカットされてしまっている状態にあった．ただし，大学卒業後すぐに今の会社で正社員としてフルタイムで働いているが，手取り収入は一度も20万円に達していない．また，貯金に関しても，震災で車が流されてしまい，新しい車の購入資金で貯金を失ってしまっていた．

　Fさんの場合，金銭的な問題は震災によって引き起こされた部分も大きい．しかし，フルタイムで働いていながらも手取り月収が20万円に満たないケースは，Fさんに限らず，むしろJLPS-Hの対象者の高卒7年目時点では多数派である．第3節の図表3-2を改めて確認すると，手取り月収が20万円を超えている者に関しては親と別居する者が半数を超えており，手取り月収20万円は離家に踏み切る1つの目安なのではないかと推測できる．しかし，そもそも就労者の手取り月収の最頻値は14〜16万円であり，手取り月収が20万円を超える者は就労者全体の16.4％にすぎない．

また，Fさんのような事情がなくても，親と同居しているからといって貯金が容易に可能となるわけではない．収入が少なくても支出も少なければ離家に向けた貯金は可能になるはずだが，それがままならない現実に直面している若者たちもいる．

そこで次に，親と同居する理由に経済的な事情をあげる若者たちが，いかなる支出をしているのかについてみていく．先行研究では，親との同別居と収入との関連に焦点が集まる一方で，支出が親との同別居に与えるインパクトについては見逃されてきた．

インタビューの語りからは，若者たちが求められる支出にはかなりの差異があり，収入だけでは説明しきれない親との同別居行動の重要な一要素になっている様子がうかがえる．

4.3 離家の障壁となる支出

当然のことだが，親と離れて暮らすには家賃，光熱費，食費など，生活を維持するうえでさまざまな費用がかかる．また，先行投資として，敷金，礼金，不動産屋の仲介手数料，家財保険，さらには家財や日用品をそろえるための費用などの支出が必要であり，貯金を切り崩すことが不可欠になる．

親と同居する若者たちは，それらの支出の問題にいまだ直面していないはずであるが，現時点でもかなりの日常的な支出を余儀なくされている．インタビュー対象者の語りからは，以下のような支出が彼ら／彼女らの離家に向けて大きな影響を及ぼしている様子が見出せる．

(1) 家計の負担

山田（1999）では，若者が同居する親に渡すお金の最頻値が月1〜3万円であったという調査結果が紹介されている．しかしインタビュー対象者のほとんどが親に月3万円以上を渡していると語っており，なかには親から家計の対等な担い手として期待されている者もいる．たとえばGさん（男性・地方在住・四大卒・正社員）は，家に毎月「5人家族なので，家賃を5で割った分と，ガス代とか電気代とかの分でだいたい5万円ぐらい」お金を収めていると語っている．また，Hさん（女性・地方在住・専門卒・正社員）も，手取り収入の3分

の1を実家に入れているという．

　さらには，自らが家計を中心になって支えるがために，家を離れることが難しくなっているケースもある．Ｉさん（男性・地方在住・専門卒・非正社員）は母親と弟と3人暮らしだが，弟とふたりで家全体の家計を担っているという．そのため，Ｉさんは将来的な一人暮らしについて，「したい気持ちは強いんですけど，ちょっと難しいかなというところはあります」と悲観的な展望を語っている．

　また，きょうだいの学費を負担している者もいる．両親に「変に気を使いたくない」ので一人暮らしを「すごくしたい」と話すＪさん（男性・首都圏在住・専門卒・公務員）は，5つ下の弟の学費の負担があるために，親と同居しているという．Ｊさんは現在両親に8万円を渡していて，翌年の3月に弟が就職するため，「もう少し貯金をためて，少し余裕ができたら（家を）出たい」という展望を語っている．

(2) 貸与型奨学金の返済

　自らの高等教育（4年制大学・短期大学）や専門学校の学費を貸与型奨学金でまかなったために，現在その返済が課せられているケースも多い．その多くは毎月1万円程度の返済だが，「(筆者注：奨学金を)自分でちゃんと返すという約束で，なんとか親を説得して大学に行かせてもらった」というＤさんは，現在毎月4万円強の奨学金関係の支出があるという．

　なお，高校卒業後の進学先で貸与型奨学金を利用していたのは，インタビューの対象者だけにみられる傾向ではない．第3波（2005年10月～2006年1月実施，対象者は高卒2年目，n=667）の時点では，4年制大学・短期大学・専門学校在籍者の30.1％が奨学金を利用していた（専門学校在籍者：26.1％，短大在籍者：25.4％，4年制大学在籍者：32.5％）．彼ら／彼女らは現在，少ない給料のなかから毎月の返済を行っていると考えられる．

(3) 就業上の安定を得るための投資

　将来に向けて安定した就業上の地位を得るために出費が必要となり，貯金が難しくなるケースもある．ここで，以前別の地域で一人暮らしをしていたが現

在は実家で親と同居し,「(実家に) 帰ってくると, 一人暮らしのほうがいい」と感じるというKさん (女性・地方在住・四大卒・非正社員) の例をあげたい.

　Kさんは現在臨時採用の立場で公立学校の教師をしているが, 教員採用試験の前に予備校に短期間通うための費用を捻出した結果, 貯金がなくなってしまったと話している. 地方の公立学校の教員採用試験は倍率が高く狭き門であり,「最近受かっている人は, みんな△△ (←予備校の名前) とか, そういう予備校に行って受かっている人がけっこう多い」[Kさん] という. しかし土日に予備校に通うだけでも1年間に40万円の出費が必要となり, そこには仕事上の立場の安定を獲得するために現在の経済的負担を余儀なくされるという構図が見えてくる[4].

(4) 自動車のローン, 維持費
調査者：さっき収入のことをうかがったんですが, だいたい, その, あの, どんなところでお金をこう, 毎月出てくのか, 大まかでいいのでちょっと教えていただけますか.
Fさん：はい, うんと, 私は, 車通勤なので, 車の維持費に1番お金がかかってますね.
調査者：だいたい月にどのくらいかかるんですか.
Fさん：えっと, 保険も入れると, ま, 大体4万近く, ま, ローンを入れると, 5, 6万になってしまいますかね.

　地方では, 通勤や業務のために自動車が必要不可欠となり, その購入によるローンや維持費を負担する必要が出てくる場合がある. そしてFさんの語りからもうかがえるように, 自動車のローンと維持費は収入の少ない若年層にとって大きな支出となる.

　たとえばGさんは「自動車がないと不便な職場」であるため車通勤を余儀なくされているが,「もともと乗っていた車を親から買う形」にして, 月々5万円ずつ親に払っているという. また, メンテナンスや車検の費用, 任意保険料, ガソリン代なども自分で払っているため, Gさんにとっては収入の半分近くが自動車に関する支出として消えていく. Dさんも職場が遠く自動車通勤で

あり，仕事も営業であるために「(自分の車が) ないと仕事ができません」と話している．しかし，ガソリン代は会社から支給されるものの，ローンと車検の費用は自分で払う必要があるという．

(5) のしかかる「重層的な支出」
Dさん：(月々の支出は) 家に5万円と，奨学金関係で4万円ちょっとぐらいです．あとは，そこから携帯代やら，車のローンやら，何やらかんやら差し引くので，基本的に何も残りません．

Kさん：うちに3万円入れて，ガソリンとか携帯とかで毎月3，4万円使います．あれ，何でなくならないんだ．たまに外食もしたり，あと，結婚式に呼ばれることが多くて．そういうのが積み重なって，祝儀貧乏に陥りました[5]．
あと，教採の前で，いろいろな講師の先生が，「△△ (←予備校の名前) に行くといいんやよ」と，そういうのに行って，短期間だけど3万円ぐらいばーんと出したりしているとなくなりました．
調査者：講習とか，なるほど．車は自分でもっていますね．
Kさん：はい，そうです．車の保険もそうだし，あと，去年の●● (筆者注：以前住んでいた都道府県) の収入分だけ●●に住民税を払わないといけなくて，一気に15万円どーんと払ったので，ちょっとたまっていたお金も本当になくなりました．

今まであげてきた出費は，1つだけであれば離家を困難にするような大きな打撃にはならないかもしれない．もちろん，親と離れて住むインタビュー対象者のなかにも，これらの出費がある人々もいる．しかし，家計の負担や自動車関連費用が大きな支出となりうるのと同時に，貸与奨学金の返済や就業上の安定を得るための投資など他の支出が積み重なると，親と同居していても貯金すら難しいような生活に追い込まれることになる．
たとえばDさんは，厳しい労働条件のために仕事と家事の両立が難しいことを親と同居する主な理由としてあげているが，同時に金銭的な問題にも触れ

ている．Dさんは車のローンや維持費に加え，家計の負担や奨学金の返済が重なり，月々の給料は基本的に残らない状態にあるという．そのため，一人暮らしをするためには「家財とかを一から揃えないとだめなので，若干，厳しいといえば厳しい」と語っている．

Kさんも，家計の負担，奨学金の返済，教員採用試験に向けた短期の予備校代，車のガソリン代・維持費に結婚式のご祝儀が重なって，「ちょっとたまっていたお金も本当になくなりました」と話している．他にも，Gさんを例にあげると，家計を他の家族と対等に担い，さらに車のローンと維持費を支払うことで，月々の給料のほとんどが出ていってしまう状態にある．

親との別居には，家賃や光熱費など，親と同居している場合にはかからない出費があるかもしれない．しかし，親と同居する者たちに関しても，さまざまな理由から重層的な支出を抱えている様子を見出すことができる．そして，彼ら／彼女らは重層的な支出のもとで，フルタイムで働いていても貯金をすることが難しいような収入しか得られていないがために，離家が困難になっている[6]．

5．重層的な支出へと水路づける社会の構図

前節でみてきた重層的な支出は，経済的な厳しさを理由に親と同居する若者が直面する，離家への重大な障壁の1つであると考えられる．そして彼ら／彼女らの重層的な支出を「ぜいたく」として非難することはできないだろう．

前節まででありてきた支出は，家族内の一成人として家計やきょうだいの学費を負担したり，大学の学費や生活費を自ら負担するために奨学金を借りていたり，将来の就業上の安定のために予備校に通ったり，車のローンや維持費を自己負担したりといったものである．これらは，日本全体の就業環境が悪化するなかで，本人と家族の安定した生活を維持するためにおこなわれている支出である．

もちろん，これらの出費を親に頼っている若者も，少なからずいるだろう．しかしインタビューの対象者たちはこれらの出費を自ら負担し，経済的に自立した個人としてふるまおうとしている．そして，経済的に自立したふるまいを

試みた結果,今度は離家による生活的自立が難しくなり,経済的自立と生活的自立とのジレンマが生じているのである.

インタビュー対象者の語りから浮かび上がったのは,本人・家族の生活の安定と経済的に自立したふるまいを同時に成し遂げようとする結果,重層的な支出を抱えることになり,親との同居を余儀なくされる若者の姿である.そして,彼ら／彼女らの重層的な支出の内実を詳しくみていくと,若者に本人・家族の生活を安定させる責務を押しつけ,重層的な支出へと水路づけるような社会の構図が浮かび上がってくる.

5.1 「支え合う家族」規範

インタビューの対象者のなかには,家計の対等な担い手として期待されている者や（Gさん・Hさん）,家計を中心になって支えるがために離家が難しくなっている者がいた（Iさん）.また,きょうだいの学費の負担が大きいために親との同居を続ける者もいた（Jさん）.彼ら／彼女らは親と同居することで家事負担などの恩恵を受けると同時に,家族を経済的な面で支えるという役割を担っている.

また,経済的な面だけでなく,生活面や情緒的な面で家族を支えるために,親との同居を続けるケースもある.たとえばCさんは,持病を抱えた祖父母（養父母）の手助けを最優先し,仕事の出勤日数を抑えるようにしていた.またHさんの場合,家に残ってほしいという親の意向に従い,高校卒業時の進路希望を家からの通学・通勤が可能である看護師へと変更している.

> 調査者：今のお仕事（筆者注：看護師）は,高校に在学中の頃から希望されていたようなものですか？
> Hさん：そうです.もともとは,あ,ま,福祉関係のほうに進みたいとは思っていて,えとー,社会福祉士になりたくて,そっちの大学に進もうと思ったんですけども,あのー,やっぱ,地元を離れなきゃいけないのがあって.で,両親,あ,4人きょうだいなんですけど,うんと,わたしにだけ,あの,上の3人,わたし1番下で,上の3人がもういなくって,わたしだけだったので,うちに残ってほしいっ

ていうふうにいわれて，で，家から通える範囲で，将来的に，こう，専門職がいいなと思って，通えるところに通おうと思ったので，うん．はい．

　もちろん，家事の負担など，家族が若者を支えるという側面も無視できない．たとえばDさんが今の職場での過重労働の日々を送ることができているのは，親と同居し家事を頼ることができているためであった．若者が家族を支える，または家族が若者を支えるという相互の支え合いのために，若者たちは親との同居が抜け出しがたいものとなる．

　エスピン＝アンデルセン（Esping-Andersen, G.）は日本について，一家の稼ぎ手としての男性に偏った社会的保護と，家族をその構成員の福祉に対する主体とする家族中心主義を特徴とした，家族主義の傾向が並外れて強いと論じている（Esping-Andersen 1999＝2000）．日本では家族が福祉の責任，つまり家族の幸福や社会的なリスクに対する保障などの責任を負わなければならないことが，制度的に想定されている．そのため，公的な社会サービスは，高齢者向けであれ児童向けであれ，周辺的なものにとどまっている（Esping-Andersen 1999＝2000）．公的扶助である生活保護に関しても，扶養義務者である親族からの援助が，生活保護による保護よりも優先される[7]．そのため，高齢者の介護や子育て，さらには失業・貧困など，家族が抱える困難は家族のなかで支え合うことで解決することが最優先となる[8]．

　インタビューの対象者（とその家族）たちは，家族への情緒的なつながりのもとで，能動的に（もしくは無意識的に）家族を支える役割を担っていると予想される．一方で，公的な福祉が周辺的なものにとどまる日本の現状をふまえるならば，彼ら／彼女らは家族を経済面・生活面などで支えるべきだと社会から規範的に要請されていると考えることができる．重層的な支出を抱えることで親元を離れられなくなっている若者たちは，福祉機能を家族に委ねる日本社会が生み出す「支え合う家族」規範のもとで，そうした立場に追いやられていると解釈できるのである．

　そして，離家できる若者と離家できない若者の分化は，日本における福祉の家族依存と「支え合う家族」規範がもたらした世代間格差の連鎖の帰結でもあ

る．家庭に経済的な余裕がある場合には，若者にとって離家は選択的なものになる．しかし，経済的に厳しい家庭の場合には，若者は世帯収入を補填する必要があり，離家はより困難なものとなる．つまり，親世代の経済的な格差が，子世代が生活的に自立できるかどうかの格差へと連鎖するのである．

5.2 教育・労働領域による負担の転嫁

　親と同居する若者が抱えていた重層的な支出の一部は，家族の経済的困難を若者が補填するという性質のものであった．しかし，若者に対するしわ寄せは，そもそも福祉的機能を家族に委ね，家族が抱える困難は家族のなかで支え合うことを求める社会のもとで生じていると考えられる．若者もその家族も，ともに困難を押しつけられた主体であると想定することができるだろう．

　そして，若者が抱える重層的な支出からは，若者（とその家族）が他にも負担を押しつけられている姿がみえてくる．以下に詳しくみていくが，教育の領域と労働の領域から若者（とその家族）に経済的負担を転嫁することによって，離家が妨げられているのである．

　先ほどあげた重層的な支出のうち，きょうだいの学費の負担と奨学金の返済は，教育の領域のなかで離家への障壁となりうる出費である．家庭による学費の負担は，当然のことだと思えるかもしれない．しかし，日本ほど教育費が私的負担に委ねられている国は，ほとんどないといってよい．

　小林雅之が指摘するように，2004年度の高等教育費の家計負担の割合は，日本では57％であり，OECD加盟国では韓国の58％に次ぐ高さである．また，2005年の高等教育費の公費負担の割合をGDPに対する比率でみると，日本は0.5％であり，OECD加盟国中最低である（小林 2008）．私立大学だけでなく国公立大学の授業料までもが高騰するなかで，日本の高い高等教育進学率は，低所得層の「無理する家計」（小林 2008）のもとに成り立ってきた．これは専門学校進学者に関しても同様のことがいえるであろう．

　しかし，親が重い教育費を負担しきれない場合には，本人が奨学金を受給する，あるいはJさんのように収入を稼ぐきょうだいが一部を負担するという解決策がとられる．ただし，日本の奨学金は給付型奨学金に比べ貸与型奨学金の割合が圧倒的に高く，貸与型奨学金の場合には卒業後すぐに月賦での返済が求

められるようになる．教育費を親が負担しきれない家庭の若者は，卒業後就職して間もない限られた収入のなかで，本人あるいはきょうだいの教育費を背負わなければならない．

若者の親との同居の背景として，その存続を私的負担に大きく依存している中等後教育のあり方を押さえておくべきだろう[9]．そして私的負担に強く依存する日本の中等後教育のあり方は，海外と比べると決して当たり前のことではない．

次に，労働の領域にかかわる出費としては，就業上の安定を得るための投資と自動車のローン・維持費があげられる．

まず前者について述べると，教員採用試験のために予備校に通わざるをえないKさんのケースからは，狭い正規雇用のパイを争わざるをえないような若年層の雇用環境の悪化という事情が見え隠れする．玄田有史は，若年雇用の減少は社内の雇用維持にともなう労働需要の大幅減退によって引き起こされており，若者の親との同居傾向は現在の中高年の既得権を維持・強化しようとする社会・経済構造の産物であると述べる（玄田 2001）．つまり，就業上の安定を得るための投資によって貯蓄ができず親と同居するという過程には，そもそも労働市場で中高年の既得権を守るツケが若者の雇用環境に回されているという背景があるのである．

また，自動車のローン・維持費については，地方では「職場の近くだと利便性がすごく悪いので，車がないと動けません」［Gさん］「（車が）ないと仕事ができません」［Dさん］というように，自分の車がなければ通勤や業務がままならない場合がある．しかしその場合でも自動車のローンや維持費は企業ではなく本人が負担せざるをえず，離家への大きな障壁となっている．

これらを踏まえると，若者の親との同居の問題には，労働の領域が本来は自ら対処すべき問題や背負うべき負担を若者に転嫁しているという側面があるように思える．仕事漬けの日々を送るために家事と仕事の両立が難しくなっているDさんのケースに関しても，労働の領域が若者（とその親）に苦境をなすりつける一局面であるといえるだろう．

ただし，親と別居しているインタビュー対象者のなかには，企業福祉によって一人暮らしが可能になっているケースもある．専門学校を卒業して就職4年

目であったLさん（女性・専門卒・首都圏在住・正社員）は，弟の学費を負担するだけでなく自らの奨学金（毎月2万円弱）も返済し，さらには専門学校の学費納入の延長制度も併用していたため，就職してから3年間は専門学校に毎月5万円を払い続けていた．学費を納入し続けていた3年間はかなりやりくりが苦しかったそうであり，「（いつかは返済が）終わるんだ」とずっと自分に言い聞かせてきたと語っている．しかし重層的な教育費の負担を抱えていたLさんが，就職後すぐに首都圏での一人暮らしが可能になったのは，寮費2万円の職場の寮に住むことができたからだと考えられる[10]．

日本では，1970年代後半に自民党によって立ち上げられた「日本型福祉社会」という政治理念が影響力をもち続けてきた．終身雇用・年功賃金・手厚い福利厚生を特徴とする「日本的経営」により男性家長が安定した雇用・収入を確保し，それを核家族からなる家庭に持ち帰り，専業主婦が「家事労働」をおこなう．そうすることで公的な福祉を代替する形で国民へ福利厚生を行き渡らせることができるという考えである（高原 2007，2009 など）．

職場の寮による一人暮らし支援は，企業が福利厚生の役割を担った「日本的経営」の名残の1つだと考えられるだろう．しかし，より安定した仕事上の地位を獲得するために費用捻出が必要になる，あるいは通勤や業務のための自動車のローン・維持費が自己負担であるなど，企業福祉のネットには少なからず穴が空いている．労働の領域は，若者の離家を支援する側面と障壁を作りだす側面の両方を併せもっていると考えられる．

6 「依存」された結果としての親との同居

本章では，経済的な厳しさを理由に親との同居を継続する若者が，いかなる離家への障壁に直面しているのかという点について検討してきた．

質問紙調査の分析からは，低収入・不安定雇用の若者ほど親元にとどまる傾向があること，親元にとどまる若者の多くが親元からの自立規範や近い将来の離家意思を保ち続けていることが確認できた．そして，インタビュー調査の分析では，先行研究が注目してきた親との同居と収入との関係だけでなく，「支出」の内実に着目するというアプローチによって，親と同居する若者について

の新たな姿を描き出した．それは，「重層的な支出」が障壁となって離家をためらう若者の姿である．

そして，若者を重層的な支出へと水路づける背景として，家族への福祉的機能の要請とそれによってもたらされる「支え合う家族」規範，さらには教育・労働領域による若者（とその家族）への負担の転嫁，の2点を指摘した．なお，若者が家族の経済的困難を支える姿からは，親世代の経済的な格差が子世代の生活的自立の可能性の格差へと連鎖する様子も浮かび上がってくる．

若者の親との同居について，「若者が親に依存している」とする見方は，事態の一面だけを切り取ったものにすぎない．むしろ本章の知見から新たに浮かび上がるのは，行政・学校・企業が自らの存続のために若者とその家族に負担を転嫁し，それを家族で支え合うよう求めるがゆえに離家が難しくなる，という構図である．若者たちは，親元からの自立規範を内面化しながらも，それを達成することが難しいような社会の構図に埋め込まれているのである．若者の親との同居は，若者が親に依存した結果ではなく，行政・学校・企業が若者とその家族に負担の解消を依存した結果として，捉えていく必要があるのではないだろうか．

今，若者たちは，家族への福祉的機能の要請や教育費の負担問題，労働の領域における苛烈な労働環境や企業福祉のセーフティネットの漏れといった問題が，重層的に押し寄せるリスクを抱えている．経済的自立と生活的自立の両立という「叶わない目標」を規範的に押しつけるばかりでは，それが達成できないことによる苦しみを若者たちに与え，さらには結婚・出産という新たなライフステージへの一歩をためらわせることになる．若者に重層的に押し寄せる離家への障壁を崩していくと同時に[11]，離家に限らない多様なライフデザインをも承認していく社会を築くことが，今後求められる課題であるだろう[12]．

なお，本章は限られたデータのなかから重層的な支出という離家への障壁を探索的に描き出したが，若者の支出と親との同居との関係性については，より大規模な計量的データに基づいて精査する価値がある．その点は今後の課題としたい．

謝辞

お忙しいなかインタビューにご協力いただき，貴重なお話を聞かせてくださった26名の皆様に，心より感謝申し上げます．

注

1）米村（2010）は，質問紙調査の自由記述から，親の意を汲んで親元にとどまる若者の葛藤を描き出している．しかし，自由記述欄では経済的事情に関する記述は少なかったそうであり，「選択的なライフスタイル」によって親と同居する者が主な対象とされている．

2）インタビュー時間は1人につき1時間半程度であり，JLPS-Hの実施メンバーがインタビュアーとして毎回1〜4人参加した．インタビューの内容は許可を得たうえでICレコーダーに録音し，逐語的に書き起こしている．

3）親との同居については，現在誰と暮らしているかについて，11項目の選択肢を用意している．本章では，「父親」または「母親」に○をつけた者を「親と同居」，「父親」「母親」のどちらにも○をしなかった者を「親と別居」と判別した．ただし，選択肢のなかには「ひとりで」「その他」という項目があり，選択肢のいずれにも○がつけられない状況は考えられないため，選択肢11項目のいずれにも○をつけなかった場合は「無回答」とし，親との同居率の算出からは除外した．

4）なお，仕事上のキャリアアップを目的とした自己啓発（職業に関する能力を自発的に開発し，向上させるための活動）も，相対的に低収入である若者には大きな経済的負担となりうる．第7波では仕事に関わる自己啓発を行ううえで障害になることについて尋ねているが，現在仕事に就いている人の32.7%が「費用が高額である」ということをあげている．

5）結婚式のご祝儀は，現代の若者の場合，友人として参加する際は3万円が相場である地域が多い．

6）ただし，なかには重層的な支出を抱えながらも貯金を試みる者もいる．たとえばMさん（女性・地方在住・専門卒・正社員）は，家計への繰り込み（月3万円），自動車のローン（2万円）と保険代，民間の年金保険への加入，月々割り振りの住民税などで，毎月の給料から手元に残る額は5万円程度であるという．そして残額から貯金をするために，自由に使えるお金は1週間に5,000円であるという．

7）厚生労働省ホームページの生活保護制度（http://www.mhlw.go.jp/seisakunitsuite/bunya/hukushi_kaigo/seikatsuhogo/seikatuhogo/index.html）より（2012.12.24取得）．

8）その結果，自らの困難を支える家族をもたない若者が住居を喪失する姿も描き出されている．たとえば岩田正美は，「ネットカフェ難民」の多くは実家が経済的にも家族関係のうえでも不安定であり，なかにはDVなどで家族関係か

ら逃れたい状況にある者たちもいると指摘している（岩田 2008）．また西田芳正らの調査では，「ネットカフェ難民調査」の対象者100人のうち，約1割が児童養護施設の経験者であったという（西田 2011）．児童養護施設の出身者は，身を寄せる場所がない，当座の生活費を援助してくれる者がいない，住居を借りたりクレジットカードを作ったりする際の保証人が立てられないなどの困難を抱えることになる（西田 2011）．

9) 貸与型奨学金に偏る日本の奨学金のあり方については，低所得層の若者に奨学金の利用をためらわせ，進学の道を閉ざすという問題も指摘されている（青木 2007；大澤 2009）．日本の奨学金のあり方は，社会的不平等の再生産を十分に食い止めるものになっているとは言い難い．

10) 家賃をできるだけ少なく抑えることは，若者の一人暮らしの鍵になっていると推測される．一人暮らしをしているインタビュー対象者のなかで，Nさん（女性・首都圏在住・四大卒・非正社員）はバス・トイレ・キッチンが共用で家賃4万円の部屋に住んでおり，Oさん（女性・地方在住・専門卒・正社員）も職場の家賃補助のために，家賃は水道代と駐車場代が含まれた状態で4万円であるという．職場の借り上げたマンションに住むPさん（男性・首都圏・四大卒・正社員）の寮費は1.3万円であり，日々の残業代がカットされるなか，母親への仕送りをしながらも自らの生活をすることが可能になっている．

11) 若者への直接的な離家資金の給付も，若者の離家の困難を解消する1つの方法としてあげられる．1960年代以降のイギリスでは，親の家を離れる手段として若者たちに社会保障，住宅給付や学生生活補助金などの給付の組み合わせが利用されるようになり，離家の可能性が生まれた（Jones and Wallace 1992 = 1996）．しかし，イギリスは80年代後半以降，こうした若者への社会保障の給付資格を取り上げて若者を無理やり親元に帰すことを目論み，その結果離家の遅れが問題として生じることになった（Jones and Wallace 1992 = 1996）．

12) たとえ離家への条件がある程度整えられても，本人・家族の病気や失業，就労困難などで離家が難しい人々は，少なからず存在するだろう．そして，経済的自立と生活的自立の両立を求める規範が強固に残り続ければ，離家の条件が整えられるにつれて，離家できない人々へのスティグマ化がさらに強まっていく可能性も考えられる．また，そうした規範のもとで離家の困難は，相変わらず結婚・出産をためらわせるものとなるだろう．離家しないライフデザインの承認は，そうした理由から必要とされるものである．

文献

青木紀（2007）「学校教育における排除と不平等――教育費調達の分析から」福原宏幸編著『社会的排除／包摂と社会政策』法律文化社：200-219.

Esping-Andersen, G.（1999）*Social Foundations of Postindustrial Economies*,

Oxford, Oxford University Press. ＝（2000）渡辺雅男・渡辺景子訳『ポスト工業経済の社会的基礎――市場・福祉国家・家族の政治経済学』桜井書店.

Furlong, A. and Cartmel, F.（2007）*Young People and Social Change*, 2nd edition, Buckingham, Open University Press. ＝（2009）乾彰夫・西村貴之・平塚眞樹・丸井妙子訳『若者と社会変容』大月書店.

玄田有史（2001）『仕事のなかの曖昧な不安――揺れる若年の現在』中央公論新社.

岩上真珠（1999）「20代，30代未婚者の親との同別居構造――第11回出生動向基本調査独身者調査より」『人口問題研究』55巻4号：1-15.

岩上真珠（2010）「未婚期の長期化と若者の自立」岩上真珠編著『〈若者と親〉の社会学――未婚期の自立を考える』青弓社：7-21.

岩田正美（2008）『社会的排除――参加の欠如・不確かな帰属』有斐閣.

Jones, G. and Wallace, C.（1992）*Youth, Family and Citizenship*, Buckingham, Open University Press. ＝（1996）宮本みち子監訳・鈴木宏訳『若者はなぜ大人になれないのか――家族・国家・シティズンシップ』新評論.

小林雅之（2008）『進学格差――深刻化する教育費負担』筑摩書房.

厚生労働省（2010）『第14回出生動向基本調査　結婚と出産に関する全国調査　独身者調査の結果概要』.

宮本みち子（2004）『ポスト青年期と親子戦略――大人になる意味と形の変容』勁草書房.

西田芳正（2011）「家族依存社会，社会的排除と児童養護施設」西田芳正編著『児童養護施設と社会的排除――家族依存社会の臨界』解放出版社：197-206.

大石亜希子（2004）「若年就業と親との同別居」『人口問題研究』60巻2号：19-31.

大澤真平（2009）「不平等な若者の自立――貧困研究から見る若者と家族」湯浅誠・冨樫匡孝・上間陽子・仁平典宏編著『若者と貧困――いま，ここからの希望を』明石書店：118-138.

高原基彰（2007）「日本特殊性論の二重の遺産――正社員志向と雇用流動化のジレンマ」本田由紀編『若者の労働と生活世界――彼らはどんな世界を生きているか』大月書店：13-42.

高原基彰（2009）『現代日本の転機――「自由」と「安定」のジレンマ』日本放送出版協会.

白波瀬佐和子（2005）『少子高齢社会のみえない格差――ジェンダー・世代・階層のゆくえ』東京大学出版会.

山田昌弘（1999）『パラサイト・シングルの時代』筑摩書房.

山田昌弘（2004）『パラサイト社会のゆくえ――データで読み解く日本の家族』筑摩書房.

米村千代（2010）「親との同居と自立意識――親子関係の'良好さ'と葛藤」岩上真珠編著『〈若者と親〉の社会学――未婚期の自立を考える』青弓社：83-105.

第 II 部

社会とのつながりのなかで考える

第 4 章

若者の描く将来像
―― キャリアデザインの変容

元治恵子

1. 若者を取り巻く状況

　2015年3月に大学を卒業した者の就職率[1]は，72.6%であった．2000年以降6割を下回り低迷していた就職率にいったん回復の兆しが見られたものの，2010年に60.8%と再度低下し，その後上昇傾向は続いている．

　2012年8月28日には，日本経済新聞朝刊の1面トップに「新卒ニート3万人」という見出しの記事が掲載された．この記事のもととなったのは，文部科学省が1948年以来実施している「学校基本調査」である[2]．調査結果によれば，2012年3月に大学（学部）を卒業した者（年度途中の卒業者を含む）は，およそ56万人（男子311,659人，女子247,371人）で，このうち，就職者総数[3]は，前年より1万7千人増加と2年連続増加はしてはいるものの，約36万人（男子183,701人，女子173,584人）で，就職率も同様に上昇（2.3ポイント）しているが，63.9%（男子58.9%，女子70.2%）に留まっている．このうち，正規の職員等である者は60.0%であり，正規の職員等でない者は3.9%であった．また，卒業後，進学も就職もしていない者は全体の15.5%（86,638人），およそ7人に1人にもなる．このうち進学準備中の者は3,613人，就職準備中の者は49,441人，残りの33,584人は，いわゆるニートであり，大学新卒者にとってもニートの問題が身近でかつ深刻な状況であることが浮き彫りになった．

　1990年代以降，人々の雇用環境は悪化した．完全失業率をみても2010年頃

から改善傾向がみられるものの，90年代以前の状態には戻っていない．なかでも若年労働者については，他の年齢層に比べ高止まりしている[4]．また新規学卒労働市場が縮小していく過程で，女性のみならず，男性においても非正規雇用者などの不安定就労者が増加した[5]．高度経済成長期以降，主婦層を中心にパートタイム労働者が新たな労働力として活用されてきた．しかし，主婦パートの場合には，夫が主たる稼ぎ手であり，主婦は家計を補う働き手として，時間的な制約を抱えているなかで非正規雇用者として労働市場に参入していると位置付けられてきたため，それほど大きな問題としては扱われてこなかった（原 2010；太郎丸 2009）．学生アルバイトについても，主たる稼ぎ手は父親であり，自分自身のお小遣い稼ぎと位置付けられてきたという点では，同様であるといえる．しかし，近年のサービス経済化と労働政策の規制緩和の流れのなかで，若年層における非正規雇用者増加の問題はこれまでとは様相が異なっている．

　未だ多くの企業が新規学卒者を同時期に採用するという方式をとっている状況において，学校卒業時に正規雇用者になれなかった者は，その後も正規雇用者に就ける見込みは非常に低い状況にある．やや古いデータだが，「若年層の意識実態調査」によれば，現在フリーター[6]である者のうち，正社員になりたいと考えている者は72.2%と，多くが正社員になることを希望しており，パート・アルバイト（派遣等を含む）を希望している者は14.9%に過ぎない．しかも，新卒時にフリーターであった者のうち，調査時点で正社員として働いている者は31.4%に留まり，54.8%は現在もフリーターのままである（内閣府 2003）．また，高卒者に関する研究では，学卒後に無業であるが一定期間後に就業する「中途就業」型の場合，アルバイトやパートタイムで雇用され，学卒後間断のある就職がその後のキャリアに長く影響を及ぼすことも指摘されている（日本労働研究機構 1996）．

　このように，仕事に関わりはじめる時期に非正規就労についた場合，その後の仕事人生に悪影響が残る．すなわち，キャリアスタート時の不安定な雇用が長期化すれば，その後のキャリア形成の障害となり格差が拡大してしまう（白波瀬 2010）．さらに深刻なのは，生涯にわたって経済的な格差が生じてしまうことである．「平成27年賃金構造基本統計調査」によれば，正社員・正職員以

外では，男女ともに年齢階級が高くなっても賃金の上昇は見られず，全体でみれば，正社員・正職員を100とすると，正社員・正職員以外は64となっており，もっとも格差の大きい50～54歳層では，100に対し49と半分以下に留まっている（厚生労働省 2016）．このことは，結果として当然生涯賃金においても格差を生みだし，正社員・正職員の生涯賃金は2億7000万円であるのに対し，正社員・正職員以外は9000万円に留まり（宮本編 2011)[7]，およそ3倍もの差になっている．

このような状況は，家族形成の問題とも大いに関係がある．晩婚化・未婚化が進むなか，婚姻率の低下が問題となっているが，正規雇用者と非正規雇用者の間には大きな格差がみられる．安定的な就業機会が結婚を促進するという分析結果もみられる（永瀬 2002）一方で，経済的に不安定な非正規雇用者は家族形成においても困難な状況におかれている（濱口・湯浅・宮本 2011；山田編著 2010；山田・塚崎 2012 など）ことも明らかになっている．

今後の経済活動を担っていく年齢層における非正規雇用の拡大は社会基盤を揺るがしかねない．ある意味では将来に希望のもてない状況におかれているともいえる当事者である若者は，自分自身の将来のことをどのように考えているのだろうか．

本章では，離家や結婚（家族形成)，そして，その基盤となる就業などをめぐる意識を検討することにより，若者の自立プロセスの実態と将来への展望を明らかにしていく．その際，パネル調査データのメリットを活かし，高校3年生の時点から高校卒業後8年目までの8年間の間に，さまざまな経験を経てどのように変化したのか，あるいは変化しなかったのかをみていくことにする．

2. 若者の描く将来

子どもの頃から「大きくなったら何になりたい？」，「将来どんな仕事がしたい？」など，人々はさまざまな形で問いかけられてきた経験をもっているだろう．その問いかけに無邪気に答えていた時代を過ぎ，社会に出ていく時期が近付くと，夢ではなく，実現可能性と折り合いをつけ，そして，何らかの就職活動を経て実際の職業に就き，働き始める．しかし，就職した時点で，働くこと

をめぐっての「夢」を描くことが終わるわけではない．働き始めてからも人々は職業との関わりにおいて，将来の自分のあるべき姿を思いながら働いている．どのような人生を歩んでいきたいのか，そして，その描く人生において働くことはどのような意味をもち，どのような働き方をしていきたいのか，その時々で折り合いを付けつつ，再構成しながら日々の生活を送っているといえるのではないだろうか．このように考えると，働くことをめぐる「夢」は，大きく分けて職業に就く前と就いた後の2つの時期に分けて考えることができるだろう．

これまで，学齢期にある青少年には調査時点，また，成人に対しては回顧的に，将来就きたい（成人の場合には，ある年齢時点で就きたかった）職業としての職業アスピレーション[8]をめぐる問題をテーマとする多くの研究が蓄積されてきた．なかでも職業アスピレーションの形成過程については，大きく分けて2つの視点から研究が進められてきた（片瀬 1990；新谷 1996）．

1つめは社会階層に関する研究における地位達成研究である．社会（職業）的地位を達成する過程における社会心理学的な媒介的要因としての職業アスピレーションの形成過程と，達成に対して果たす役割という観点から研究されてきた（Alexander, Eckland and Griffin 1975；Burke and Hoelter 1988；林 2001；岩永 1990；片瀬 1990, 2003；中山・小島 1979；Sewell, Haller and Portes 1969；Sewell, Haller and Ohlendorf 1970；新谷 1996 など）．これらの研究から専門職などの職業威信の高い職業が志向され，出身家庭（とくに父親の職業）の影響が大きいことが明らかになっている．

2つめは教育社会学的研究で，学業成績による選抜が職業アスピレーションの形成過程にどのように影響を及ぼすかについて研究が進められてきた（苅谷 1986；Kariya and Rosenbaum 1987；片瀬 1990；耳塚 1988 など）．これらの研究では，学業成績や学校種別・ランクが職業アスピレーションを規定する要因となっていることが示されている．

一方，すでに教育達成（学歴習得）および初職達成（就職）を経た成人を対象とした将来の自分自身のキャリアデザインに関する研究は多くない．林拓也（2002）も指摘するように，教育達成や初職達成という大きな分岐点を経た後の地位達成は限定的にならざるをえないため，取り上げる意義が小さいことが背景にあるのかもしれない．これまでの研究は，研究そのものが多くない上に，

1 時点の調査結果に基づくものが多く（林 2002；小杉 2010 など），同一サンプルの変化の過程を追跡していくもの（元治 2007, 2008, 2011；三輪 2007 など）はほとんどない．

　林（2002）では，本章とはやや異なった視点から，企業内昇進アスピレーションと独立開業アスピレーションの規定因が検討されている．前者に対しては，大企業勤務，昇進を経た役職者，父職，モデル・ネットワーク（目標人物が管理職），職場に満足，後者に対しては，モデル・ネットワーク（自営業主・会社経営者のメンバーが含まれる），職場に不満，短い勤続年数などの変数の効果がみられ，両者では異なる要因が影響をおよぼしていることが明らかになっている．現在の仕事に関連する状況や社会階層的な変数が，その後の希望するキャリアに影響を与えているといえよう．また，小杉礼子（2010）は，「若年者の職業生活に関する実態調査」（厚生労働省 2003）のデータを用いて，雇用形態とキャリア展望の関連を検討している．非典型雇用の者では正社員やフリーランス・開業を希望する者が多いが，性別で異なること，典型キャリアに比べると独立志向が男女とも強いことが明らかにされている．

　労働政策研究・研修機構によって東京都の 20 代を対象に 2001 年から継続的に行われている「若者のワークスタイル調査」は，パネル調査ではないが集団としての変化を分析している．2011 年に実施された第 3 回調査の結果では，キャリア別にみると，① 20 歳代後半層では，男女ともに 3 年後に「正社員」を希望する者が多いが，「正社員定着・転職」と「他形態から正社員」である現在「正社員」の者に比べ，「非典型一貫」の者では，「正社員」を希望する者は 20 〜 30 ポイント少ないこと，②「正社員定着・転職」以外の者では，「自営」や「その他」の働き方を希望する者も多いことが明らかになっている．また，現在の就業形態別[9]では，「自営・家業」以外の者で，3 年後に「正社員」を希望する者が男女とももっとも多い．ただし，女性では，「アルバイト・パート」の場合には 29％，「契約・派遣等」の場合には 15％ほどが 3 年後も同様の就業形態で働くことを希望している（労働政策研究・研修機構 2012）．

　同一対象者の変化に焦点をあてたものとしては，三輪哲（2007）が本章と同じパネル調査データを用いて，高校 3 年生，高卒 1 年目，高卒 2 年目の 3 時点でのキャリアデザインの変化およびその規定因を分析している．分析の結果，

多くの者はどの時点においても「正社員」として働くことを望んでいること，高校在学時から卒業後2年目までの分布はほとんど変わらないこと，意識の性差は年齢が上がると拡大することなどが明らかになっている．以上の研究成果から職業に関する将来の希望（アスピレーション，夢，キャリア展望）は，性別や出身階層，学歴，現在の仕事をめぐる状況などの社会経済的な要因が影響を及ぼしていると考えることができるだろう．

これらの知見を踏まえ，本章では2つの課題に焦点をあて，分析をしていく．1つめは，パネル調査の特徴を活かし，キャリアデザインの変化の様相を明らかにすることである．そして，2つめは，キャリアデザインの規定因を明らかにすることである．具体的には，学歴，現在の状況（就業形態），婚姻状況などの社会経済的属性の影響やライフコース希望との関連を検討していくことにする．

3. データと変数

本章ではJLPS-Hのうち，第1波（高校3年生，2004年1～2月，N=7,563），第7波（高卒7年目，2010年11～12月実施，N=516），第8波（高卒8年目，2011年11～12月実施，N=505）のデータを中心に分析していく．

まず，自立へのプロセスについては，第7波への回答から検討する．検討する項目は，「離家（親と違うところに住む）」，「結婚（結婚する）」，「子ども（最初の子どもをもつ）」，「家購入（自分の家を買う）」の4項目である．各項目は，「すでにそうした」，「26～29歳」，「30～34歳」，「35～39歳」，「40歳以上」，「そうするつもりはない」の6つの選択肢から回答することになっている．これらの回答選択肢を「すでに」，「30歳未満」，「30歳以上」，「予定なし」に分類し，自立の状況をみていく．

次に，キャリアデザインについては，第1波と高卒8年目の第8波での「あなたは30歳ごろになったとき，どのような働き方をしていたいと思いますか」という質問に対する回答を用いる．回答は8つの選択肢から選ぶようになっている．これらを男性の場合には，「正社員」（「正社員として働きたい」），「独立」（「自分で事業を起こしたい」，「親の家業を継ぎたい」，「独立して一人で仕事をした

い」),「その他」(「アルバイトやパートで働きたい」,「専業主婦・主夫になりたい」,「その他」,「わからない」)の3カテゴリーに分類し, 女性の場合には, 男性の場合の「その他」を2つに分け, 「パート・専業主婦」を加えた4カテゴリーに分類し検討する[10]. 具体的には, 各調査時点におけるキャリアデザイン, 2時点間での変化, そして, 学歴, 職業, 結婚などの状況との関連を見ていく. また, 女性については, ライフコース展望との関連も検討することにする.

4. 自立へのプロセス

まず, 高校卒業後7年目の調査から離家や結婚など自立へのプロセスをみてみよう. 現在の状況を確認すると, 男性では正社員70%, 非正社員16%, 学生10%となっている. 一方女性では, 順に53%, 30%, 3%となっており, 男性に比べると正社員の割合が低い傾向がみられる.

現在の就業状況により, 自立の状況および見込みは異なるであろう. 「第3

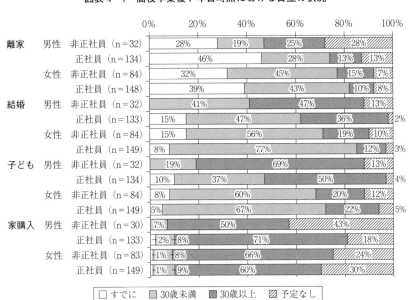

図表4-1 高校卒業後7年目時点における自立の状況

回若者のワークスタイル調査」(労働政策研究・研修機構 2012) でも,男性の「非典型一貫」では,結婚して配偶者や子どもと同居している者,単身で暮らす者が少なく,多くは親と同居(女性の「非典型一貫」でも半数)している.正社員になることと家族形成が,相互に関連した選択であることが指摘されている.また,女性では正社員になろうとする意志と単身で暮らすことが相互に関連しており,2006 年時点と比較し,「他形態から正社員」になった者において単身で暮らす者が増加していることが指摘されている.

そこで,高校卒業後 7 年目になり,多くの者が働いている状況を鑑み,正社員あるいは非正社員として働いている者に限定し,自立の状況をみていくことにする.

「離家(親と違うところに住む)」では,男性の場合,正社員では 46% と半数近くがすでに親元を離れて生活をしているが,非正社員では 28% に留まる.正社員は,「30 歳以上」が 13%,「予定なし」も 13% であるのに対し,非正社員は「30 歳以上」が 25%,「予定なし(そうするつもりはない)」も 28% と両者を合わせると正社員のおよそ 2 倍であり,半数以上となっており,達成意欲についても低い傾向がみられる.女性の場合には,就業状況による違いが男性ほど明確ではない.「すでにそうした」者は,正社員で 39%,非正社員でも 32% となっている.非正社員で離家した者のうち 67% は未婚者であり,親元を離れての生活では,経済的に厳しい状況にあると推測される.また,「30 歳未満」で離家することを望んでいる者は,正社員で 43%,非正社員で 45% と大きな違いはみられず,男性の非正社員に比べ自立志向が強い傾向がみられる.

「結婚(結婚する)」では,男性の場合,正社員の 15% はすでに結婚しているが,非正社員では結婚している者はおらず,13% は「予定なし」と答えている.一方女性の場合には,正社員の 8%,非正社員の 15% がすでに結婚している.また,正社員の 77%,非正社員でも 56% の者は 20 代で結婚したいと考えており,実際に結婚に至るかは別として,早い時期での結婚への意欲は強いと考えることが出来よう[11].

「子ども(最初の子どもをもつ)」では,女性の場合には,就業状況による大きな違いは無く,正社員の 5%,非正社員の 8% がすでに第 1 子を産んでおり,20 代で産みたいと考えている者も順に 67%,60% となっている.男性の場合

には，正社員の1割に子どもがいるが，非正社員では皆無である．子どもをもつ予定がない者は，男女ともに正社員よりも非正社員で高い傾向がみられるが，非正社員でも男性で13%，女性で12%であり，子どもをもつことに対する意欲が低いとは言い切れない．近年，未婚化・晩婚化，そして少子化の傾向がみられるが，現代の若者が，結婚と同様，何らかの要因により，意欲や希望が実際の行動に結びついていかない状況に置かれていることが示唆される．

「家購入（自分の家を買う）」では，男女ともに就業状況にかかわらず，すでにもっている者はごくわずかであり，多くの者が30歳以上で購入したいと考えている．家を購入する予定の無い者は，男性では，正社員の18%，非正社員の43%，女性では，正社員の30%，非正社員の24%にのぼり，他の項目に比べ達成意欲が低い傾向がみられるが，なかでも男性の非正社員の達成意欲の低さが顕著である．

以上のように，自立の状況および見込みについて，女性の場合には，就業状況により大きな違いはみられないが，男性の場合には，かなり異なった様子がみられることが明らかになった．とくに男性の場合には，非正社員は正社員に比べて，達成状況も達成意欲も低い様子がみられた．非正社員であるという現在の悪状況が先の見通しまでネガティブにしてしまっているという負のスパイラル状態のなかにいるといえよう．就業状況が改善することにより，この状況から抜け出すことができるのかは，継続的にみていく必要があろう．

5. 30歳時のキャリアデザイン

5.1 各調査時点における分布

高校卒業直前の時点から，高校卒業後8年間にキャリアデザインはどのように変化したのだろうか．分析対象者は，高校卒業後の進路では，就職した者，専門学校などへ進学した者，また，浪人などを経験した者もいるが，多くが大学へ進学している．いずれの進路を選択した場合でも，高校卒業後の8年の間に個々が経験したことはさまざまであろう．そのさまざまな経験は，個々の若者のキャリアデザインに，少なからず影響を与えたのではないだろうか．

まず，各調査時点におけるキャリアデザインの分布をみてみよう（図表

第Ⅱ部　社会とのつながりのなかで考える

図表 4-2　各調査時点におけるキャリアデザインの分布

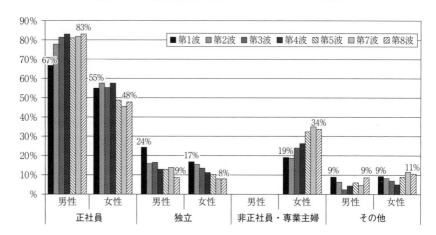

4-2).男女とも調査時点によって回答者およびその人数は異なり，解釈には注意が必要であるが，全体的な変化の傾向をつかむ上では問題ないだろう．

男性の場合，高校卒業後の年数が経過するほど，「正社員」を希望する者が増加し，その増加分と対応するように「独立」を希望する者が減少する傾向が見られる．とくに高卒1年目での「正社員」希望の増加，「独立」希望の減少は大きい．「独立」希望から「正社員」希望へと，より雇用の安定性を求める安定志向の者が年齢とともに増加している様子がうかがえる．

一方，女性の場合には，「正社員」を希望する者は増加と減少を繰り返しながらの減少傾向，また，「独立」を希望する者も年次を経るごとに減少していく様子がみられる．これらの減少分と対応するように，「非正社員・専業主婦」を希望する者は増加しており，職業生活を前提とした生活を希望する者が減少していくことがわかる．

このように，若者の描くキャリアデザインは，男女で大きく異なる傾向がみられる．また，別の視点からも男女の違いを確認することができる．図表には示さないが，8回の調査すべてに回答している137人（男性46人，女性91人）のうち，「正社員」を一貫して希望している者は，全体では26％（36人）と4分の1程度であるが，男女別にみると，男性46％（21人）に対し，女性17％（15人）とおよそ3倍弱の差がみられる．このように，男女雇用機会均等法施

行からおよそ四半世紀を経ても，キャリアを形成していく初期段階である若年期においても，すでにジェンダーによる差がみられる．

5.2 高校3年生時点から高校卒業後8年目へのキャリアデザインの変化

図表4-3は，高校3年生時点から高校卒業後8年目へのキャリアデザインの変化を示したものである．男性の場合，全体の6割弱が「正社員」のままで変更がなく，また，2割弱が「独立」から「正社員」へ変更していることにより，高校卒業後8年目の時点では，8割を超える者が「正社員」を希望している．一方，女性の場合は，「正社員」のままで変更なしの者は3割強に留まり，高校3年時点で「正社員」を希望していたにもかかわらず，「非正社員・専業主婦」へ変更した者が15%にもなっている．「独立」や「非正社員・専業主婦」から「正社員」へ変更した者もいるため，総数でみれば，両時点それぞれ「正社員」を希望する者は5割前後であまり大きな変化はないが，「独立」を希望する者は，22%から8%へと半数以下に減少する一方，「非正社員・専業主婦」を希望する者は，18%から34%へと2倍弱に増えている[12]．

両時点とも「正社員」を希望している者が多いが，一貫して「正社員」を希望している者が多数を占めているわけではない．個々の人々についてみれば変化している者も多く，自分自身の現在の状況と思い描く将来像などを勘案しながら将来のキャリアデザインが揺れ動いている様子がうかがえる．

図表4-3 高校3年生時点と高校卒業後8年目のキャリアデザイン

			高卒8年目				
			正社員	独立	非正社員・専業主婦	その他	合計
高校3年生時点	男性 (n=174)	正社員	59.2%	4.0%	―	4.6%	67.8%
		独立	17.8%	4.6%	―	2.3%	24.7%
		その他	5.7%	0.0%	―	1.7%	7.5%
		合計	82.8%	8.6%	―	8.6%	100.0%
	女性 (n=303)	正社員	32.3%	1.0%	15.2%	3.6%	52.1%
		独立	8.9%	5.0%	5.3%	2.6%	21.8%
		非正社員・専業主婦	2.6%	1.0%	12.5%	2.3%	18.5%
		その他	4.0%	1.0%	0.7%	2.0%	7.6%
		合計	47.9%	7.9%	33.7%	10.6%	100.0%

5.3 学歴と高校卒業後8年目のキャリアデザイン

　学歴によって就職率が異なったり，特定の学歴を獲得しなければ取得できない資格があることなどから就ける職業が異なったりなど，学歴と職業は密接に関連している．学歴と高校卒業後のキャリアデザインの分析に入る前に，高校卒業後8年目時点で働いている人についてのみ学歴別に現在の状況[13]を確認しておこう．男性の場合には，「高校」で「正社員」の割合が8割を超えもっとも多く，次いで「短期大学・4年制大学・大学院（71%）」，「専門学校・専修学校・職業訓練校（66%）」である．一方，女性の場合には，「高校（31%）」，「専門学校・専修学校・職業訓練校（44%）」，「短大（49%）」，「4年制大学・大学院（65%）」と学歴が高くなるほど「正社員」の割合が多くなり，「高校」と「4年制大学・大学院」では，およそ2倍もの開きがみられる．このことから，男性よりも女性の方が，学歴によって職業（雇用形態）の違いが大きいことが確認された．

　このような学歴と職業の関連を踏まえたうえで，学歴別に30歳時点のキャリアデザインをみていこう．図表4-4をみると，男性と女性では傾向がかなり異なることがわかる．男性の場合，学歴による大きな違いはみられず，いずれの学歴においても「正社員」を希望する者が8割を超え圧倒的多数を占めている．一方，女性の場合には，学歴による影響がみられ，「正社員」を希望する者についてみれば，「高校（38%）」，「専門学校・専修学校・職業訓練校

図表4-4　学歴別高校卒業後8年目のキャリアデザイン

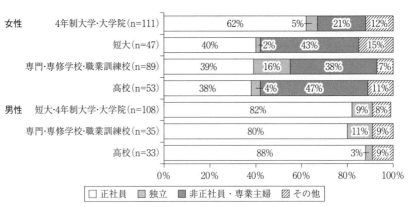

(39%)」,「短大 (40%)」,「4年制大学・大学院 (62%)」と学歴が上昇するにしたがって増加している. とくに,「4年制大学・大学院」とそれ以外の者との違いは大きく, およそ1.5倍にもなっている.「非正社員・専業主婦」を希望する者では逆の傾向がみられ,「4年制大学・大学院」は, 他に比べ半数程度と少ない傾向がみられる. また,「専門学校・専修学校・職業訓練校」の者で独立志向が強くみられる. 女性は, 男性に比べ, どのような進路に進んだかということが, その後の仕事に対する意識や行動に強く影響を与えている可能性が示唆される[14].

5.4　現在の状況と高校卒業後8年目のキャリアデザイン

高校を卒業し8年目となり, 大学を卒業後に働き始めた者でも, 仕事上である程度の経験を積み, 慣れてきた頃である. それと同時に30歳までに5年を切る状況にもある. 現在どのような状況にあるのかが, キャリアデザインに大きく影響を与えているのではないだろうか.

現在の状況別にキャリアデザインをみたのが図表4-5である. 男女で大きく分布が異なることが一見して明らかである. 男性の場合には現在どのような状況にあるかにかかわらず, 8割前後は「正社員」を希望している. しかし, 女性の場合には, きわめて多様な様子がみられる.

たとえば現在正社員でも「正社員」を希望している女性は63%に留まり, 4

図表4-5　現在の状況別高校卒業後8年目のキャリアデザイン

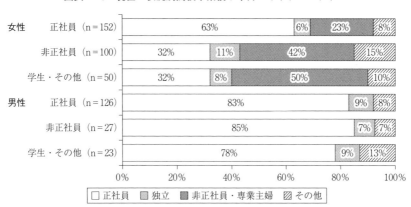

分の1(23%)は「非正社員・専業主婦」を希望している.非正社員や学生・その他の者では「正社員」希望はさらに少なく,3割程度に留まっている.逆に「非正社員・専業主婦」希望は,順に42%,50%と半数近くに及んでいる.非正社員や学生・その他の者のうち,30歳時点でも「非正社員・専業主婦」を希望している者は,現在の状況が正社員でないがゆえのあきらめなのか,将来的にも「非正社員・専業主婦」を希望しているので,現在の状況を悲観的には思っていなく,満足しているのかいずれの可能性も考えられるが,いずれにせよ,男性とはまったく異なる傾向がみられる.

以上のことから,学歴が現在の状況を規定し,そして現在の状況がキャリアデザインを規定しているという一連の流れが示唆される.

5.5 結婚と高校卒業後8年目のキャリアデザイン

高校卒業後8年目を迎え,結婚をしている者も出てきた.婚姻状況によって,将来に対する考え方は異なるのではないだろうか.また,性別によって結婚に対する意味付けも異なることも考えられる.そこで,男女別に婚姻状況によるキャリアデザインの違いをみていくことにする(図表4-6).

男性の場合,既婚者は33人と男性全体の2割弱に留まるが,未婚者に比べ「正社員」を望む者が多く,「独立」志向の者は少ない.結婚していることによって「正社員」という安定的な地位の確保が必要と考えている者が多いといえ

図表4-6 婚姻状況別高校卒業後8年目のキャリアデザイン

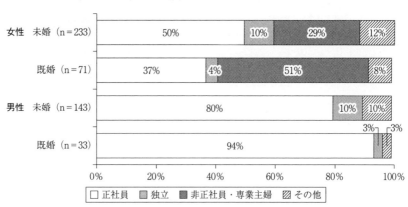

るかもしれない．一方女性の場合は，既婚者は2割を超えており，「正社員」を希望している者は37%いるものの，「非正社員・専業主婦」を希望する者が半数を超えている．未婚者の場合は，逆に半数が「正社員」を希望しており，「非正社員・専業主婦」を希望する者は，3割弱に留まっている．現在未婚の者が，30歳時点においてどの程度結婚しているか，また，結婚後も働き続ける者がどの程度いるのかは明らかではないが，未婚である場合には経済的な自立が当然必要であり，そのことが，既婚者と未婚者の「正社員」希望の違いの背景にあると考えられる．

6. 女性のライフコース希望と30歳時のキャリアデザイン

6.1 女性のライフコース希望の変化

これまでみてきたように，30歳時のキャリアデザインは，男女で大きく異なっている．男性では多くの者が「正社員」を希望しており，他の変数との関連においても大きな差はみられない．一方，女性は，不本意ながらも描かざるをえない状況である可能性も考えられるが，多様なキャリアデザインを描いており，他の変数との関連も多様である．

「男女共同参画社会に関する世論調査」によれば，人々の性別役割分業意識における中心的かつ重要とされる「夫は外で働き，妻は家庭を守る」という考え方について，反対である者の割合は，男性41%，女性49%であった[15]（内閣府 2012）．日々の生活のなかでも公然と性別役割分業を肯定する人は少数派であろう．しかし，分析の結果は，たとえ若い層であっても，自分自身のキャリアデザインとなると「男性（夫・父親）が働き，家族を養う」，「男性が働き続ける」ことは当然といった意識を少なからずもっている者も多いことを示唆している．多賀太（2005: 65）が指摘したように「性別役割分業における権利はそのままに義務は放棄する」といった現代の若者の新たな性別分業の志向を示しているといえるのかもしれない[16]．

中山慶子（1985）が，女性の地位達成は，職業達成，家族内地位達成（結婚・出産・育児などの女性のライフイベントとの関連のなかで決定され，配偶者の地位達成によって規定される），非職業的地位達成という3つの要因の相互連関

関係という形で示され，どのようなライフコースを選択するかによって，地位達成内の3つの要因のうち，いずれか1つ，2つ，あるいは3つすべてを達成して，自己の地位達成を完成すると指摘したことは，現代においても十分な有効性をもつと考えても良さそうである．いかなるライフコースを希望しているかによって，キャリアデザインも異なるなど，密接に関連していると考えられる．

そこで，女性についてライフコース希望とキャリアデザインの関連をみていく．ライフコース希望については，女性の家庭と仕事についてどのような生活をしたいかに対する回答を，回答選択肢の内容から判断し，「継続」，「中断」，「退職」，「その他」の4カテゴリーに分類した[17]．

まず，高校3年生から高卒8年目にかけてライフコース希望がどのように変化したのか，あるいはしないのかを確認しておこう．

どの希望をみても，変化の無い者がもっとも多いが，その割合は，「継続」58%，「中断」55%，「退職」46%と半数前後にとどまっている．「継続」を希望しながらも，「中断」へと変化した者も3分の1程度いる一方で，「中断」であった者でも3分の1程度は「継続」へと変化している．「退職」を希望していた者でも，14%が「継続」へ，36%は「中断」へと変化し，必ずしも多くの者が職業へのコミットメントを回避する方向へ変化しているとはいえない．各調査におけるライフコース希望の分布をみると，「継続」は高校3年生時点では35%に対し，高卒8年目では40%（以下同様の順），「中断」では46%に対し45%，「退職」では9%に対し10%と，両時点における各希望の構成割合に大きな差はみられない．

これまで実施されてきた調査の多くは横断的調査であり，高校3年時と高卒8年目の時点でそれぞれ調査をおこない，ライフコース希望についての回答結果を分析したとすれば，「高校3年時であっても，高卒8年目であってもライフコース希望に変化はない」と結論付けられてしまう．しかし，パネル調査を用いることにより，異なる2時点で調査を実施し，得られた回答から全体としての分布に大きな変化はみられないが，実際には，各希望の構成メンバーは変化していることが読み取れる．このことから，短大や4年制大学へ進学した者であれば，社会人としてのスタートを切る時期であり，その後の人生において，

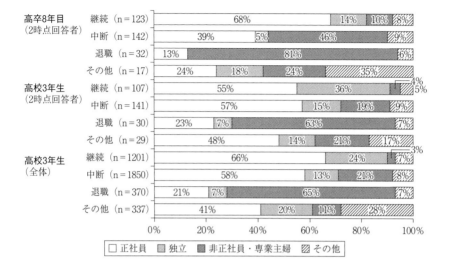

図表 4-7 ライフコース希望とキャリアデザイン

いつ結婚するのか，いつ子どもを産むのかといったことなどを意識し始める20代という微妙な時期において，女性の人生に関する意識は，揺れ動いている様子がうかがえる．

6.2 女性のライフコース希望とキャリアデザイン

それでは，ライフコース希望とキャリアデザインの関連はどのようになっているのだろうか（図表 4-7）．

まず「高校生調査」女性回答者全員についてみると，「正社員」を希望している者は，「継続」希望で 66％，「中断」希望で 58％，「退職」希望で 21％となっている．「継続」希望の 4 分の 1 は「独立」を希望している．「退職」希望で「非正社員・専業主婦」希望が 65％と他のライフコース希望の者に比べて顕著に多い．

次に，2 時点の調査両方に回答した者について，高校 3 年生時点での関連をみると，「高校生調査」女性回答者全員の分布と大きな違いは無いが，「継続」希望の者で「独立」希望が 3 分の 1 程度とやや多い傾向がみられる．

「中断」希望者でも，「継続」希望と同程度の「正社員」希望者がいる．「中

断」とは，調査では「子どもができたらいったん仕事をやめ，手がかからなくなったら仕事をはじめる」というワーディングで尋ねたものである．30歳時点では「結婚しているかもしれないが，まだ子どもがいない」あるいは，「結婚または出産退職しても，正社員で再就職できる」と考えている可能性がある．近年の晩産化傾向から考えると前者が多数を占めていると考えるのが妥当であろう．しかし，調査年は異なるものの前述した自立に関する分析結果から，多くの者が30歳未満で最初の子どもをもちたいと考えている．このことを鑑みると，いったん仕事を辞めても，正社員で再就職できると甘い見通しをもっているのかもしれない．あくまで希望であるのでその実現可能性をどの程度認識しているかは不明だが，現実の雇用環境についての知識あるいは情報をもち得ていないことが示唆される．

また，「退職」希望者でも「正社員」を希望している者もいる．「退職」希望者の多くは「結婚あるいは子どもが生まれたら仕事をやめて家庭に入る」という者である．キャリアデザインは30歳時点のことを尋ねているが，ライフコースに関する質問では年齢を特定していない．高校生にとっては，結婚（結婚年齢）や出産（出産年齢）は，未確定要素の多いことである．そのため，一見矛盾するような回答の者もいると推察される．

続いて，高卒8年目時点での関連をみると，高校3年生時点と比べるとライフコース希望による違いが明確になっている．「継続」を希望する者では「正社員」が7割弱に増加しているが，「独立」は14％と減少している．「中断」を希望する者では，「正社員」や「独立」を希望する者は大幅に減少しているものの，「非正社員・専業主婦」を希望する者は2倍以上に増加し半数近くを占めるにいたっている．「退職」を希望する者では，もともと高校3年生時点でも「非正社員・専業主婦」を希望する者が6割を超えていたが，高卒8年目になると8割にもなっている．

全員が高校生という同じ状況から，さまざまな経験を経て高卒8年目になり，個々を取り巻く状況は多様になっているだろう．働く経験を経て，雇用をめぐる状況についての理解も進んだと考えられる．それゆえ30歳という近い未来の展望は現状との折り合いをつけるなかで描かれていると考えられる．これらのことを背景に，ライフコース希望によるキャリアデザインの違いが高校3年

生時点と比べ，より明確になったものと思われる．

6.3　女性のキャリアデザインの規定因

最後に，女性について，キャリアデザインを規定する要因について検討しよう．これまで，社会経済的属性やライフコース希望などいくつかの要因それぞれとの関連を概観してきた．キャリアデザインに対して影響を与えていると考えられる要因もみられたが，他の要因の影響を受けている可能性もある．相互の影響をコントロールすることにより，各要因の直接的な影響を検証していこう．

図表4-8は，「正社員希望」であるか否かを従属変数とするロジスティック回帰分析を行った結果である．独立変数は，モデル1では，学歴，現在の状況，婚姻状況の社会経済的属性を示す変数，モデル2では，モデル1で用いた変数とライフコース希望である．モデル1では，学歴が「高校」であるのに対して「4年制大学以上」であること，現在「学生他」であることに対して「正社員」であることがキャリアデザインとして「正社員」を希望する傾向がみられた．

図表4-8　キャリアデザイン規定因

		モデル1 Exp(B)	モデル2 Exp(B)
学歴	4年制大学以上	1.969 †	1.823
	短大	0.684	0.907
	専門・専修学校	0.926	1.031
	（基準：高校）		
現在の状況	正社員	3.468 **	2.458 *
	非正社員	0.976	0.763
	（基準：学生他）		
婚姻状況	既婚	1.047	0.867
	（基準：未婚）		
ライフコース希望	継続		16.105 ***
	中断		5.937 **
	（基準：退職）		
（定数）		0.385 *	0.069 ***
−2対数尤度		372.857	322.021
Cox-Snell R2乗		0.133	0.222
Nagelkerke R2乗		0.178	0.297
N		301	284

注：*** $p < 0.001$，** $p < 0.01$，* $p < 0.05$，† $p < 0.10$

また，モデル2では，現在「学生他」に対して「正社員」であること，ライフコース希望が，「退職を希望する者」に対し，「就業継続を希望する者」や「中断再就職を希望する者」で「正社員」を希望する傾向がある．当然のことなのかもしれないが，ライフコース希望の影響は他の要因に比べて大きく，密接に関連していることが明らかになった．

7. まとめ

本章では，若者の自立の状況と将来の見通し，そして，30歳時点におけるキャリアデザインの変容について分析を進めてきた．自立の状況と将来の見通しについては，現在の就業状況による分析をおこなった．就業状況によって大きな違いがみられない女性に対し，男性の場合には，非正社員は正社員に比べて，達成状況も達成意欲も低いことが明らかになった．非正社員であるという現在の状況が明確な未来を描けない状況を生み出している．就業状況が改善することにより，この状況から抜け出すことができるのかは，今後も継続的に注視し，その対策を講じていく必要がある．

キャリアデザインについて一言でまとめれば，「画一的な男性，多様な女性」ということができる．男性は，社会経済的な属性による大きな違いは無く，年齢とともに安定志向へとシフトしていく者が多数を占めていた．性別役割規範を直接的に問われれば，それに賛成する者は多くないと考えられるが，潜在的には働くことをめぐって，女性に比べ非常に保守的で，「男性は働くのが当然」といった性別役割規範に縛られているのかもしれない．一方，女性は，高学歴であったり，安定的な就労に就いていたりする場合には，職業生活へのコミットメントが低下しない傾向がみられたが，年齢とともに職業生活へのコミットメントが低下する者が増加していくことが明らかになった．また，将来について揺れ動く様子がみられ，ライフコース希望とキャリアデザインの密接な関連が示唆された．

ライフステージの移行によるキャリアデザインの変化と達成状況について，継続的に分析を進めるとともに，変化の背景にあるメカニズムについても明らかにしていく必要がある．そして，本章では具体的な職業アスピレーションの

分析は出来なかったが，年齢とともに専門職志向が高まるのか，再就職のために資格が必要な職業への志向が高まるのかなど，より具体的な職業アスピレーションの変容とその達成過程についても分析をしていく必要があるだろう．

注

1) 卒業者数のうち就職者総数の占める比率．
2) 若者の就職難が続くなか，実態把握と対策に活かすべきという声があり，今回から就職者のうち派遣社員など非正規の仕事に就いた人数や進学も就職もしなかった人の現状も調査された（日本経済新聞 2012a）．同紙，社会面に関連記事も掲載されている．また，2012年9月3日の同紙朝刊社説（「春秋」）においても，夏目漱石の「それから」の主人公である長井代助に象徴されるような明治末期の高等遊民を引用し，このことが取り上げられている（日本経済新聞 2012b）．
3)「大学院等進学者のうち就職している者」を加えた全就職者数．
4) 詳細は本書第2章 1.1（58 ページ）．
5) 詳細は本書第1章 1（31 ページ）．
6) 学生，主婦を除く若年のうち，非正社員・アルバイト（派遣等を含む）および働く意志のある無職の人．調査全体の回答者は，全国の 20 ～ 34 歳の男女 1,849 人．
7)『ユースフル労働統計——労働統計加工指標集——2012』によれば，大学・大学院卒の一般労働者で，新規学卒から 60 歳の定年まで働き続けた場合（退職金を除く），男性は 2 億 5180 万円，女性は 1 億 9930 万円（2009 年）である．なお，宮本（2011）では，詳細は示されていないが，2007 年時点の数値を引用しているものと推測できる．
8) 将来の職業的地位に向けての志望や達成動機（片瀬 2005）．
9)「正社員（公務員含む）」「アルバイト・パート」「契約・派遣等」「自営・家業」「失業・無職」の 5 分類．
10) 男性の場合「非正社員・専業主夫」を希望する者はどの調査時点においても少数であったので，「その他」に含めた．
11) 高卒 8 年目の結婚意向については，本書第1章 5.3(1)（46 ページ）を参照のこと．
12) 高校3年生時点に比べ高卒8年目では「仕事で成功すること」を重視しない者も増加している（詳細は本書第2章 5.2（75 ページ））．
13) 正社員，公務員，自営業主，家族従業者を「正社員」，非正社員，アルバイト，契約社員，派遣社員，請負などを「非正社員」に分類し分析した．
14) 女性の場合，高校3年生時点で家族形成志向が強い者の大学進学率は低い傾向がみられる（本書第2章 4.3（72 ページ））．大学進学以前に，人生における

仕事に対する意識がおおむね形成され，その後の仕事との関わり方に影響を与える可能性が示唆される．
15) 反対する者の割合は，一貫して増加し，2009年の調査では，男性51%，女性59%と半数を超えていたが，2012年の調査では，反対する者の割合が大幅に減少した．これが，一時的な現象であるのか，今後も注視していく必要がある．
16) 詳しくは元治・片瀬（2008: 127-128）を参照のこと．
17)「結婚しないで，仕事を続ける」，「結婚しても子どもをつくらず，仕事を続ける」，「結婚して子どもができても，仕事をつづける」の3つを「継続」，「子どもができたらいったん仕事をやめ，子どもに手がかからなくなったら仕事をはじめる」を「中断」，「仕事をせず，結婚して家庭に入る」，「結婚したら，もう仕事はしない」，「子どもができたら，もう仕事はしない」の3つを「退職」に分類した．

文献

Alexander, Karl M., Eckland, Bruce K. and Griffin, Larry J.（1975）"The Wisconsin Model of Socioeconomic Achievement: A Replication", American Journal of Sociology 81-2: 324-342.

Burke, Peter J. and Hoelter, Jon H.（1988）"Identity and Sex-race Differences in Educational and Occupational Aspiration Formation", Social Science Research 17: 29-47.

元治恵子（2007）「高校生の描く将来像――30歳時のキャリアデザイン・ライフデザイン」佐藤博樹編『厚生労働科学研究費補助金政策科学推進事業 若年者の就業行動・意識と少子高齢社会の関連に関する実証研究 平成16～18年度総合研究報告書 平成18年度 総括研究報告書』: 70-88.

元治恵子（2008）『東京大学社会科学研究所パネル調査プロジェクト ディスカッションペーパーシリーズ No.15 若年層のキャリアデザイン・ライフデザインの変化――高校在学時から高卒3年目への変化』.

元治恵子（2011）「若者の就業と結婚に関する意識――高校時代から高卒5年目への変化」『社会学研究』明星大学人文学部人間社会学科31号: 1-14.

元治恵子・片瀬一男（2008）「性別役割意識は変わったか――性差・世代差・世代間伝達」片瀬一男・海野道郎編『〈失われた時代〉の高校生の意識』有斐閣: 119-142.

濱口桂一郎・湯浅誠・宮本太郎（2011）「現役世代をどう支えるか」宮本太郎編『弱者99%社会 日本復興のための生活保障』幻冬舎: 57-88.

原みどり（2010）『若年労働力の構造と雇用問題』創成社.

林拓也（2001）「地位達成アスピレーションに関する一考察――先行研究の検討とキャリア・アスピレーション研究の展望」『東京都立大学人文学報』318

号：45-70.
林拓也（2002）「キャリア・アスピレーションの規定要因——キャリア形成期にある男性雇用者を対象として」『東京都立大学人文学報』328号：39-60.
岩永雅也（1990）「アスピレーションとその実現——母が娘に伝えるもの」岡本英雄・直井道郎編『現代日本の階層構造4　女性と社会階層』東京大学出版会，91-118.
苅谷剛彦（1986）「閉ざされた将来像——教育選抜の可視性と中学生の「自己選抜」」『教育社会学研究』第41集：96-105.
Kariya, Takehiko and James E. Rosenbaum（1987）"Self-selection in Japanese Junior High Schools: A Longitudinal Study of Student's Educational Plans", *Sociology of Education* 60：168-180.
片瀬一男（1990）「職業アスピレーションの形成——専門職志向を中心に」海野道郎・片瀬一男編『教育と社会に対する高校生の意識：第2次調査報告書』東北大学教育文化研究会：57-72.
片瀬一男（2003）「夢の行方——職業アスピレーションの変容」『人間情報学研究』第8巻：15-30.
片瀬一男（2005）『夢の行方——高校生の教育・職業アスピレーションの変容』東北大学出版会.
小杉礼子（2010）『若者と初期キャリア——「非典型」からの出発のために』勁草書房.
厚生労働省（2003）『若年者の職業生活に関する実態調査』.
厚生労働省（2016）『平成27年賃金構造基本統計調査結果の概況』．（http://www.mhlw.go.jp/toukei/itiran/roudou/chingin/kouzou/z2015/index.html）．（2016年5月1日閲覧）
耳塚寛明（1988）「職業アスピレーション——教育選抜とアスピレーションクライシス」『青年心理』No.72：30-36.
三輪哲（2007）「現代若年層におけるキャリア意識の変化——高校在学時から卒業2年後にかけてのパネルデータ分析」佐藤博樹編『厚生労働科学研究費補助金政策科学推進事業 若年者の就業行動・意識と少子高齢社会の関連に関する実証分析 平成16～18年度総合研究報告書 平成18年度 総括研究報告書』：186-201.
宮本太郎編（2011）『弱者99%社会——日本復興のための生活保障』幻冬舎.
文部科学省（2012）『学校基本調査速報』.
永瀬伸子（2002）「若年層の雇用の非正規化と結婚行動」『人口問題研究』58-2：22-35.
内閣府（2003）『平成15年版国民生活白書』.
内閣府（2012）『男女共同参画社会に関する世論調査』．（http://survey.gov-online.go.jp/h24/h24-danjo/index.html）．（2016年5月1日閲覧）

中山慶子（1985）「女性の職業アスピレーション――その背景，構成要素，ライフコースとの関連」『教育社会学研究』第40集：65-86.
中山慶子・小島秀夫（1979）「教育アスピレーションと職業アスピレーション」富永健一編『日本の階層構造』東京大学出版会，293-328.
日本経済新聞（2012a）8月28日朝刊.
日本経済新聞（2012b）9月3日朝刊.
日本労働研究機構（1996）『高卒者の初期キャリア形成と高校教育――初期職業経歴に関する追跡調査』調査研究報告書No.89.
労働政策研究・研修機構（2012）『大都市の若者の就業行動と意識の展開――「第3回若者のワークスタイル調査」から』労働政策研究報告書No.148.
Sewell, William. H., Haller, Archibald O. and Portes, Alejandro (1969) "The Educational and Early Occupational Attainment Process", American Sociological Review 34(1): 82-92.
Sewell, William. H., Haller, Archibald O. and Ohlendorf, George W. (1970) "The Educational and Early Occupational Status Attainment Process: Replication and Revision", American Sociological Review 35(6): 1014-1027.
新谷康浩（1996）「職業アスピレーションの変化――「専門職」志向を中心に」鈴木昭逸・海野道郎・片瀬一男編『教育と社会に対する高校生の意識――第3次調査報告書』東北大学教育文化研究会：109-120.
白波瀬佐和子（2010）『生き方の不平等――お互いさまの社会に向けて』岩波書店.
多賀太（2005）「ポスト青年期とジェンダー」『教育社会学研究』第76集：59-75.
太郎丸博（2009）『若年非正規雇用の社会学』大阪大学出版会.
山田昌弘編著（2010）『「婚活」現象の社会学――日本の配偶者選択のいま』東洋経済新報社.
山田昌弘・塚崎公義（2012）『家族の衰退が招く未来』東洋経済新報社.

第 5 章

分化するフリーター像
―― 共感されない非正規雇用の若者たち

山口泰史・伊藤秀樹

1. 若年非正規雇用問題の解決に向けて

1.1 若年非正規雇用者の増加はいかなる問題か

　本章の目的は,「非正規雇用を経験した若者」と「一貫して正規雇用として働いてきた若者」がそれぞれどのようなフリーター観をもっているかについて把握し,非正規雇用の待遇改善を求める声に若者の間で共感が得られるかについて検討することにある.

　ここ十数年にわたって,非正規雇用の立場にある若者の増加,そして彼ら/彼女らの生きづらさ,ライフデザインや希望の描きにくさが問題としてあげられてきた.非正規雇用者は,正規雇用者と比べて収入が低く,精一杯働いても貧しいままで,ワーキングプアと呼ばれるような状態に陥りやすい(岩田 2007 など).しかも,非正規雇用から正規雇用への移動障壁は高く,一度非正規雇用者になると正規雇用者になりにくい傾向にある(石田 2005; 本田 2006; 中澤 2011 など).その結果,彼ら/彼女らは,親元を離れて暮らすことや(とくに男性においては)結婚することが難しくなるという状況に置かれている(本巻第3章,佐藤 2011 など).正規雇用の若者と非正規雇用の若者との間で生まれる経済的格差が,生活的自立への格差や希望格差へと連鎖しているのである.

　また,非正規雇用者として働く者の増加は,長期的にみると社会全体に大きなデメリットをもたらすと考えられる.太田聰一は,若年者の雇用環境の悪化

が日本社会にもたらす問題として，人的資本レベルの低迷による将来的な経済成長の悪化，世代間の「貧困の連鎖」，少年犯罪発生率の上昇，自殺のリスクの上昇，年金制度の維持の困難，晩婚化と少子化の促進，の6点をあげている（太田 2010）．

では，なぜ非正規雇用者は増加してきたのか．そして，いかなる解決策が必要とされるのか．これまでの研究は，以下の3つの視点のもとで，これらの問いに対してアプローチしてきた．具体的に述べると，非正規雇用者となる「個人」（若者本人の意識）への視点，非正規雇用への「送り手」側（学校）への視点，非正規雇用の「受け手」（企業・社会）側への視点の3つである．

若年非正規雇用者増加の問題の検討において先陣を切ったのは，苅谷剛彦他（1997）や粒来香（1997）による「送り手」側の学校についての研究である．苅谷他（1997）や粒来（1997）は，高校と雇用者の間の「制度的リンケージ」（Kariya and Rosenbaum 1995）やメリトクラティックな「枠づけ」の弱まりが，進路多様校[1]における進路選択の遅延を促し，進学先も就職先も決まらないまま卒業する者を増加させたと指摘している．これらの研究は，「送り手」としての学校の制度面での変化によって，非正規雇用へと水路づけられる若者が増加してきたことに言及したものであった[2]．

また，2000年代前半においては，若年非正規雇用増大の原因として，若者の意識（「個人」）に目を向けた分析や考察がなされるようになった．たとえば小杉礼子（2003）は，「フリーター」を「モラトリアム型」「夢追い型」「やむを得ず型」などに分類したが，その背後には若者の意識が非正規雇用での就労に影響しているという想定がある．また，こうした研究者の議論を追い風として，若者に対する確かな根拠に立脚しているとはいえない批判言説——後藤和智（2006）の言葉を借りるなら「俗流若者論」——が，年長世代の「若者バッシング」という形で顕在化し，世に広がっていった（佐々木 2009；仁平 2009）．今でも，雑誌や新聞，さらにはインターネット上など巷間で語られる風聞レベルでは，「フリーターは意識面の問題からそのような待遇に甘んじている」という声を耳にすることがあるだろう．

しかし，若年非正規雇用者の増加の原因を「送り手」である学校や若者「個人」に求めるこれらの風潮に対し，むしろ問題は「受け手」側にあるのだと構

造的背景の問題を主張する研究も出現した．その嚆矢となる玄田有史（2001）は，若年層における就職率の低さや非正規雇用割合の拡大の原因は，雇用情勢の悪化によって企業が中高年の雇用を維持し新卒採用などを抑制してきたことにある，という分析結果を突きつけている．また，白川一郎（2005）や本田由紀（2005）などは，非正規雇用という雇用形態は正規雇用に比べて雇用保護規制が緩く解雇しやすいことから，景気の浮き沈みに対応するために非正規雇用の割合を企業が高めてきたということを指摘している．

現在，「受け手」側の問題こそが若年非正規雇用者の増加の背景として重要だとする考えは，多くの研究者に前提とされるようになっている．けれども，若年非正規雇用者の増大にまつわる問題が，「受け手」の中心に位置する，企業の積極的な行動によって改善していくと楽観視することはできない．なぜならば，非正規雇用者を増やすということが，企業にとって合理的な行動でありうるためである．企業にとって非正規雇用者は，安価な労働力であり，また景気が悪化したときには解雇や雇い止めによって容易に人件費を削減することができるという利点がある．実際に，「受け手」側の改善の必要性がここ数年にわたって指摘され続けてきたにもかかわらず，改善の兆しがみえているとは言い難い．

そこで新たに考えられつつある問題の解決策は，当事者である若者たち自身が若年労働市場の状況改善に向けて行動を起こすことである．現在は若者世代の論客からも，年長世代が既得権（正規雇用）を独占するために負の遺産（非正規雇用）が若者に押しつけられてきたのだという，「若者バッシング」への反論がなされるようになっている（仁平 2009）．そうした認識のもとで，不利を被る主体である若者たちが連帯し，既得権を独占する中高年層や高齢者に対抗していくべきだとする言説も見られる（城・小黒・高橋 2010 など）．若者全体が世代内で連帯し，自らの現在の苦境や権利を主張していけば，若年非正規雇用者の待遇改善へと進んでいくかもしれない．

だがはたして，非正規雇用の待遇を問題とする捉え方や，現状を変えていかなければならないとする考えは，若者全体に共感が得られるものなのだろうか．本章で検討したいのはその点である．

1.2 若者たちは連帯できるのか

若者における非正規雇用者の増加を当人たちの意識の問題ではなく，労働市場の問題として捉え直してきた数々の研究は，若者が現状に対する反論の声をあげるための重要な起爆剤となるものであった．しかし課題は，若者が共通の理解のもとで連帯することができるのか，ということにある．ジョーンズとウォーレス（Jones, G. and Wallace, C.）は，「若者は，歴史時間の中で年齢と位置だけで結ばれた不均一の集団」であり，それゆえ「彼らの問題は，組織化した声を持たず，実際のところ容易には自己主張することができない点にある」（Jones and Wallace 1992 = 1996: 224）と述べている．「若者」と一括りにされた人々の中には，性別，学校歴，職業経験などの面で非常に多様な人々が含まれ，それに伴い個人的経験も非常に多様であるはずである．もし，非正規雇用の人々が置かれた苦境が構造的な問題であるという認識が若者全体に波及していないのであれば，非正規雇用の待遇の改善を求める声は共感をもって受け止められず，投票や社会運動などの行動にもつながっていかないだろう．

本章では，非正規雇用者の増大の原因としてではなく，非正規雇用者の待遇の改善可能性を検討することを目的として，あらためて非正規雇用に対する若者の「意識」という問題に立ち戻る．そして，その意識は非正規雇用という働き方を経験した者とそうでない者との間で異なるかもしれないという考えに立つ．非正規雇用の経験をもつ若者たちは，自らの経験を踏まえた上で，非正規雇用という立場をどのように捉えているのか．また，一貫して正規雇用という形で働いてきた若者は，非正規雇用という立場にどのようなまなざしを向けているのか．現時点では仮説として，非正規雇用の待遇の改善に逆風になるような，以下のような2つの意識を想定することができる．

1つは，非正規雇用を経験した若者たちの「自己肯定」である．彼ら／彼女らは，「やりたいこと」や「夢」を追う生き方のために，あるいは自分自身のあり方を完全に否定してしまわないために，非正規雇用という働き方を肯定している可能性が考えられる．そして，そもそも連帯云々の前に，非正規雇用の若者自身が待遇改善を求めていないかもしれない．

これは，非正規雇用の増加が構造的な問題ではなく若者の意識の問題である，ということを意味するわけではない．本田（2005）は，若者の意識が，学校か

ら仕事への移行における正規雇用とフリーターへの分化に影響をもたらしているという前提に異を唱えている．本田によると，人は自らの置かれている客観的な状況に適合的な方向へと意識や態度を修正する傾向があるため，「フリーター」になってしまった者は「フリーター」という存在に対して肯定的な見方を支持しがちになるという[3]．

　本田の議論を踏まえると，社会構造上の問題で非正規雇用へと水路づけられたにもかかわらず，状況を肯定的にとらえ返すことで非正規雇用という働き方に事後的に満足するようになる可能性も考えられる．これは，小杉（2003）や久木元真吾（2003）が述べるような「やりたいこと」や「夢」という論理による積極的な自己肯定であるかもしれない．あるいは，少なくとも非正規雇用という働き方の存在自体は肯定するという，ささやかな自己肯定であるかもしれない．しかしいずれにしても，非正規雇用の若者たちはそうした「自己肯定」のもとで，あえて現状を変えていこうとは思わなくなる可能性がある．

　もう1つは，一貫して正規雇用として働いてきた者は，彼らの「準拠集団」（Merton 1949 = 1961）にもとづき，非正規雇用を「自己責任」の問題として捉えているかもしれない，ということである[4]．

　そもそも年長世代の若者バッシングには，中高年層が「構造上の問題で非正規雇用から抜け出せなくなる」という状況を想像できないということが，その背景の1つにあると考えられる．今の中高年層が若者であった時代には，仕事とは高校や大学を卒業してすぐに正規雇用として働き始めるものであり，一度仕事につけば何か大きな転機がない限りずっと続けるものである，という通念が支配していた[5]．加えて，正規雇用として働く中高年層の周囲には，よく似た学校歴をたどる高校・大学時代の友人や職場の同僚など，やはり正規雇用者が多いはずである．そうしたなかで，彼ら／彼女らは「正規雇用の中高年層」という準拠集団のもとで若年非正規雇用者をまなざすだろうと考えられる．彼ら／彼女らの認識枠組みのもとでは，正社員として働くことは当然のことであり，構造上の問題で非正規雇用へと流入せざるをえないという若者の現状は想像しがたい．その結果，自らと非正規雇用の若者たちとの違いの由来を意識に求めることになる．

　このような年長世代の若者バッシングを引き起こすメカニズムが，非正規雇

用を一度も経験していない若者，つまり学卒後は一貫して正規雇用で働いてきた若者にも生じている可能性も否定できない．というのも，学歴によって非正規雇用者へのなりやすさは異なるため（小杉・堀 2002 など），大卒者は自らも周囲の友人も正規雇用者ばかり，などの状況になりやすいと考えられるためである．若年層であっても，正規雇用者と非正規雇用者で，「準拠集団」が大きく異なり，それぞれからみえる「社会」が分化している可能性がある．そのため，正規雇用の若者は，非正規雇用の若者と同じように若年非正規雇用者が抱える問題を認識しているとはいいきれない．

これまで，上記の2つの仮説に関しては，実証的な検討が加えられることはなかった．そこで本章では，上記の2つの仮説についての検証に基づき，非正規雇用の待遇改善に若者全体から共感が得られるのかという点について考察していく．以下，第2節でデータと使用する変数について説明した後，第3節では先行研究で異論が唱えられていた，高校3年生時点の意識がその後の非正規雇用経験に与える影響について改めて確認しておく．続いて第4節では，非正規雇用という働き方を経験した（している）若者たちが，非正規雇用の代表例であるフリーターに対して現在どのような認識をもっているかについて，高校3年生時点と高校卒業後7年目の変化をもとに検討する．そして第5節では，一貫して正規雇用として働く若者のフリーターに対する認識の特徴を，非正規雇用を経験した若者たちの認識との差異を見ることで検討する．最後に第6節では，若者が非正規雇用に対してどのようなまなざしを向けているかについてまとめ，待遇改善を求める動きが生じる可能性について考察する．

2. データと変数

本章の分析で軸となるデータは，JLPS-H の第7波（高卒7年目，2010年11～12月実施，N=516）である．第7波を分析の軸とするのは，フリーターに対する認識（以下，フリーター観）に関する質問項目が含まれているなかで，もっとも近年に行われた調査であるためである．なお，フリーター観については第1波（高校3年生，2004年1～2月，N=7,563）でも同じ質問項目を尋ねており，高校卒業後7年間での意識の変化を確認することができる[6]．分析のなか

では，フリーター観として以下の7つの変数を用いる[7]．

- 「フリーターになると，あとあとまで不利だ」
- 「自分がやりたいことを探すためにはよいことだ」
- 「夢を実現するためにフリーターをしている人はかっこいい」
- 「フリーターもりっぱな1つの働き方だ」
- 「だれでもフリーターになるかもしれない」
- 「働き口が減っているのでしかたない」
- 「本人が無気力なせいだ」

本章では非正規雇用経験がある層におけるフリーター観の変化，さらには非正規雇用経験がある層と正規雇用経験のみの層とのフリーター観の差異（分化）を確認していく．なお，「現在非正規雇用であるか」ではなく，「非正規雇用を経験したか」という区分をあえて用いるのは，非正規雇用の境遇への理解には，現状の立場以上に，その立場に身を置いた経験こそが重要だと考えたためである[8]．以下では，「非正規経験あり」層と「正規経験のみ」層に区分して分析を進めていく[9]．

また，本章における「非正規経験あり」の区分には，フリーターと呼ばれる「パート・アルバイト」だけでなく，「派遣社員」「契約社員」などの経験も含んでいる．「派遣社員」「契約社員」など他の非正規雇用の人々も，「派遣切り」にみられるように，不安定な雇用状態にさらされる点では共通している．そのため，派遣社員や契約社員などパート・アルバイト以外の非正規雇用経験者においても，フリーターと同様の認識のもとでフリーターをまなざすと想定し，「フリーター経験」ではなく「非正規経験」を区分に用いることにした．

3. 誰が非正規雇用を経験しているのか

本節では，若者がフリーターに対してもつ認識についてみる前に，性別・学歴などの属性や高校3年生時点の意識が非正規雇用経験にもたらす影響について検討し，どのような人々が非正規雇用を経験しているのかについて示す．こ

れまで数多くの研究が非正規雇用の増加の背景にある構造的問題を指摘してきたにもかかわらず，若者の意識に非正規雇用への移行の動機を求める「若者バッシング」論はいまだ根強く存在する．そこで，本節では若者が非正規雇用へと移行する理由は本人がもつ事前の意識だけには還元できない，という知見を改めて提示しておく．

非正規雇用者の多くを占めるフリーターになりやすい属性要因としてはすでに，女性がなりやすいこと（本田 2002），学歴の低い人がなりやすいこと（小杉・堀 2002；耳塚 2002；太郎丸 2006）などが指摘されてきた[10]．また近年，進路多様校の高校生で「『夢追い』型進路形成」の傾向が強まった結果，彼らにおいて希少で就きにくい職業[11]を志望する割合が高くなっていることなどが指摘されている（荒川 2009）．そのため，従来から進路選択に影響を与える主な要因の1つとされてきた高校トラック[12]が非正規雇用を経験する可能性に与える影響も無視できない．

また，意識については，とくにフリーターについて指摘されている「やりたいこと志向」（小杉 2003 など）に加え，「進路意識の曖昧さ」（苅谷他 1997），「現在志向」（豊泉 2010），「努力より運」（苅谷他 2002）などの要因が，非正規雇用について直接指摘しているわけではないものの，相対的に不利な進路を選択する要因として指摘されてきた．

では，本章で用いるJLPS-Hのデータでは，性別・学歴・出身高校の3つの属性変数や「やりたいこと志向」「進路意識の曖昧さ」「現在志向」「努力より運」[13]の4つの意識変数は，のちの非正規雇用の経験とどのような関連をもっているのだろうか．まず図表5-1をみると，先行研究がフリーターへのなりやすさについて指摘していた通り，女性，出身高校が普通科下位校・専門高校であった者，最終学歴が高校卒の者が，非正規雇用という働き方を経験している傾向にあることがわかる．一方で，男性，出身高校が普通科上位校であった者，大卒学歴をもつ者は非正規雇用を経験しにくいということがわかる．

一方，図表5-2をみると，ここにあげた高校3年生時点の4つの意識によって，非正規雇用を経験するかどうかにほとんど差がみられないということがわかる．これまでいくつかの先行研究が示してきたように，非正規雇用の経験と「現在」の意識については関連がみられるのかもしれない（下村 2002；永吉

第5章　分化するフリーター像

図表5-1　属性別にみた非正規雇用経験者の割合

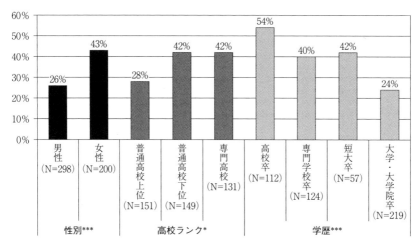

注：*** $p < 0.001$, ** $p < 0.01$, * $p < 0.05$, † $p < 0.10$

図表5-2　高校3年生時点の意識別にみた非正規雇用経験者の割合

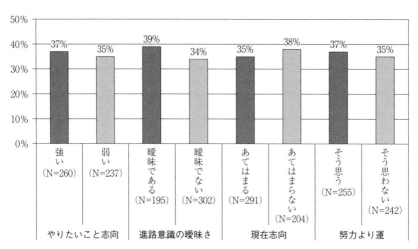

注：4つの意識のいずれにおいても，カイ2乗検定では有意差はみられなかった．

2006 など).しかしそこでみられた関連は,自らの状況に適合的な方向へと意識を変容させた結果によるものであり,「過去」(高校3年生時点)の意識は非正規雇用への参入に大きな影響をもたないのではないかと推測される.

ただし,これらの結果には,性別や学歴の影響が背後にある擬似相関なのではないか,という疑問がありうる.たとえば,大学卒の者が高校卒の者や専門学校・短大卒業者よりも非正規雇用を経験しにくいのは,前者に男性が多く,後者に女性が多いことから生じるみせかけの関連であるかもしれない.そこで,このようなみせかけの関連を除く各変数独自の非正規経験の有無に対する影響を検証するために,「非正規経験あり」を従属変数とした2項ロジスティック回帰分析をおこない,結果を図表5-3に示した.これは,上で述べたように,①先にあげた属性変数と非正規経験との関連が他の変数を統制した上でもみられるか,②意識変数は他の変数を統制しても有意にならないか,という2点について確認するためのものである.

図表5-3 「非正規経験あり」を従属変数とした2項ロジスティック回帰分析

		B	Exp(B)
性別	女性	0.688	1.989 **
出身高校	普通科上位校	−0.154	0.858
	専門高校	0.157	1.170
	(基準:普通科下位校)		
学歴	高校卒	1.267	3.548 ***
	専門学校卒	0.770	2.159 **
	短大卒	0.581	1.788
	(基準:大卒・大学院卒)		
意識(高卒時)	やりたいこと志向	0.102	1.108
	進路意識の曖昧さ	0.460	1.584 *
	現在志向	−0.268	0.765
	努力より運	0.245	1.278
	(定数)	−1.953	0.142 **
	−2対数尤度	519.174	
	Cox & Snell R^2	0.092	
	Nagelkerke R^2	0.125	
	N	424	

注:*** $p < 0.001$,** $p < 0.01$,* $p < 0.05$,† $p < 0.10$

この分析結果からわかるのは,図表5-1,図表5-2でみてきたとおり,性別や学歴などの属性変数が非正規雇用の経験しやすさに影響する一方で,それ

に比べて意識変数の影響は大きいとはいえないということである．

　女性は，男性よりも約2倍，非正規雇用という働き方を経験しやすい．また，最終学歴が大卒・大学院卒である者に比べて，高校卒の場合は約3.5倍，専門学校卒の場合は約2倍，非正規雇用という働き方を経験しやすい．図表5-1では有意な差異がみられた出身高校ランクは，ここでは非正規雇用経験の有無には有意に影響していないが，これは出身高校ランクが最終学歴を通して，非正規雇用の経験しやすさに影響しているためだと考えられる．

　意識変数では，高校時点で進路意識が曖昧であった場合，非正規雇用という働き方を経験しやすいことがわかる．しかし，「やりたいこと志向」や「現在志向」，「努力より運」意識については，非正規雇用の経験しやすさに影響を与えているとはいえない．

　このように，2項ロジスティック回帰分析を用いて，非正規雇用という働き方を経験する確率に対する各変数独自の影響をみても，その結果は図表5-1や図表5-2で示した傾向とかなり近いものであった．先行研究において示されているとおり，性別や学歴などの属性変数の影響は大きく，男性よりも女性の方が，また大学卒業者よりも高校卒・専門学校卒の人の方が非正規雇用という働き方を経験しやすい．一方で高校3年生時点の意識は，進路意識の曖昧さのみが，非正規雇用を経験する確率を若干高める程度である．非正規雇用への移行は，本人がもっていた意識ではなく，性別や学歴といった意識の外にある問題に構造的に規定されている部分が大きいと考えることができる．

4．非正規雇用経験者は「自己肯定」をしているのか

　第3節では，非正規雇用という働き方を経験する可能性に対して，性別や学歴などの属性要因が明確に影響を及ぼしている一方で，高校3年生時点の意識が強く影響しているとは言い難いことを明らかにした．しかし，非正規雇用経験が高校3年生時点の意識に規定されていなかったからといって，非正規雇用経験をもつ者が，現時点においてフリーターという存在を「やりたいこと」や「夢」といった論理などによって肯定的に意味づけていないとは限らない．本田（2005）などが指摘するように，事後的に「やりたいこと」や「夢」のよう

な論理を持ち出したり，あるいは少なくとも非正規雇用という存在を肯定したりすることで，自己肯定をおこなっているかもしれない．そこで本節では，非正規雇用経験がある層におけるフリーター観の分布が，高校3年生時点と高卒7年目時点でどのように変化しているのかについて検討する．彼ら／彼女らは高校3年生時点において，フリーターに対してどのようなまなざしを向けており，その後非正規雇用という相対的に不安定で待遇のよくない立場を経験することによって，フリーターへのまなざしがどのように変化したのだろうか．

　フリーター観の項目のうち，フリーターへの肯定意識について尋ねた4項目について，非正規経験あり層のみに絞り，高校3年生と高卒7年目の時点で「そう思う」と回答した割合の分布をあわせて示したものが図表5-4である．この図表からまずわかるのは，高校卒業後7年間で，「フリーターになると，あとあとまで不利だ」と認識している割合が10ポイント以上も増加しているということである．そして，高卒7年目では4分の3以上の者が，フリーターが抱える将来的な不利を認識している状態にある．非正規経験をもつ者たちは，自らの非正規雇用の経験に基づいて，フリーターが置かれている苦境を認識す

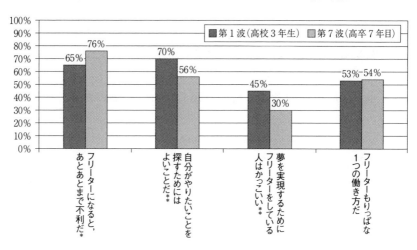

図表5-4　非正規雇用経験あり層におけるフリーター観の変化

注1：各質問の後ろにあるマークは，第1波の割合と第7波の割合の差が統計的に有意であることをあらわす．
　2：*** $p<0.001$，** $p<0.01$，* $p<0.05$，† $p<0.10$

るようになっているという様子がみえてくる.

　同時に,「やりたいこと」や「夢」といった論理によって「加熱」されたフリーターに対する肯定的な意識は,高校卒業後7年間で「冷却」されている.「自分がやりたいことを探すためにはよいことだ」「夢を実現するためにフリーターをしている人はかっこいい」という項目を肯定する割合は7年間で14～15ポイント低下し,その差はともに1%水準で統計的に有意である.非正規雇用を経験した者たちは,非正規雇用として働くことの不利を実感することで,高校生のときのように「やりたいこと」や「夢」という言葉のもとにフリーターという働き方を肯定することができなくなっていると考えることができる.

　ただし,フリーターに対する肯定的な認識がすべて冷却されているわけではない.フリーターに対する肯定的な見方のなかでも,「フリーターもりっぱな1つの働き方だ」という認識は,高校3年生時点の割合を保ち続けていることがわかる.これは,本田(2005)などが指摘するように,自らの状況に適合的な方向へと意識を変容させている結果だと考えられる.非正規雇用を経験した者たちは,フリーターを取り巻く環境が高校3年生時点に想像していたものよりも厳しいことに気づき,「やりたいこと」や「夢」という言葉では肯定しにくくなっている.しかし彼ら／彼女らは,自らが経験した(あるいは現にその状態にある)非正規雇用の仕事を最低限肯定し,自らは立派な仕事をやっている(いた)のだという認識を保ち続けることで,自らの尊厳を支えようとしているのではないだろうか.

　このように,非正規雇用を経験したことのある人々は,フリーターが置かれる立場の不利を認識し,かつてフリーターへの肯定を積極的に促してきた「やりたいこと」や「夢」といった論理ではフリーターを肯定しなくなってきている.その代わりに,フリーターは立派な働き方だという自己肯定の論理は,高校3年生時点から冷却されず維持されている.

　若者の間ではフリーターが「やりたいこと」や「夢」という論理によって肯定されているということは,「俗流若者論」(後藤2006)に限らず,小杉(2003)や久木元(2003)など,研究者によっても指摘されてきたことである.しかし,本データの非正規雇用経験者においては,このような意識は高校3年生時点に比べて大きく弱まっている.その一方で,フリーターという働き方への肯定は

一定の割合を保っている．彼ら／彼女らは，積極的にフリーターを肯定することはないにせよ，最低限フリーターを肯定するという形で，ささやかに「自己肯定」をおこなっていると考えられる[14]．

5. フリーター観は若者の間で分化しているのか

　第4節においてわかったのは，非正規雇用を経験したことのある若者は，フリーターを立派な働き方であると認めることで，ささやかな自己肯定をおこなっているということであった．この節では，若者のフリーター観について，一貫して正規雇用者として働いてきた人々と非正規雇用を経験したことのある若者を対比させる形で検討をおこなう．第1節で述べたように「準拠集団」が異なる両者では，フリーター観は実際に異なっているのだろうか．そして，異なっているとすれば，どのように異なっており，それは若年非正規雇用者の増加に対する若者の改善行動に対して，どのような意味をもつのだろうか．

　正規経験のみ層と非正規経験あり層のそれぞれについて，フリーター観に関する7項目に対し「そう思う」と回答した割合が，高校3年生と高卒7年目の時点でどのように変化したのかについてみたものが，図表5-5・5-6である．

　図表5-5は，フリーターを肯定的に捉えているかどうかについて確認した4項目の分布について示したものである．「フリーターになると，あとあとまで不利だ」という項目について確認すると，「そう思う」の割合が非正規経験あり層では7年間で10ポイント近く増加したにもかかわらず，正規経験のみ層ではほとんど変化がない．とはいえ，高卒7年目の時点で7割強の人々が「そう思う」と回答しており，非正規経験あり層の回答との間に有意差はみられない．フリーターが直面する将来の不利についての認識は，両者の多くの人々に共有されているものだと考えてよいだろう．

　次に，「自分がやりたいことを探すためにはよいことだ」「夢を実現するためにフリーターをしている人はかっこいい」という2つの項目について検討しておきたい．前節では，非正規経験あり層において，フリーターに「やりたいこと」や「夢」を重ね合わせて肯定する意識が大きく低下していることを示した．そして，図表5-5をみると，正規経験のみ層においても，そうした意識が低

第5章　分化するフリーター像

図表 5-5　正規経験のみ層と非正規経験あり層におけるフリーター観①

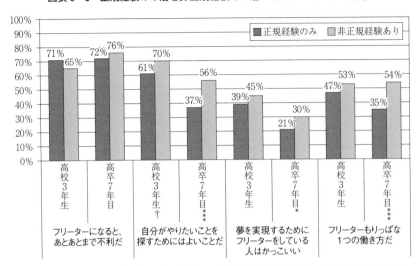

注1：「高校3年時」と「高卒7年目」の後ろにあるマークは，「正規経験のみ」層と「非正規経験あり」層の割合の差が統計的に有意であることをあらわす．
　2：*** $p < 0.001$，** $p < 0.01$，* $p < 0.05$，† $p < 0.10$

図表 5-6　正規経験のみ層と非正規経験あり層におけるフリーター観②

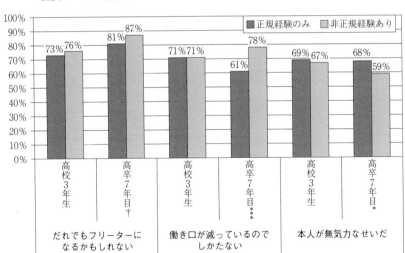

注1：「高校3年時」と「高卒7年目」の後ろにあるマークは，「正規経験のみ」層と「非正規経験あり」層の割合の差が統計的に有意であることをあらわす．
　2：*** $p < 0.001$，** $p < 0.01$，* $p < 0.05$，† $p < 0.10$

下していることがわかる．そして，正規経験のみ層においては非正規経験あり層よりも割合の低下幅が大きく，両者において意識差が広がっている傾向がうかがえる．

また，「フリーターもりっぱな1つの働き方だ」という認識は，非正規経験あり層では高校3年生の時点から「そう思う」の割合が変化していないのに対し，正規経験のみ層では10ポイント以上低下している．非正規経験をもつ者たちがフリーターを立派な働き方だと捉えることで自らの立場を肯定する一方で，正規経験のみ層にはその認識は共有されていない．正規経験のみ層は非正規経験あり層に比べて，フリーターという立場により冷ややかな視線を向けていると考えることができるだろう．

次に，誰がフリーターになるのかについての認識を，図表5-6をもとに確認していく．まず，「だれでもフリーターになるかもしれない」という認識については，正規経験のみ層と非正規経験あり層で10％水準ながら有意差がみられる．ただし，正規経験のみ層においても8割以上が「そう思う」と回答しており，フリーターという働き方が誰にでも到来しうるリスクであるという認識は，若者全体に広範にもたれているといえるだろう．

「働き口が減っているのでしかたない」「本人が無気力なせいだ」という2つの項目については，正規経験のみ層と非正規経験あり層の回答の間に明確な差異がみられる．「働き口が減っているのでしかたない」という認識について，正規経験のみ層では，高卒7年目では高校3年生時点に比べ「そう思う」の割合が約10ポイント減少している．これは，非正規経験あり層で「そう思う」の割合が増加しているのと正反対の変化であり，高校3年生時点ではみられなかった両者の「そう思う」の差が，高卒7年目では17ポイントも開いている（0.1％水準で有意）．また，「本人が無気力なせいだ」について，非正規経験あり層では「そう思う」と回答した割合が減少したのに対し，正規経験のみ層では高校卒業後7年間で割合の変化はみられない．そのため，高校3年生時点ではほとんどみられなかった両者の肯定割合の差は，高卒7年目では有意な差となっている（5％水準で有意）．そして，正規経験のみ層では「本人が無気力なせいだ」と認識する者の方が「働き口が減っているのでしかたない」と認識する者より多く，非正規経験あり層とは正反対の傾向となっている．フリーター

となる理由については，非正規経験あり層が働き口の少なさという労働市場の構造的な問題を強く意識しているのに対し，正規経験のみ層は，本人の無気力さのせいだと考える割合の方が高く，フリーターになることの背景についての両者の認識には大きな隔たりがあることがわかる．

　一貫して正規雇用として働いてきた人々は，非正規雇用経験をもつ人々と同様に，その多くがフリーターになることによる将来的な不利を認識している．また，高校生の頃に抱いていた「やりたいこと」や「夢」という論理に基づくフリーターへの肯定的なイメージも，高校卒業後の7年間で手放している．そして，正規経験のみ層は，誰でもフリーターになりうるとは認識しながらも，フリーターは立派な働き方でないと考えている．そしてフリーターになる理由として，構造的な問題もありうるが，それ以上に本人の「無気力」といった意識要因によるところが大きいと考えている傾向にある．

　高卒7年目時点で非正規雇用経験をもつ人々にとって，多くの若者たちがフリーターへと水路づけられていく現在の労働市場は問題であると認識されており，改善の対象としてのまなざしが向けられるものである．しかし，正規雇用という働き方を続けてきた人々にとっては，フリーターであるということは個人の意識や（非）努力の帰結として捉えられる傾向にある．フリーターは非難のまなざしが向けられる対象であって，必ずしも彼ら／彼女らの置かれた環境の厳しさに共感する対象ではないと考えている様子が読み取れる．

　そして，正規経験のみ層と非正規経験あり層にみられるこうしたフリーター観の差異は，高校3年生時点では決して大きかったわけではない．フリーター観に関する7項目のうち，高校3年生時点で両者に有意差がみられたのは「自分がやりたいことを探すためにはよいことだ」の1項目のみであり，残りの6項目では有意差はみられなかった．フリーターに向けられるまなざしは，高校卒業後に「非正規雇用者」または「正規雇用者」という準拠集団を獲得したことによって分化している，と考えることができよう[15]．

6. 閉じ込められる非正規雇用の若者たち

　本章では，若年非正規雇用者の多くを占めるフリーターに対して，若者たち

自身がいかなる認識をもっているか，また非正規雇用の経験の有無でその認識に差異が生じているかについて，以下のことを明らかにしてきた．

まず，本章の分析からは，高校3年生時点の「やりたいこと志向」や「現在志向」などの意識が非正規雇用への参入を強く促しているという状況はみられなかった．むしろ非正規雇用への参入は，高校3年生時点の「意識」よりも，性別や学歴といった属性要因のような構造的な背景の影響の方がはるかに大きいと考えることができる．

また，非正規雇用という働き方を経験したことのある人々の間では，フリーターであることによる将来の不利が認識され，「やりたいこと」や「夢」という論理によるフリーターへの肯定的な認識は強く冷却されていた．ただし，フリーターは立派な1つの働き方であるとするささやかな自己肯定をおこなっている様子もうかがえた．

一方で，一貫して正規雇用として働いてきた若者たちのフリーター観を，非正規雇用を経験したことのある若者たちと対比させてみると，そこにおける差異はけっして小さくないことがわかった．一貫して正規雇用という立場で働いてきた者たちにおいても，フリーターの将来的な不利は認識されている．また，高校生の頃に抱いていた「やりたいこと」や「夢」といった肯定的なフリーター観は，社会に出たあとに強く冷却されていた．そして，誰でもフリーターになりうるというリスクについても，多くの人々が認めていた．しかし，非正規雇用経験者がフリーターになるということを，働き口の少なさといった労働市場の問題としてとらえる傾向にある一方で，正規雇用として働き続けてきた若者たちは，フリーターになるということをその人自身の「無気力」の結果であるとして，自己責任論的に考え，労働市場の構造問題として捉えない傾向にあることがわかった．なお，両者における高校3年生時点でのフリーター観の差異は決して大きいとはいえない．そのため，フリーター観の差異はその大部分が，高校卒業後の7年間のうちに獲得された「準拠集団」に基づいて分化したものだと考えられる．

以上の知見を踏まえると，非正規雇用の待遇改善を求める声は若者全体に共感が得られ，実際に改善のための行動につながりうるかという冒頭の問いについては，現時点では難しいと答えざるをえないだろう．

第5章 分化するフリーター像

　非正規雇用という働き方を経験したことのある若者は,「やりたいこと」や「夢」という論理を持ち出すことは多くないものの,それでもフリーターという働き方を立派なものだと考えることによってささやかな自己肯定をおこなっている.こうしたささやかな自己肯定は,彼ら／彼女の尊厳を支えるものとなるが,一方で現在の待遇への憤りを冷却させる効果を併せもつ可能性もある.

　また,非正規雇用を経験したことのある若者は,構造的に非正規雇用へと押しやられる状況を認識する傾向にある一方で,一貫して正規雇用という立場で働き続けてきた若者ではそうした認識は弱い.むしろ彼ら／彼女らは,高校卒業後に獲得した「準拠集団」の違いによって,フリーターへの流入は自己責任であると考えるようになる.第3節では,学歴や性別によって非正規雇用という働き方を経験する可能性が異なることを確認したが,これは,非正規雇用者の周りには非正規雇用者が多く,正規雇用者の周りには正規雇用者が多いということを意味する.その結果,正規雇用者には非正規雇用者の苦境がみえず,共感することも難しいのではないだろうか.

　なお,本章の知見からは,非正規雇用の若者たちの苦境が当人たちにしかわからないものとして閉じ込められた結果,若者の間の格差が拡大していくという可能性も浮かび上がってくる.正規雇用の若者と非正規雇用の若者との間で生まれる若者間の経済的な格差は,生活的自立の格差や希望格差へと連鎖していくが,そうした連鎖の鎖がより強固なものになっていくことも推察される.

　若者にとっての,このような八方塞がりの状況をどのように改善していけばよいのか,その問いに対する答えを本章の分析のみから導くのは難しい.この状況を紐解いていく鍵は,他者の介在や労働以外のイシューによって若者を団結させていくことであるのか,あるいは教育などの制度を通じた個々の若者における適応や抵抗の形成であるのか,それともこの状況を変えていかなくとも若者は幸福でありうるのか.それらについて実証分析をもとに考察していくことは,今後の課題である.

注

1）進路多様校とは,80年代以降に,普通科における進学以外の進路の広がりを反映して,「非進学校」の代わりに用いられるようになった,「原則として普通科の高校階層構造の中位から下位に位置する高校を指す」概念である（苅谷

他 1997: 53).
2）当時の研究上の文脈や研究の意図については，本巻序章を参照されたい．
3）なお，非正規雇用の経験と「現在の」意識についての関連を指摘している先行研究のなかにも，同様の示唆をおこなっているものがある（下村 2002；永吉 2006 など）．たとえば下村英雄（2002）は，フリーターの職業意識の形成過程を検討し，彼ら／彼女らの「やりたいこと」志向の強さを指摘している．そして，彼ら／彼女らはその志向性のためにフリーターという進路を選択したというよりも，「『良い』仕事が少なくなった」という社会背景のもとで，「それでも積極的に進路選択をしようとした結果，主観的な選択基準を過度に強調せざるを得なくなった」のだと解釈している（下村 2002: 98）．
4）「準拠集団」とは，マートン（Merton, R. K.）が用いた概念で，人々が自己評価や規範意識・態度形成をおこなう際に，その判断の基準・立脚点とする集団のことである（Merton 1949 = 1961）．
5）本田（2005）が指摘するように，「教育から職業への移行」は，少なくとも 1980 年代までは，高校が企業推薦枠によって生徒の就職を管理する「学校経由の就職」（苅谷 1991）などの形を含め，一定の働きをなしていた．また，終身雇用制度がとられている企業も多かった（仁田・久本編 2008）．ただし，上記の点は中小企業にはあてはまらない場合も多かったことも指摘されている（野村 1994）．
6）第 1 波の分析の際は，用いるサンプルの整合性を鑑み，第 7 波の回答者（N=516）に限定しておこなう．
7）「とてもそう思う」「まあそう思う」「あまりそう思わない」「まったくそう思わない」の 4 つの選択肢で尋ねており，分析上は，前 2 者（「とてもそう思う」「まあそう思う」）をまとめて，肯定の割合として用いている．
8）現に，高卒 7 年目に正規雇用であるか，非正規雇用であるかということよりも，本章で用いる区分でみたほうが，より明確な差が観察された．
9）この区分を用いるために，第 1 波・第 7 波に加え，第 2 波〜第 6 波までのすべての回を参照して再コードをおこなった．具体的な方法としては，第 2 波〜第 7 波の各回における現在の雇用・在学状況において，「第 7 波で『正社員・公務員』と回答しているか，『正社員・公務員』だと想定されるもののうち，他の回で 1 度も『非正社員』『自営業主』『家族従業者』『病気療養中』『家にいる』『特に何もしていない』との回答がないもの」を「正規経験のみ」とした．また，「各回において，少なくとも 1 回は『非正社員』と回答したもの」を「非正規経験あり」とした．なお，「自営業主」「家族従業者」を正規雇用に含めるかについては議論の余地があるが，本データにおいて，「自営業主」「家族従業者」との回答があった 6 ケースのうち，5 ケースには非正規雇用の経験があったため，「非正規経験あり」に含めた．残り 1 ケースは，分析から除外した．

10) なお，出身階層が低いことも，フリーターへのなりやすさを高めることが指摘されている（太郎丸 2006；小林 2011）．しかし，石田浩（2005）などの反証もあり，非正規雇用全体にあてはめられるものではない．なお本章では，第1波が学校通しの調査であるため出身階層について尋ねる質問項目を入れなかったという経緯から，出身階層に関する分析はおこなえていない．
11) 荒川葉（2009）はこのような職業について，人気（Attractive）・稀少（Scare）・学歴不問（Uncredentialized）の頭文字をとり，「ASUC職業」と名付けている．そして，「その職業（筆者注：*ASUC職業*）を目指して学歴をつけておかなかった場合，違った職業に就きにくくなる．つまり，フリーターやニートになってしまう確率が，限りなく高くなってしまう」と指摘している（荒川 2009：はじめに）．
12) 藤田英典（1980）は，「複線型学校システムのように法制的に生徒の進路を限定することはないにしても，実質的にはどのコースに入るかによってその後の進路選択の機会と範囲が限定されること」（藤田 1980：118）を，ローゼンバウム（Rosenbaum 1975）の言葉を借りて「トラッキング」として指摘した．高校トラックとは，ここでいう「その後の進路選択の機会と範囲が限定される」コースのことであり，日本の研究の文脈では，進学校・進路多様校といった高校間格差を示すことが多い．
13)「やりたいこと志向」については「若いうちはやりたくない仕事にはつきたくない」，「進路意識の曖昧さ」については「自分の進路について今でも悩んでいる」，「現在志向」については「将来よりも今の生活を楽しみたいと思う」，「努力より運」については「成功するためには，努力より運が重要だと思う」という設問を用いている．それぞれ「とてもあてはまる」「ややあてはまる」「あまりあてはまらない」「まったくあてはまらない」の4つの選択肢で尋ね，前2者と後2者にまとめ，図表5-2では意味を取りやすいよう表記の仕方を変更している．なお，2項ロジスティック回帰分析に投入する際は，前2者を「1」，後2者を「0」としたダミー変数の形で用いている．
14) 太郎丸博（2009）や本田（2002）における性別分業意識・ジェンダーとフリーターの関係性についての指摘を鑑みると，フリーター観の変化は性別で統制しても一定のものなのかについて検討する必要があると考えられる．そのため，本文中では触れていないものの，男女に分けて非正規経験あり層におけるフリーター観の変化を確認した．すると，高校3年生・高卒7年目のそれぞれの時点で，フリーター観の分布自体は男女で大きく異なるものの，高校3年生時点から高卒7年目に向けての変化の傾向は男女間でほぼ一致していた．女性のほうがフリーターという存在を肯定的にとらえているという点で，男女間のフリーター観の差は大きい．しかし，高校3年生時点から高卒7年目へのフリーター観の変化は男女に共通の形で生じており，「女性では男性よりも変化が大きい」「男性は変化するが，女性は変化しない」などのような性別と時系列変化

の交互作用はさほどみられない.
15) 第4節注14) と同様に,第5節における分析についても性別による違いがみられないかどうか,検討をおこなった. 第4節と同様,正規経験のみ層・非正規経験あり層ともに,男女の意識の分布自体は大きく異なっているものの,高校3年生時点から高卒7年目に向けての変化の向きは男女間で違いはみられなかった. 女性は,高校3年生時点ではフリーターを肯定する意識が男性に比べて強い傾向にあるが,高卒7年目にかけて,男性よりもフリーターを肯定する意識がより急激に弱まり,高卒7年目では男女間の差が小さい,あるいはほとんどない状態であった.

文献

荒川葉 (2009)『「夢追い」型進路形成の功罪——高校改革の社会学』東信堂.

藤田英典 (1980)「進路選択のメカニズム」天野郁夫・山村健編『青年期の進路選択』有斐閣: 105-129.

玄田有史 (2001)『仕事のなかの曖昧な不安——揺れる若年の現在』中央公論新社.

後藤和智 (2006)「『言説』——『ニート』論を検証する」本田由紀・内藤朝雄・後藤和智『「ニート」って言うな!』光文社: 219-308.

本田由紀 (2002)「ジェンダーという観点から見たフリーター」小杉礼子編『自由の代償/フリーター——現代若者の就業意識と行動』日本労働研究機構: 149-74.

本田由紀 (2005)『若者と仕事——「学校経由の就職」を超えて』東京大学出版会.

本田由紀 (2006)「『現実』——『ニート』論という奇妙な幻影」本田由紀・内藤朝雄・後藤和智『「ニート」って言うな!』光文社: 15-112.

岩田正美 (2007)『現代の貧困——ワーキングプア/ホームレス/生活保護』筑摩書房.

石田浩 (2005)「後期青年期と階層・労働市場」『教育社会学研究』76: 41-57.

城繁幸・小黒一正・高橋良平 (2010)『世代間格差ってなんだ——若者はなぜ損をするのか?』PHP研究所.

Jones, G. and Wallace, C. (1992) *Youth, Family and Citizenship*, Buckingham, Open University Press. = (1996) 宮本みち子監訳・鈴木宏訳『若者はなぜ大人になれないのか——家族・国家・シティズンシップ』新評論.

苅谷剛彦 (1991)『学校・職業・選抜の社会学——高卒就職の日本的メカニズム』東京大学出版会.

Kariya, T. and Rosenbaum J. E. (1995) "Institutional Linkage between Education and Work as Quasi-Internal Labor Market", Research in Social Stratification and Mobility 14 (2): 99-134.

苅谷剛彦・粒来香・長須正明・稲田雅也 (1997)「進路未決定の構造——高卒進

路未決定者の析出メカニズムに関する実証的研究」『東京大学大学院教育学研究科紀要』37: 45-76.
苅谷剛彦・濱中義隆・大島真夫・林未央・千葉勝吾（2002）「大都市圏高校生の進路意識と行動：普通科・進路多様校での生徒調査をもとに」『東京大学大学院教育学研究科紀要』42: 33-63.
小林大祐（2011）「『フリーター』のタイプと出身階層」『理論と方法』26(2): 287-302.
小杉礼子（2003）『フリーターという生き方』勁草書房．
小杉礼子・堀有喜衣（2002）「若者の労働市場の変化とフリーター」小杉礼子編『自由の代償／フリーター――現代若者の就業意識と行動』日本労働研究機構: 15-35.
久木元真吾（2003）「やりたいことという論理――フリーターの語りとその意図せざる帰結」『ソシオロジ』48(2): 73-89.
Merton, R. K.（1949）*Social Theory and Social Structure*, New York, Free Press. =（1961）森東吾・森好夫・金沢実・中島竜太郎共訳『社会理論と社会構造』みすず書房．
耳塚寛明（2002）「誰がフリーターになるのか――社会階層的背景の検討」小杉礼子編『自由の代償／フリーター――現代若者の就業意識と行動』日本労働研究機構: 133-148.
永吉希久子（2006）「フリーターの自己評価――フリーターは幸せか」太郎丸博編『フリーターとニートの社会学』世界思想社: 121-143.
中澤渉（2011）「分断化される若年労働市場」佐藤嘉倫・尾嶋史章編『現代の階層社会1――格差と多様性』東京大学出版会: 51-64.
仁平典宏（2009）「世代論を編み直すために――社会・承認・自由」湯浅誠・富樫匡孝・上間陽子・仁平典宏編『若者と貧困――いま，ここからの希望を』明石書店: 204-246.
仁田道夫・久本憲夫編（2008）『日本的雇用システム』ナカニシヤ出版．
野村正實（1994）『終身雇用』岩波書店．
太田聰一（2010）『若年者就業の経済学』日本経済新聞出版社．
Rosenbaum, J. E.（1975）"The Stratification of Socialization Processes", American Sociological Review 40: 48-54.
佐々木隆治（2009）「『若者論』批判の陥穽――『世代』と『承認』をめぐって」湯浅誠・富樫匡孝・上間陽子・仁平典宏編『若者と貧困――いま，ここからの希望を』明石書店: 182-201.
佐藤香（2011）「学校から職業への移行とライフチャンス」佐藤嘉倫・尾嶋史章編『現代の階層社会1――格差と多様性』東京大学出版会: 65-79.
下村英雄（2002）「フリーターの職業意識とその形成過程――「やりたいこと」志向の虚実」小杉礼子編『自由の代償／フリーター――現代若者の就業意識と

行動』日本労働研究機構: 75-99.
白川一郎（2005）『日本のニート・世界のフリーター──欧米の経験に学ぶ』中央公論新社.
太郎丸博（2006）「社会移動とフリーター」太郎丸博編『フリーターとニートの社会学』世界思想社: 30-48.
太郎丸博（2009）『若年非正規雇用の社会学──階層・ジェンダー・グローバル化』大阪大学出版会.
豊泉周治（2010）『若者のための社会学──希望の足場をかける』はるか書房.
粒来香（1997）「高卒無業者層の研究」『教育社会学研究』61: 185-209.

第 6 章

投票に行く若者は誰か
―― 雇用形態・不公平感と投票行動

長尾由希子

1. 雇用形態の違いと社会参加のひとつとしての投票行動

1.1 雇用形態による格差問題

　総務省『労働力調査』によれば，役員をのぞく労働者のうち非正規雇用労働者の割合は，1990年2月に初めて2割を超え，2012年1〜3月平均では35%を超えた．今やはたらく人の3人に1人以上が非正規雇用労働者である．
　粒来香（1997）や小杉礼子ら（2002）を嚆矢とし，これまで数多くの調査研究によって，無業者やフリーター・派遣などの非正規雇用，「正社員」とは異なる生き方やはたらき方にともなう問題が指摘されてきた．くわしくは序章や第5章でも整理されている通りである．もちろん無業者と非正規雇用労働者は異なるものであるが，「正社員」と「正社員ではない人々」（無職・非正規など）のあいだに大きな溝があることが注目されているのである．「正社員ではない人々」のリスクや課題に関連する調査研究や言説は数多く蓄積されており，こんにちでは雇用形態による格差の存在は，なかば常識と化している．
　それにともない，問題の焦点も変化してきた．当初は経済的格差が中心的なテーマであったが，しだいにライフイベントにおける疎外などが強調されるようになってきた（山田 2009 など）．これまでの日本社会自体が職務に定めがなく会社の一員としての性格が強い「正社員」というあり方を前提に営まれてきたため（濱口 2009, 2011），現在では正社員ではないことによる複合的な問題が

生じているのである．たとえば正規雇用からの排除は，経済的格差にとどまらず，正規雇用を前提にした社会福祉制度などからの排除も意味する（湯浅 2008；今野 2011 など）．また，雇用形態による格差のために，若者世代が一枚岩ではなくなっているとの指摘もある（宮本・小杉編著 2011 など）．

ただ，厳密にいえば若者世代は従来から一枚岩であったわけではない．これまでにも大卒と非大卒の格差・分断が存在し，社会階層論を中心に数多くの学術的研究が蓄積されてきた．そこでは学歴間の格差や学歴・学校を媒介した職業間の格差が中心的なテーマであった．それに加えて 1990 年代後半以降，雇用形態による格差もクローズアップされるようになったのである．かつて非正規雇用労働者の主流は主婦パートや学生が中心であったため，その社会制度上の不利益は戸主や保護者によって吸収され大きな問題として認識されにくかったが[1]，非正規雇用で生計を立てざるをえない層が増えた．そのため，雇用形態の違いが学歴の格差の上に重層的にのしかかるようになった．

さらに本章では，雇用形態の違いを，不公平への感度や社会参加のあり方も変えるものとして注目する．社会参加とは，ここでは選挙における投票行動を指す．雇用形態による格差があるという考えは広く共有されているが，果たして若者自身がそれを当事者として認識し，さらには異議申し立て行動を起こしているかどうかは別の問題であるためである．

1.2　若者の投票行動をあつかう意味

ここで投票行動というと，唐突に思われるかもしれない．投票行動についての研究がさかんな政治学や経済学などとは異なり，教育社会学などにおいて政治的行動があつかわれることが多くないというだけではなく，とくに若年層では投票に行かない者のほうが多数派である．

しかし現実として，私たちは各自の投票／棄権行動によって特定の政治家を当選させ，その政治家による施策を受け入れてきたといえる．雇用形態による格差も，違法な企業活動が野放しにされた結果というよりも，民主主義における正当な手続きにのっとって，労働者派遣法の整備以降，法改正などを経て段階的に拡大してきたことによる部分が大きい．小泉内閣の掲げた規制緩和も社会的不利益層にとってさらに不利益を増す要素をふくんでいた．安倍内閣によ

るアベノミクスが向かう方向も格差拡大が懸念されている．結果としてふりかえれば，社会的不利益層にとって厳しい政策をおこなう政治家・政党が民意により選ばれてきたことになる．

　こう考えると，投票行動はあらためて重要性をもっている．もし特定の層しか投票に参加しなければ，政党はその層に支持されそうな政策のみを掲げ，得票率を上げようとする．これは地方の特定の職業集団を強固な支持母体とした，かつての政党政治のあり方に典型的であるが，そのような時代に逆戻りするのは国民にとっては好ましくないことであろう．また，財政緊縮で事実上，日本でも小さな政府化が進むなか，制度的なセーフティネットのあり方は議論の対象となりつづけており，政策上，社会的不利益層は，より不利益を被りやすい存在になっているといえよう．誰に／どの党に投票するか以前に，そもそも投票行動自体から降りるのは，結果によって自ら社会的排除を享受するにひとしい事態になりかねない．社会的不利益層がみずからもっとも手軽にできる意思表示や政治参加のひとつが，投票行動であるといえる．

　生涯にわたって政治的態度や関心を形成していく過程を「政治的社会化」というが，政治学では若者の政治的社会化に関する研究蓄積はほとんどみられないという（井田 2004: 1131-1132）．教育社会学においても，自立や社会化，社会参加というとき，政治的リテラシーに関することがらはほとんど念頭におかれてこなかった．しかし，上述のように政治が暮らしや仕事におよぼす影響力を考えると，政治的社会化という考え方は重要であり，また，パネルデータの利点をいかす分析視角であるといえよう．

　本章では，雇用形態の違いを，若者の経済状況における格差をもたらすだけではなく，不公平に対する感度を変え，社会への参加や関心のあり方をも変えるものとして注目する[2]．具体的には第6波（2009年10月調査実施）をもちいて，雇用形態別の不公平感の規定要因と，投票／棄権の規定要因を検討する．

　2009年8月には第45回衆議院議員総選挙がおこなわれ，歴史的な政権交代がおきた．直後に実施した第6波では，同選挙と種々の不公平に関する質問項目を設けており，これがJLPS-Hでは投票行動に関する初めての設問である．第6波では調査協力者が高校卒業後6年，おおむね24歳である．日本の若者は高校までは比較的均質な人生を歩むが，高校卒業後は序章や第1章でも述べ

られているように,それぞれ,さまざまな人生を送っている.

2. 調査協力者の状況

2.1 調査協力者の状況

冒頭で労働者全体における非正規雇用の増加についてふれたが,若者世代に絞ってみてみよう.本データは高卒者対象で第6波（2009年）時点であるため,より近い年齢層である20〜24歳について『労働力調査』でみると,次のようになっている（図表6-1）.日本全体の20〜24歳コーホートでは,10人いるとすればボリュームの多い順に,はたらいている者が5人（①）,就学に専念している者が2〜3人（②）,つづいてバイト学生が1人程度で（③）,残る1〜2人がその他の状態（④）となる.

図表6-1 若年者の就労状況（男女計）

2009年 20〜24歳人口							
698							
労働力人口					非労働力人口		
479（68.6）					218（31.2）		
主に仕事	通学の傍ら仕事	家事の傍ら仕事	休業	完全失業	通学	家事	「若年無業」
356 (51.0)	62 (8.9)	11 (1.6)	8 (1.1)	43 (6.2)	176 (25.2)	26 (3.7)	16 (2.3)
①	③	④	④	④	②	④	④

注：単位：万人（カッコ内は全体698万人に占める割合）.
資料：総務省『労働力調査』（2009年次データより）

図表6-2 JLPS-Hにおける調査協力者の就労状況（男女計）

2009年（JLPS-H：wave 6）おおむね24歳 調査協力者		
465		
就労	就学	その他
375 (80.6)	54 (11.6)	36 (7.7)

注：単位：人（パーセント）.就労者のうち27.5%が非正規（図表6-3）.

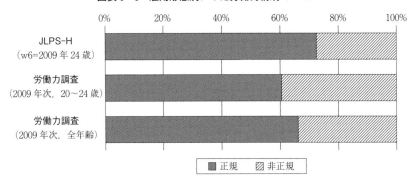

図表6-3　雇用形態別にみた労働力構成（男女計）

注：ただしJLPS-Hでは就労者の内訳．学生バイトなどはふくまず．
　　総務省『労働力調査』は詳細集計による．役員をのぞく雇用者の内訳．在学／非在学の別なし．そのため，労働力調査のほうが非正規の割合は多いと思われる．なお，『労働力調査』の長期時系列表による15～24歳の「在学者」をのぞいた「役員をのぞく雇用者」のうち，非正規の割合は30.0％である．
資料：総務省『労働力調査』（2009年次データより）

　年齢層やカテゴリなども異なり，『労働力調査』とJLPS-H第6波のデータを直接比較することはできないが，JLPS-Hは全国平均よりも就労者が多く，10人いれば8人が就労していることになる（図表6-1および図表6-2）．ただ，とくに非正規の割合という点では，全国の同年齢層といちじるしく乖離しているわけではないように思われる（図表6-3）．ただし，JLPS-Hの調査協力者は全国平均よりも学歴が高いことに留意する必要はある．

2.2　調査協力者の投票状況

　第1節でも述べたが若者の選挙離れがつづいており，衆議院議員選挙・参議院議員選挙とも，少なくとも平成以降は世代別投票率では20代の投票率が最下位である[3]．しかし，平成以降でも例外的に若者の投票率が高かったことがある．郵政選挙と呼ばれ小泉チルドレンが大量当選した2005年9月の第44回衆議院議員総選挙と，政権交代が起きた2009年8月の第45回衆議院議員総選挙である．
　当時の政局を簡単にふりかえると，自民党小泉純一郎氏への熱狂から政権交代をはさみ，政治に対する世論は期待から失望へと大きくゆれうごいた．当初はお祭り騒ぎの高揚感があった小泉内閣も，規制緩和の結果が弱者には厳しい

第Ⅱ部　社会とのつながりのなかで考える

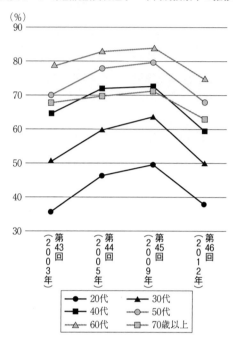

図表6-4　衆議院議員総選挙　年代別投票率の推移

資料：公益財団法人明るい選挙推進協会. http://www.akarui senkyo.or.jp/070various/071syugi/693/ より作成

改革であったことがしだいに明らかとなり，内閣は変わったものの人々のあいだには閉塞感が蔓延し，政治に対する不満が蓄積していった．その結果，2009年8月の第45回衆議院議員総選挙において自民党・公明党が大敗し，民主党を主体とした連立政権が誕生するという歴史的な展開をみせた．しかし，政権に対する評価は低く，はやくも2010年7月の第22回参議院議員通常選挙で民主党は大敗を喫し，いわゆる「ねじれ国会」の状態となり，世論における政治的関心もふたたび下火となる．こうした流れにあり，第45回衆議院議員総選挙とは，選挙に関心がない者もふくめ，世間がおおいに注目した選挙であった．

20代の投票率は，こうした世論の動向を特に反映したような動きをみせている．2003年第43回衆議院議員総選挙では35.62%であったのに対し[4]，2005年第44回衆議院議員総選挙では46.20%，2009年第45回衆議院議員総選

挙では 49.45% と高い値がつづいたが，2012 年第 46 回衆議院議員総選挙では 37.89% と急落している（図表 6-4）.

先述のような全体動向にくらべて本調査協力者の投票率はかなり高く（2009年衆院選について第 6 波平均 72.5%），また，追跡調査に回答をしてくれる協力者であるという性質はふまえておく必要があるものの，最多投票政党は 2009 年（第 6 波）に民主党，2010 年（第 7 波）に自民党および公明党であり[5]，社会全体の動きと重なっている．また，おおまかにいえば非正規雇用労働者でも納税者であるのに対し，学生などは非納税者であることが多いが，いずれの時点も非正規と学生などは似かよった投票率になっており，正社員とそれ以外のあいだに分断があることがうかがえる（図表 6-5）.

図表 6-5　JLPS-H における調査協力者の雇用形態別投票率

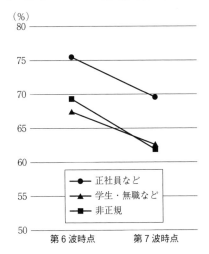

3. 雇用形態別不公平に対する感度の違い

第 1 節および第 2 節で述べたように，こんにちでは雇用形態による格差が存在することは，調査研究・マスメディアを通じ，さまざまなデータによって広く知られている．しかし，それが若者のあいだで共通認識となっているのであ

第Ⅱ部　社会とのつながりのなかで考える

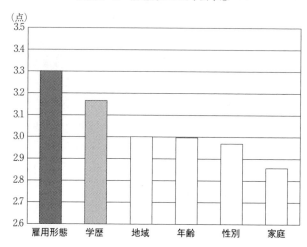

図表6-6　領域別にみた不公平感

ろうか．第6波でも複数の領域について不公平感をたずねているが，最も不公平感が高い項目は，学歴や家庭，性別などではなく，雇用形態である（図表6-6）．

これをもって，雇用形態別不公平が若者の共通認識になっているといえるであろうか．確かに平均3.3点であり[6]，雇用形態別不公平があると思っている者のほうが多い．しかし，ないと思っている者も13.4％存在する[7]．実態としては格差を否定しようがないにもかかわらず，若者内で認識はそろっていないといえる．

属性別にみると，性別と学歴別（大卒／非大卒）では雇用形態別不公平感に有意差はみられなかった（t検定，図表など略）．しかし，現在の状況別にみたところ，正社員などと非正規のあいだで有意差があった（図表6-7）[8]．正社員などと学生・無職などのあいだには有意差こそなかったが，学生・無職などは非正規につぐ値であり，正社員などとそれ以外のあいだにとらえかたのギャップがあることが想像される[9]．現状が相対的に安定している者のほうが，不公平感を感じにくいことがうかがえる．

1995年のSSM調査データをもとにさまざまな領域ごとに不公平感を分析した先行研究がある（織田・阿部 2000）．そこでは学歴や職業などに関する不公

図表 6-7　現在の状況別にみた雇用形態別不公平感

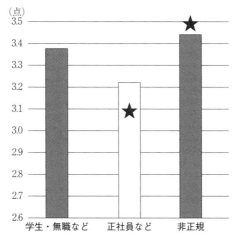

注：星印のついた集団間は5パーセント水準で有意差があった．

平感はたずねているが，雇用形態に関する不公平感といった設問も言及もない．このこと自体，雇用形態に関する格差について問題意識が広がったのが比較的近年であるということがわかり興味深いが，それはさておき，さまざまな不公平感を規定する要因について必ずしも一貫した傾向はないが，おおむね高学歴層で不公平感が高いようであった．さらに先行研究では，学歴による不公平感に注目し，学歴で収入が決まると思っている短大・大卒者はその処遇を公平なものと判断する，つまり自己の立場を正当化している可能性があると解釈している．JLPS-H データではこれとは異なり，恵まれている者がその地位に鈍感であるという，いわばわかりやすい結果になっていると思われる．

　図表6-5および図表6-7から，JLPS-H データにおいて非正規雇用の若者と学生・無職の若者は，意識面・行動面において類似した存在であることがうかがえる．またサンプル数確保のためにも，本章ではこれ以降，「非正規」と「学生・無職など」をあわせ，「正社員など」／「非正規・学生・無職など」に二分して分析をおこなう．

4. 誰が投票に行くのか

　それでは，どのような属性や意識の若者が選挙に行くのであろうか．

　先行研究においても細部に関しては必ずしも一貫した結果はでていないが，それでもまず挙げられるのが，年齢が高くなるほど投票率が高くなるという指摘で，次に性別が有意になるという指摘である（蒲島 1988, 1997；綿貫・蒲島 1998 など）．ただし，同じ論者であっても，データや分析によって男女のどちらが投票に行くか，符号は異なる．また，学歴に関してはおおむね古い研究ではあまり関係がないとされており（蒲島 1988, 1997），新しい研究では高卒以下と大卒以上で差があると指摘している（河野・松沢・川上ほか 2007）．次に職業（農業か，自営業かなど）が，とくに政党の支持母体の分析においてよく注目される変数であるが，本章ではまだ学生などを一定数ふくむ第 6 波をあつかっており，サンプル数確保のため，職業の観点には立ち入らない．さまざまな政治的争点に関しては，年度によりバラつきがあり，投票に対して一貫した影響はもっていないようである（蒲島 1997）．その他にも，投票所までの距離や当日の別の予定の有無，体調などの非政治的な要因も影響をおよぼすというが（蒲島 1988；綿貫・蒲島 1998），第 6 波では把握していない事項でもあり，ここでは立ち入らない．おおまかにいえば，投票／棄権に関する先行研究では，雇用形態という変数はまだ新しく，ほとんどもちいられていないようである．

　ここでは，第 6 波のデータをもちい，年齢に関しては JLPS-H では均質であるため，それ以外の性別と学歴という主要な属性にくわえ，可変であるがなかば属性化している雇用形態，さらに若者の問題意識でもあり近年の政治的争点でもある雇用形態別不公平感を独立変数とし，従属変数を投票／棄権として二項ロジットをおこなう．この際，雇用形態別不公平感単独での影響だけではなく，特定の属性の者が雇用形態別不公平感を抱いた場合に投票行動につながるかどうかをあわせて検証する．それは，属性により不公平についての認識が異なる（織田・阿部 2000 など）ためである．

　なお，学歴（大卒ダミー），雇用形態（正社員ダミー），雇用形態別不公平感（中心化した値を投入）とも，第 6 波時点の変数をもちいることとし，前年第 5

波データの変数は使用しない．その理由は，第45回衆院選が2009年8月であり，前年の第5波（2008年10月調査）の情報よりも，選挙により近い第6波（2009年10月調査）における情報や意識のほうが投票行動に反映されていると考えたためである．

多変量解析をおこなう前に，各独立変数と投票／棄権の関係をt検定などで確認したが，性別・雇用形態別不公平感（単独）とも有意ではなかった（図表など略）．学歴（大卒において5%水準で有意に投票率が高かった．図表など略）と雇用形態別不公平感（図表6-7）のみが有意であった．

2項ロジットの分析結果および使用した変数をまとめたものが図表6-8である．いずれのモデルにおいても，大卒ダミーと正社員ダミーの2変数のみが有意であることがわかる．雇用形態別不公平感は単独でも有意ではないし（ベースモデル2），性別や学歴，雇用形態とかけあわせても有意ではない（モデル3～5）．モデル4および5はモデル自体が有意ではない．雇用形態別不公平感は，調査協力者において，いかなるかたちでも投票行動には結びついていないことがわかる．モデルに関する統計量と変数の数から，ここではもっともシンプルなモデル1を採用する．大卒は非大卒にくらべて有意に選挙に行くこと（オッズ比1.6），正社員は非正規雇用労働者などにくらべて有意に選挙に行くこと（オッズ比1.5）がわかる．非大卒と非正規という社会的不利益層が選挙に行っていないのである．

一般的に税金を納めるようになると政治や投票に関心が向くというが，非正規雇用の若者は税金の負担感が大きいと想像されるにもかかわらず，投票率が低くなっている．「どうせ」という政治的無効感が強ければ積極的に情報にアクセスしないのは当然でもあるが，これでは悪循環におちいってしまう．

また，選挙になると，従業員に特定の政党支持を任意で要請する会社もあるという．そうしたはたらきかけが，非正社員に対しては弱い，あるいは非正社員の会社への帰属意識の低さから弱くあらわれるということもあるのかもしれない．

さらに，雇用形態別不公平感が単独でも特定の属性との結びつきにおいても有意ではないということは，問題意識が投票行動に結びついていないということを意味する．全国平均にくらべて投票率の高いJLPS-H（図表6-4および図

第Ⅱ部　社会とのつながりのなかで考える

図表 6-8　二項ロジット　分析結果および使用変数の一覧

	ベースモデル1		ベースモデル2		モデル3		モデル4		モデル5	
	B	Exp(B)	B	Exp(B)	B	Exp(B)	B	Exp(B)	B	Exp(B)
女性ダミー	0.175	1.191	0.169	1.184	0.172	1.188	0.172	1.188	0.171	1.187
大卒ダミー	**0.489****	1.630	**0.491****	1.635	**0.489****	1.631	0.491**	1.635	0.489**	1.631
正社員ダミー	**0.423***	1.526	**0.435***	1.545	**0.452***	1.571	0.439*	1.552	0.434*	1.544
雇用形態別不公平感			0.062	1.064	−0.159	0.853	0.153	1.165	−0.012	0.988
女性ダミー×雇用形態別不公平感					0.425	1.530				
大卒ダミー×雇用形態別不公平感							−0.182	0.833		
正社員ダミー×雇用形態別不公平感									0.134	1.144
定数	0.375	1.454	0.371	1.449	0.358	1.431	0.365	1.440	0.378	1.459
N	362		362		362		362		362	
df	3		4		5		5		5	
Chi-sq	7.644**		7.802*		9.635*		8.145		7.984	
−2 Log likelihood	420.972		420.815		418.982		420.472		420.633	
Cox & Snell R^2	0.021		0.021		0.026		0.022		0.022	
Nagelkerke R^2	0.030		0.031		0.038		0.032		0.031	

注：*$p < 0.100$，**$p < 0.050$，***$p < 0.010$

従属変数		平均値	S.D.
投票ダミー	2009年衆院選 投票=1，非投票=0	0.721	0.449
独立変数		平均値	S.D.
女性ダミー	女性=1，男性=0	0.630	0.484
大卒ダミー	w6時 大学・大学院を卒業・在学=1，その他=0	0.528	0.500
正社員ダミー	w6時 正社員・公務員など=1，非正規・無職・学生など=0	0.544	0.499
雇用形態別不公平感	w6時 雇用形態による不公平があると思うか（1：まったくない〜4：とてもある）（中心化）	0.000	0.759
性別×雇用形態別不公平感	w6時 女性で雇用形態による不公平があると思うか（1：まったくない〜4：とてもある）（中心化）	0.020	0.546
大卒×雇用形態別不公平感	w6時 大卒で雇用形態による不公平があると思うか（1：まったくない〜4：とてもある）（中心化）	−0.014	0.560
正社員×雇用形態別不公平感	w6時 正社員で雇用形態による不公平があると思うか（1：まったくない〜4：とてもある）（中心化）	−0.047	0.580

注：w6……第6波の略

表 6-5 を参照）ですら，若者世代に政治的無効感が存在していることのあらわれではないかと思われる．

なお，雇用形態別不公平感のかわりに，労働関連の法律についてより多くの知識をもっているかどうか[10]を独立変数にして同様の分析をおこなったが，有意にならなかった（図表などは省略）．雇用形態による不公平が目の前にあった場合に，それに対する感度も法律上の知識も，投票行動にはつながらないことがうかがえる．また，収入を独立変数にくわえた分析も行なったが，モデル自体有意にならなかった（図表などは省略）[11]．

これは，働くなかで不条理だと思われることがあっても，現実には我慢して受け止めることが常態化しており，政治や法に対する有効感が感じられないためではないかと思われる．特に図表 6-7 でみたように，非正規雇用労働者は正社員にくらべて雇用形態別不公平感をより感じているようであったが，それが投票行動に反映されていないとなると（モデル 5），やり場のない思いのゆくえが気にかかる[12]．

さきに大卒や正社員など相対的に有利な若者は投票に行っていると指摘したが，近年，正社員でも職場環境や労働条件が苛酷になっており（堤・湯浅 2009；今野 2012 など），正社員であれば恵まれているとはいいきれない．そのため正社員は自身の地位を正当な努力の成果であるとみなし，雇用形態による不公平感が相対的に低いのかもしれない（図表 6-7）．仮により弱い立場の者への共感が弱まっていること自体が構造的な問題であるとしても，その状態で投票に参加するのが限られた層であることは，やはり大きな課題であるといわざるをえない．

5. おわりに

ここまでの分析を雇用形態に注目してまとめておく．非正規雇用などの若者は正社員の若者にくらべれば投票に行かない傾向があり，正社員の若者は投票には行くが，雇用形態による不公平の存在にはやや鈍感である．単純化すれば，不公平の自覚はあるが投票に行かない非正規と，不公平の認識は弱いが投票に行く正社員という構図になり，ソクラテスの「無知の知」ではないが，それぞ

れに課題があると思われる．

　第5章では，連帯の"よすが"となる共感意識に注目して分析がおこなわれている．そこでは，第7波（高卒後7年目）時点において正規雇用ではたらきつづけてきた者は，フリーターに対して共感を抱かず，フリーターになったのは構造的問題であるというより自己責任であるととらえる傾向が指摘されている．さらにこれを高校3年生時点の意識には大差がないこととあわせ，「準拠集団」に応じて7年間に分化した認識枠組みであると推測している．

　言葉を補うと，若者自身はおそらく無意識のうちに，サムナーのいう内集団（自身が所属している集団）を準拠集団とするようになっていったのであろう．準拠集団は必ずしも自身が所属する集団とは一致せず，外集団（自身が所属していない集団）がそれになる場合もある．個々人が心理的・物理的にかかわる複数の集団が多様におりかさなることで，そこに社会的連帯や共感を架橋する余地もある．しかし，第6波時点で正社員の者は，過去に非正規経験のない者が多い（図表6-9）[13]．第5章の指摘とあわせると，若者はかなり早い時点で，雇用形態の異なる同世代を，「異質な他者」とみなして想像力や共感を失っていく可能性がうかがえる．極端にいえば，正社員の若者にとって非正規雇用の若者は，手をとりあう相手でも「明日はわが身」でもなく，「ああなってはいけない」他者だけ映っているようにも思われる．

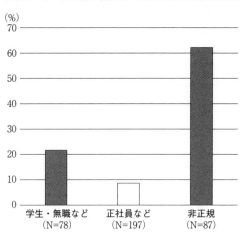

図表6-9　第6波の現状別　過去の非正規雇用経験

雇用形態はなかば属性化しており，とくに非正規はネガティブな烙印と化している．しかし，雇用形態には流動性があり，文字通り他者ではなくわが身の問題でもありうることを考えることが，投票参加を考える際だけではなく，日々の暮らしでひとりひとりに必要になっている．スティグマとは属性ではなく関係性であるというゴッフマンの指摘の重要性があらためて思い起こされる．

> スティグマとは，スティグマのある者と常人の2つの集合（pile）に区別することができるような具体的な1組の人間を意味するものではなく，広く行なわれている2つの役割による社会過程（a pervasive two-role social process）を意味しているということ，あらゆる人が双方の役割をとって，少なくとも人生のいずれかの出会い（コネクションズ）において，いずれかの局面（フェーゼズ）において，この過程に参加しているということ，である．常人とか，スティグマのある者とは生ける人間全体ではない．むしろ視覚（パースペクティブ）である．（Goffman 1963 = 2012: 231）

同世代のあいだでも共感的な態度や「われわれ意識」が希薄化するなかで，広い意味での公共性の足場を考えるとき，為政者の側も投票を自己の利益を最大化するための行為として設定してはたらきかけつづけることは危ういと思われる．投票に行かなければ損をするといった注意喚起では，社会的包摂の観点からも中長期的には限界があると思われる．

選挙を，自分個人だけではなく社会全体のことを考える契機とするようなしくみが求められる．ありきたりではあるが，たとえば政策の提言や説明などをおこなうとき，よりわかりやすく[14]全体的な影響と多様な立場からみたそれぞれのメリット・デメリットを億劫がらずに丁寧かつ簡潔に示すことなどが求められる．それはエビデンスを提示する各専門領域の研究者にも求められる視座であると思われる．特定の立場にのみ訴えるようなかたちの情報や視座では，流動的で不確実性が増している現代社会において，「われわれ意識」や「情けは人のためならず」というような相互扶助の発想にもとづいた日本的な公共性を築くことは難しいであろう[15]．

当座考えられることは，現時点でより多く投票に行っている大卒や正社員などの若者に，地位の流動性や社会全体を見通した視点（グランド・デザイン）

の重要性を伝えつづけることと，非正規などの若者に，正社員にくらべて投票率が低い現状を伝え，投票に行かないことでさらに不利になる政策を受け入れることがないようはたらきかけ，社会・政治への関心をもってもらうことであると思われる．そういう意味で，教育の重要性は強調しておいてよいであろう．とはいえ、投票のパラドックスや民主主義のパラドックスという古典的な難題もある．現行の選挙制度自体にも民意の反映という点では課題がある（小林2012など）．しかし，有権者としてはやはりまず，白票であったとしても投票に参加することからはじまる．

義務教育段階でも民主主義のしくみなど抽象的な概要は授業で習うものの，実際の投票との乖離はかなりある．あるとき突然自宅に送られてくる無機的な投票所への入場券を捨てずにとっておき，決められた日時にそれを握って指定された投票所に行くまでの段取りは，さまざまな制約が設けられているが完全に自主性に委ねられているという困難なものである．郵便受けに投函される人名や公約などの活字の多い広報誌が運よくとってあればそれを読み，新聞・テレビ・ネット・書籍などでさらに積極的に情報を集めて整理するという姿勢が求められるのであろうが，どう情報を読み込み，どう評価をしたらよいのか，どこがポイントなのか，多岐にわたる争点を自分で選択してよいのか、投票に行ったらどのようなよいことがあるのか，行かなかったらどのように問題になるのか，他の人は一体どのように取り組んでいるのか，誰もそれを手とり足とりは教えてはくれない．

投票者がいつどのように政治的なことがらについて知識をえて、何を基準に投票しているのかは明確ではない．新しいところでは平野浩（2010）が，2009年第45回衆院選の前後に実施した全国の有権者を対象としたパネル調査データにより，新聞・ネット・テレビなどメディア接触と投票行動の関係性を検討しているが，争点に対する態度形成への影響は限定的であること，政治的知識が投票行動におよぼす直接的な影響は乏しいことなどを指摘している．政治学や経済学を中心に数多くの研究がなされているが，投票行動を規定する要因はいまだ明らかになっていないことのほうが多いようである．しかし，投票へのはたらきかけの努力を放棄することはできない．

本章での分析はおもに第6波データで，まだごく若い調査協力者の分析にも

とづいている．パネルデータの蓄積にともない，その他の投票行動との関係や属性の変化，雇用形態別不公平以外の政治的争点，ライフイベントなどの要因を新たなデータとともに分析すること，さらに政治的社会化に関する分析をおこなうことを今後の課題としたい．また，大卒が非大卒よりも投票に参加していることについて，先行研究とは整合的であるが，さらに一考の余地があると思われる．学歴の内実が意味するものが，知識や知的・政治的関心の多寡や強弱なのか[16]，状況の違いによる希望や失望の多寡なのかといったことである．この点についても，雇用形態別不公平感が有意ではなかったこととあわせ，今後の課題としたい．ただ，そうした解釈とは別に，高校生以下（高校進学率が100％ではないことを踏まえれば，できれば義務教育）の段階で政治的リテラシーや投票の意義をわかりやすく伝えていく教育的努力や，適切でわかりやすいエビデンス整備，社会全体の設計（グランド・デザイン）という観点を全員で共有することの必要性は確かであろう．個々人の政治的社会化と公共性の構築をともにすすめていく道が求められる．

注

1）とはいえ近年では主婦パートなどの問題も深刻化している（本田 2010 など）．
2）このような見方は突飛なものではない．長期の不況と非正規拡大をふくむ労働条件の過酷化により，若者の生活世界全般に「仕事」が重くおおいかぶさっている．それは言説空間における若者のとらえ方やリアリティの提示についても同様である．たとえば多くの著者の手による『論争　若者論』（2008）では，そのほとんどの章が仕事と生存をめぐる若者世代内／世代間格差の議論に費やされており，80年代的な消費文化に興じる若者論の痕跡はうかがえない．
3）公益財団法人明るい選挙推進協会調べ．以下，本章で投票率を記す際は，とくに断らないかぎり，公益財団法人明るい選挙推進協会調べによる．
4）本調査対象者は2003年の第43回衆院選選挙時には有権者ではない．
5）第7波による．第7波では不公平感をたずねていないため，本章の分析にはもちいない．
6）雇用形態別不公平感の尺度は4件法である．不公平が「まったくない」から「とてもある」まで，1～4点とした．質問項目をふくめ，くわしくは巻末付録を参照のこと．
7）「あまりない」および「まったくない」をあわせた61／454人．度数分布は「とてもある」208人，「少しある」185人，「あまりない」51人，「まったくない」10人である．

8) 分散分析による ($p = 0.033$).
9) 正社員など（正社員・公務員など）/それ以外（非正規・学生・無職など）に二分して t 検定をおこなうと，1% 水準で有意となる ($p = 0.008$).
10) たとえば，アルバイトでも有給休暇を取得可能か，労働組合をつくることができるかなど．くわしくは巻末付録を参照のこと．
11) 14 段階でたずねている各選択肢の中央値をとり平均した，1 ヶ月あたりの「手取り収入」は，正社員などが 16.9 万円，非正規雇用が 12.9 万円，学生・無職などが 3.9 万円で，すべての群間で有意差があった（分散分析，$p = 0.000$）．質問項目は巻末付録を参照のこと．
12) もちろん，これは社会の活力や当事者の生活の質という観点でのことであり，何か事件がおきることを懸念し，安易にすべてを非正規雇用の格差に帰するという意味あいからではない．そうした単純な思考枠組みには慎重でなければならない（仲正 2008）．
13) カイ 2 乗検定により 0.1% 水準で有意であった ($p = 0.000$). ここで過去（第 6 波より前）の経歴については，「非正規など（学生をふくむ）」ではなく，学生を除外した「非正規」に限定している．それは，第 6 波でおおむね 24 歳なので，それ以前の「非正規など（学生をふくむ）」をカウントするとかなりの割合で学生をふくんでしまうためである．なお，過去に非正規経験があるかどうかを独立変数に入れた投票/棄権に関する分析もおこなったが，有意ではなかった．
14) 政治が複雑すぎてわからないと思う者ほど投票率が低いという結果もある（河野・松沢・川上ほか 2007: 139）．
15) もちろん，地位などの流動性が低下しても支えあうような社会がのぞまれるのであろうが，少なくとも現時点ではこのような訴え方になると思われる．それは，進学率の上昇する中で，教育の主目的がエリートのノブレス・オブリージュ精神の涵養から，個人の自己実現のための手段へと移行していく一方で，教育と公共性の関係を追究することをおざなりにしてきた，現代社会の課題であるといえよう．
16) 井田正道 (2004) は明治大学の学生に調査をおこない，加齢とともに外交や改憲などマクロな社会問題に関する政治関心が高くなることを明らかにしている．友人との政治的会話の影響かとも推測されるが（井田 2004: 1140）しくみは明確ではなく，また，非大卒との比較ではない．

文献

新谷周平 (2011)「実証研究の成果は何を社会にもたらすのか？——システム間の連関の観察と『社会的なるもの』構築へのコミュニケーションの接続」『千葉大学教育学部研究紀要』第 59 巻: 143-150.

文春新書編集部編 (2008)『論争　若者論』文藝春秋.

Caplan, B.（2007）*The Myth of the Rational Voter: Why Democracies Choose Bad Policies*, Princeton University Press. ＝（2009）長峯純一・奥井克美監訳『選挙の経済学――投票者はなぜ愚策を選ぶのか』日経BP社.
Goffman, E.（1963）*Stigma: Notes on the Management of Spoiled Identity*, Prentice-Hall, Inc. ＝（2012）（改訂版）石黒毅訳『スティグマの社会学――烙印を押されたアイデンティティ』せりか書房.
濱口桂一郎（2009）『新しい労働社会――雇用システムの再構築へ』岩波書店.
濱口桂一郎（2011）『日本の雇用と労働法』日本経済新聞出版社.
平野浩（2010）「メディア接触・政治意識・投票行動―― 2009 年衆院選における実証分析（特集 2009 年総選挙の分析）」『選挙研究』26 巻 2 号： 60-72.
本田一成（2010）『主婦パート――最大の非正規雇用』集英社.
井田正道（2004）「青年期の政治意識に関する研究」『政経論叢』第 72 巻 6 号： 1131-1155.
蒲島郁夫（1988）『現代政治学叢書 6　政治参加』東京大学出版会.
蒲島郁夫（1997）「投票――棄権の要因分析」『選挙』50 巻 10 号： 4-26.
小林良彰（2000）『社会科学の理論とモデル 1　選挙・投票行動』東京大学出版会.
小林良彰（2012）『政権交代――民主党政権とは何であったのか』中央公論新社.
今野晴貴（2011）「第 9 章　格差問題をめぐる若者たちの政治的実践――『異議申し立て』から参加へ」小谷敏・土井隆義・芳賀学・浅野智彦編『若者の現在　政治』日本図書センター： 279-307.
今野晴貴（2012）『ブラック企業――日本を食いつぶす妖怪』文藝春秋.
小杉礼子編（2002）『自由の代償／フリーター――現代若者の就業意識と行動』日本労働研究機構.
公益財団法人明るい選挙推進協会（http://www.akaruisenkyo.or.jp/070various/071syugi/693/ および http://www.akaruisenkyo.or.jp/070various/072sangi/679/）.
河野武司・松沢成文・川上和久・松田隆夫・吉村恭二（2007）「25 周年記念シンポジウム II　人は何故，投票するのか？　人は何故，棄権するのか？」『選挙研究』22 号： 137-162.
宮本みち子・小杉礼子編著（2011）『二極化する若者と自立支援――『若者問題』への接近』明石書店.
仲正昌樹（2008）「アキバ事件をめぐる『マルクスもどきの嘘八百』を排す」文春新書編集部編『論争　若者論』文藝春秋： 201-223.
小田中直樹（2010）『ライブ・合理的選択論――投票行動のパラドクスから考える』勁草書房.
織田輝哉・阿部晃士（2000）「5 章　不公平感はどのように生じるのか――生成メカニズムの解明」海野道郎編『日本の階層システム 2　公平感と政治意識』東京大学出版会： 103-125.

総務省『労働力調査』(http://www.e-stat.go.jp/ より各年版にアクセス)
粒来香 (1997)「高卒無業者層の研究」『教育社会学研究』第61集: 185-209.
堤未果・湯浅誠 (2009)『正社員が没落する――『貧困スパイラル』を止めろ!』角川グループパブリッシング.
山田昌弘 (2009)『新平等社会――『希望格差』を超えて』文藝春秋.
山岸俊男 (1999)『安心社会から信頼社会へ――日本型システムの行方』中央公論新社.
吉田徹 (2011)『ポピュリズムを考える――民主主義への再入門』NHK出版.
湯浅誠 (2008)『反貧困――『すべり台社会』からの脱出』岩波書店.
湯浅誠・金子勝著, 大高研道・高端正幸編 (2009)『シリーズ 時代を考える 湯浅誠が語る『現代の貧困』』新泉社.
綿貫譲治・蒲島郁夫 (1998)「若い有権者の意識調査」『選挙』51巻5号: 1-32.

第 7 章

希望は失われているのか？
―― 格差と希望喪失の共犯関係

田辺俊介

1.「希望喪失」として語られる現代日本社会

　ある時期までの日本社会では,「希望は前提だった」(玄田 2010: i) といわれている. 終戦直後の「虚脱」と「絶望」の時代ですら, むしろ全てを失った上での「希望」があったという (Dower 1999 = 2004). その後, 1950 年代後半の高度成長期からは継続的な経済成長を背景に, 大多数の人々に基礎財[1]が行き渡る「基礎的平等化」(原・盛山 1999) が進展する中,「多くの個人にとって, 将来の予測がたち, 生活設計が容易な時代だった」(山田 2004: 35) とみなされている.
　そのような「平等化」が進展する時代, とくに 1964 年の東京オリンピック前後の時期は, 2000 年以降では「希望に満ちた時代」として語られることが多い. たとえば 2005 年に公開されて人気を博した映画「ALWAYS 三丁目の夕日」は, 東京タワーの完成 (1958 年) 直前の東京下町に生きる人々の生活を,「貧しいながらも希望に満ちた日々」として描きだしていた[2]. 多くの社会批評においてその姿は,「希望なき」現代日本と対比されて語られている.
　2015 年現在の日本社会は, バブル崩壊後の景気低迷が継続し,「失われた 20 年」(もはや「30 年」とも) という言葉で描写されるような経済成長の乏しい時代が続いている. 同時に昨今は, ばく大な財政赤字や急速な少子高齢化による財政や年金の破綻の危険性が叫ばれ (たとえば鈴木 2010 など), そのような状

況を背景に将来の予測が難しく，とくに若者達にとって生活設計やライフ・デザインが困難な時代になった，といわれている（宮本 2002; 岩上 2003; 山田 2004 など）．

　そのような世情を受け，20世紀末から現在に至るまで，数多くの文学や社会批評が「希望喪失」をテーマとしている．たとえば小説では村上龍が，1998年から連載した『希望の国のエクソダス』において，登場人物の1人に「この国には何でもある．本当にいろいろなものがあります．だが，希望だけがない」（村上 2002: 314）と語らせた．あるいは 2005 年に連載を開始した久米田康治のコミック『さよなら絶望先生』の主人公糸色望（横につなげて読むと「絶望」）は，現代日本社会のさまざまな事象を題材に，事あるごとに「絶望した！」と叫ぶ（久米田 2005）．その社会風刺としての「絶望」は，勿論単純な「希望喪失」の話ではない．むしろ「絶望」や「希望喪失」が声高に叫ばれる風潮に対する皮肉のようにも読める．とはいえ，主人公が「絶望」を連呼する漫画が少年誌に掲載されること自体，「夢と希望」が漫画の王道フレーズとされた時代からみれば，やはり隔世の感がある[3]．

　社会批評における「希望喪失」言説は枚挙にいとまがないが，2000 年代以降は社会科学においてもそれがたびたびテーマ化されてきた．たとえば山田昌弘（2004）は，希望はもはや誰もが持てるものではなく，将来に希望を持てるか否かについて格差が存在するとして「希望格差社会」という言葉を生み出した．また社会における希望が失われつつあるのではないかという問題認識から，2005 年には東京大学社会科学研究所が「希望学プロジェクト」を始めている（玄田 2009）．さらに 2010 年代になると，若者にとって日本はすでに「絶望の国」である，とまで断ずる論者も出てきていた（古市 2011）．

　そこで本章では，まず 2007 年以降の日本社会における「希望」の現状とその変化について，同一人物を対象とするパネル調査を用いて確認する．続いて，個人的に将来への「希望」を持つことの格差，とくに社会階層による差異について検討する．その上で，個人の持つ希望が社会的資源の獲得や階層的地位の上昇と関連するのか，いってしまえば「希望」を持つことの効果を分析していく．仮に，希望の有無に階層差がある上で，希望があることが階層上昇（あるいは希望のなさが階層下降）につながるならば，希望を通じた格差拡大が予想さ

れる．あるいは希望の有無が，交際相手の獲得などとも関連するのであれば，将来への希望のなさは未婚化などとも関連してくるだろう．また個人の希望の有無と個人の社会的な行動が関連するならば，個人の希望はひいては社会自体をも変化させる要因になるとも考えられる．本章ではそれらの問題について，データ分析の結果を踏まえた上で，できうる限り実証的な知見を元に議論していく．

2.「希望」は失われつつあるのか？

2000 年代以降の日本社会に「希望がない」ことは，先ほど紹介した文学作品や多くの社会批評などでは，ほぼ自明な事象として語られている．だが，前述の「希望学プロジェクト」が 2006 年に日本全国の 20 歳から 59 歳を対象に行った調査では，「現在，あなたは将来に対する「希望」（将来実現してほしいこと・実現させたいこと）がありますか」との質問に 8 割弱の人が「ある」と答えており，希望を持っている人々は決して少数派ではなかった．さらにその希望保持者の内の 8 割が，その希望には実現の見通しがあると答えていた．そのため，「希望がない」もしくは「実現見通しのない希望がある」と回答した人の割合は，併せても 4 割弱であった（玄田 2009, 2010）．絶対数の多寡の判断は難しいが，希望を持つ人々の方が持たない人よりも多数派である，という結果であった．

ただし上記は 2006 年という一時点の調査結果であり，希望が失われてきているのかという変化を検討することはできていない．そこで本章では，東京大学社会科学研究所が，日本全国の 2007 年時点で 20 ～ 40 歳の方々を対象として毎年実施している「働き方とライフスタイルの変化に関する全国調査」[4]（英名 Japanese Life Course Panel Survey から，以下調査名は「JLPS-Y」および「JLPS-M」と略記）というパネル調査のデータを用いることで，2007 年から 2014 年までの 8 年間の「希望」の変化を確認していく（図表 7-1）[5]．

希望について，「社会の希望」と「個人の希望」という 2 つの側面から検討している仁田道夫（2009）の議論を参考に，まずは「社会の希望」について確認してみよう．「社会の希望」は，JLPS-Y・JLPS-M においては「日本の社会

第Ⅱ部　社会とのつながりのなかで考える

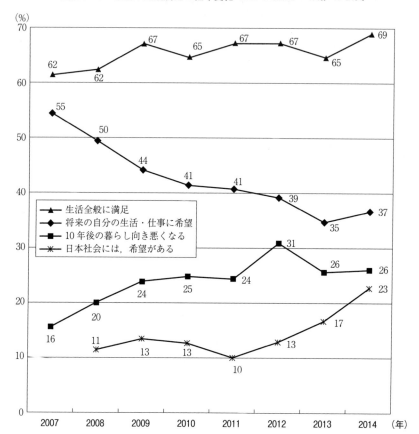

図表7-1　希望や生活満足の経年変化（2007年時点20〜40歳　N=2484）

には，希望がある」という質問でとらえている．その設問について「1. そう思う，2. どちらかといえばそう思う，3. どちらともいえない，4. どちらかといえばそう思わない，5. そう思わない，6. わからない」という選択肢の中から当てはまるものを1つ選んでもらう形式である．この質問は2008年の調査から採用されているが，日本社会に希望があると思っている割合（「1. そう思う」＋「2. どちらかといえばそう思う」の合計）は，2008年から2012年まで大きな変化はなく常に1割程度であった．確かに2013年は16.4%，2014年には22.6%と上昇しているが，希望を持つようになったのが「株式保有者」など一

部に限られることは先行研究が指摘する通りである（有田 2015）.

　つまり，上記のような質問に対する回答からみて取れる日本という国レベルの「社会の希望」については，基本的に低水準の評価が続いているといえよう．またこの結果からは，2008年9月に始まるリーマン・ショックや2011年3月11日の東日本大震災などが起こる前の 2008年（1月〜3月）の時点から，JLPS-Y・JLPS-M が対象としている若年・壮年世代の中で日本社会に希望を持っている人が基本的に少数であった，ということが伺える.

　ではその一方，個人の希望についてはどうであろうか．本章で個人の希望と見なして用いるのは，「あなたは，将来の自分の仕事や生活に希望がありますか」という質問への回答である．その選択肢は，「1. 大いに希望がある，2. 希望がある，3. どちらともいえない，4. あまり希望がない，5. まったく希望がない」の 5 つである．ここでは「1. 大いに希望がある，2. 希望がある」と回答した人たちを「希望がある」とみなした．前述の玄田（2009）の結果に比べると，「3. どちらともいえない」があるためと思われるが，希望を持つ人の割合はいくぶん低めとなっている．それでも 2007 年の時点では 20 歳から 40 歳の人々の 55% が「希望がある」と答えていた．しかしそれが年々減少し，リーマン・ショック後の 2009 年の調査では 44％ に，2012 年では 39%，2013 年も 35% と減少を続けて[6]，2014 年にわずかに上昇して 37% となったが，基本的に減少傾向であった，といいうるだろう.

　他にも JLPS-Y・JLPS-M には「10 年後のあなたの暮らしむきは，今よりも良くなると思いますか．それとも悪くなると思いますか」という将来の生活の見通しを聞いた質問もある．その質問の選択肢「1. 良くなる，2. 少し良くなる，3. 変わらない，4. 少し悪くなる，5. 悪くなる」の内で 4 と 5 と答えた人の割合についても，2007 年にはわずか 15% の人が「悪くなる」と考えていたのが，2009 年には 23% まで上昇し，3.11 の震災後の 2012 年には 31% まで急上昇している．2013 年と 2014 年は 26％ と若干低下したとはいえ，基本的に 2007 年以降，少なからぬ人々が希望を失い，将来への展望を悪化させてしまったと考えられる状態である.

　その一方，同じく図表 7-1 には，生活全般への満足度として「あなたは生活全般にどのくらい満足していますか」とたずねた設問に対して「満足してい

る」・「どちらかといえば満足している」と答えた人の割合を載せている．その割合は，2007年では62%であったが，リーマン・ショック後の2009年には67%とむしろ上昇しており[7]，2010年も65%，震災後の2012年ですら67%，2014年では69%とほぼ同水準の維持か，むしろ上昇傾向である．このように生活満足感のような現在の状況への評価は維持，あるいは好転している．それにも関わらず，未来に対する希望や将来への見通しは悪化していたのである．

それでは特定の不利な属性の人々のみが，または何らかの状況悪化を経験した人々だけが，個人的な理由で希望を失っているのであろうか．その場合は，リーマン・ショックや東日本大震災などが直接的に個人の状況を悪化させ，将来への希望を失わせた，とも考えられよう．

そこでまず性別や学歴，雇用状態など特定の属性と希望喪失の関連を検討したが，それら属性ごとの希望を失った人の比率にはほとんど差がなかった．あるいは「男性・非大卒・非典型雇用」などの属性の組合せ別にみた場合でも，特定の属性が組み合わさった人々が大きく希望を失っているという傾向はみられなかった（分析結果の図表省略．一部は田辺・吉田・大島2011を参照のこと）．

次に個人的状況の悪化が希望喪失をもたらした可能性を検討するために，希望を失ったことに対する所得や従業上の地位の変化などの影響を検討した．

分析の結果をみていくと，まず個人年収や世帯年収のような経済的状況の変

図表7-2　個人的希望の変化に関する分析（固定効果モデル）[8]

	B	95% 信頼区間	
対2007年			
2008年	-0.059^{**}	-0.088 ~	-0.031
2009年	-0.088^{**}	-0.115 ~	-0.060
2010年	-0.119^{**}	-0.148 ~	-0.090
2011年	-0.103^{**}	-0.131 ~	-0.075
2012年	-0.080^{**}	-0.109 ~	-0.050
2013年	-0.112^{**}	-0.143 ~	-0.081
年齢	-0.042^{**}	-0.047	-0.038
有配偶	0.140^{**}	0.097	0.184
主観的健康	0.094^{**}	0.080	0.107
個人年収	0.003	-0.003	0.009
世帯年収	0.003	-0.002	0.008
正規化	-0.019	-0.054	0.017
定数	4.477^{**}		

注：$^{**}p<0.01$, $^{*}p<0.05$

化，あるいは無職や非正規から正規職への変化（表中では「正規化」と表記）などは，個人的希望の増減とは関連しているとはいえない．そのため，個々人が希望を失った主要な原因は，たとえばリーマン・ショックの影響による失業や賃金低下のような直接的な経済問題ではないと思われる．また雇用状態の変化（たとえば，正規雇用からパートや派遣などの非正規雇用）の影響もとくにないようである．確かに健康状況の好転，あるいは（未婚や離死別から）有配偶になると個人的希望が上昇する．しかし，そのような個人的な変化よりむしろ2007年と比べると（加齢効果を除いた上でも）2008年以降の各年次の負の効果が有意であることから，ある種の時代効果としての希望喪失といいうる結果であろう．

　以上の分析結果が示すように，2007年以降の「希望の喪失」という現象は，個人的な要因だけでは説明が難しい．確かに，リーマン・ショックや大震災のような社会現象が，個人個人の生活状況自体を悪化させた事例も少なくないだろう．しかし社会の単位でみると，それら社会現象は，現在の生活実態や現状認識よりも，むしろ将来への希望や見通しのような未来への意識に強い影響を与えたと考えられる．ここ数年のさまざまな社会的な事件は，（少なくともパネル調査に答え続けている対象者の方々の）個々人の生活自体や，現状の実感にはそれほど大きな影響を与えていない．しかしその一方，社会全体のレベルでみると，多くの人々の将来の希望や将来見通しを悪化させ，イメージとして「暗い未来像」を抱く人々の総量を増加させ続けているのだと考えられる．

　さらにいえばそれがイメージであることは，2013年以降の「日本社会への希望」の上昇からも傍証されよう．ここ数年は，アベノミクスによって株価が上昇し，円相場が下落するなど，一定の経済変動は存在している．しかしながら，個々人の生活実態，たとえば給与水準がここ数年で大きく上昇した，などという変化はパネル調査のデータでも確認されていない．その点からも，個人の生活変動とは独立して社会のイメージが揺れ動き，それが個人の希望の状態にも影響していると考えられるであろう．

3. 希望に格差があるのか？——希望と社会階層

　個人が将来に希望を持っているのか，いないのか，その要因については，いくつかの先行研究が存在する．たとえば玄田（2009, 2010）は，階層的な変数としては学歴や所得水準が低い人ほど，希望はないと答える傾向があったという．この傾向は 50 ～ 84 歳という比較的高齢層を対象とした調査でも同様であり，所得や預貯金などが少ない人ほど，希望を感じにくいという結果が報告されている（福井 2014）．そこで本節では，前述の個人の希望を尋ねた「あなたは，将来の自分の仕事や生活に希望がありますか」という質問を従属変数として，その規定要因を分析していくことで，「誰が希望を持てないのか」を確認していく．

　本章では階層的変数，とくに本人が選ぶことのできない出身家庭という属性的地位の影響を検討していく[9]．生まれ落ちる家庭を選べる人はいない．そのため，出身家庭の状況や階層的地位の高低が，現時点の本人が抱く希望の有無に影響しているのかを検討することで，希望の格差が連鎖するものであるのか，その端緒を確認することができるだろう．

　その検討のために，第 1 波時点の個人の将来希望の回答に対して，性別や年齢等の基礎属性に加え個人の社会経済的属性，さらに出身家庭の状況などを独立変数とした重回帰分析を行った[10]．その結果が図表 7 - 3 である．

　分析結果の中で，まず基本属性の影響としては，年齢の効果がマイナスであった．つまり若い人の方が希望を持っている，ということである．この結果は，先行研究でも述べられているように，若年者の方が「時間という貴重な資源に恵まれていることの多い」（玄田 2010: 71）ため，将来がよくなるという展望を持ちやすいことを示しているのだろう．さらに本人の婚姻状況については，（未婚や離別と比べて）有配偶者の方が希望を持ちやすい傾向が示された．この点は希望を持つ人ほど結婚しやすいという逆の因果もありえるが，結婚を望みつつもできない人が将来への希望を失っている，とも考えられる結果であろう．

　続いて出身階層の影響を見ていこう．まず，父親・母親の教育年数や父親の職業のような客観的指標は有意ではなく，その影響力は大きくない，と考えら

図表 7-3　個人の将来希望の規定要因分析（重回帰分析）

	出身階層モデル β	客観階層追加（男）β	主観追加（男）β	客観階層追加（女）β	主観追加（女）β
女性	0.014				
年齢	−0.052**	−0.081**	−0.110**	−0.138**	−0.147**
15歳時暮らし向き（良）	0.055**	−0.034	−0.036	0.014**	0.024
15歳時自宅本量（多）	0.068**	0.085**	0.071**	0.052**	0.048*
15歳時家庭雰囲気（良）	0.098**	0.094**	0.061*	0.061*	−0.005
父教育年数	0.006	−0.026	−0.019	−0.019	−0.029
母教育年数	0.006	−0.046	−0.056	0.024	0.009
（基準：父職：管理／専門）					
父職：父不在／無職	−0.019	−0.036	−0.034	0.011	0.020
父職：事務・販売・サービス	0.096	0.200	0.389	−0.140	−0.250
父職：ブルー（含農業）	−0.075	−0.161	−0.345	0.151	0.268
母：主婦	0.024	0.008	0.002	0.040	0.038
本人教育年数		0.099**	0.067*	0.037	0.007
有配偶		0.174**	0.115**	0.129**	0.048
（基準：正規）					
非正規		0.034	0.059*	−0.014	0.020
学生		0.075*	0.036	−0.001	−0.005
無職		−0.066*	−0.027	0.015	0.026
現在暮らし向き（良）		0.154**	0.025	0.136**	−0.013
大都市居住		0.052*	0.038	0.023	0.009
生活満足度（高）			0.139**		0.243**
階層帰属（高）			0.226**		0.228**
N	3454	1692	1665	1748	1727
自由度調整済 R^2	0.026	0.095	0.149	0.052	0.160

注：** $p < 0.01$，* $p < 0.05$

れる．しかし，より包括的ともいえる「15歳当時の暮らし向きの良さ」や「15歳当時の家にあった本の量」，あるいはより主観的になるが「15歳当時の家庭の雰囲気の良さ」などが，その後の20歳以降における希望の有無に関連していることが興味深い．またそれら出身家庭の影響は，本人の現在の階層的地位を統制しても消えず，主観的地位や現在の生活への満足度をモデルに入れても一部は残る．その結果から，個人が自身の将来に希望を持つか否かについて，本人が選べえない出身家庭の影響が存在すると考えられよう．言い換えれば，現代日本において個人の抱く希望の有無には，出身階層による一定の格差がある，ということを示す結果である．

　また意識面との関連では，生活満足度が高い人や主観的な所属階層の高い人

の方が，希望も抱きやすい傾向が見られた．この結果については「肯定的な回答を好む人」，言い換えればポジティブ・シンキング的な思考傾向の影響は無視しえない．しかしそれでも，その他の客観的指標で捉えきれない社会階層の高さが，希望の有無にも影響していることを推察させる結果である．

　加えて男女差としては，男性では教育年数が長いことが希望を持つことと関連していた．この点については，未だに残る男性に対する稼ぎ手規範などを考えると，高学歴であることが男性の職業上の，ひいては人生上の成功につながりやすいことと関連していると思われる．さらに吉川（2009）のいう「学歴分断社会」の議論とつなげて考えれば，とくに男性において学歴によって将来に対する希望が分断されている可能性を示唆する結果でもあろう．あるいは，未だに続く職業上の差別待遇などを原因として，日本社会では多くの女性がその高学歴を社会的に発揮できないこともあって逆に，女性においては高学歴が将来の個人的な希望と結びつかない，とも考えられよう．

4. 希望の効果についての分析

　前節で述べたように社会階層，とくに出身階層が個々人の持つ希望の有無と一定程度関連していた．そのため，希望の有無が人々の将来に実質的な影響を与えるならば，「希望を媒介した『格差の連鎖・蓄積』」という現象が生じる可能性が指摘できる．出身家庭に恵まれないことが，希望を持てないことにつながり，その希望のないことが階層上昇を妨げる．そのようなメカニズムが存在するならば，出身階層が低階層であることが世代を超えて連鎖し，格差の蓄積につながるだろう．逆に出身階層に恵まれることで希望を持てる人が，それゆえに階層上昇を続けるとすれば，それもまた，格差を拡大させていくこととなる．

　そこで本節では，希望の効果を分析することで，前記のようなメカニズムが実際に作動しているのか，その点をデータ分析によって検討していく．具体的には，無職や非正規雇用から正規雇用への転換について，個人の持つ希望の影響について分析していこう[11]．

　そのためにまず第1波から第8波のデータを累積させ，ある年度で非正規や

無職だったケースのみを分析対象とした．その上で，翌年正規職になった場合を「正規化」と見なし，その正規化に対して個人の将来への希望の有無が関連していたかを，クロス集計表によって検討したのが次の図表7-4である．

図表7-4 非正規就業者・無職者の正規化と個人の希望の関連

	全体			男性			女性		
	非正規or 無職継続	正規化	N	非正規or 無職継続	正規化	N	非正規or 無職継続	正規化	N
希望あり	91.7%	8.3%	(4121)	77.9%	22.1%	(665)	94.3%	5.7%	(3456)
どちらともいえない	93.7%	6.3%	(4067)	82.1%	17.9%	(687)	96.0%	4.0%	(3380)
希望なし	92.9%	7.1%	(1694)	87.2%	12.8%	(540)	95.6%	4.4%	(1154)
全体	92.7%	7.3%	(9882)	82.1%	17.9%	(1892)	95.2%	4.8%	(7990)

正規職になったのは全9882ケース中7.3%と比較的少数であった．ただそれでも，「希望がある」と答えたケースの方が正規職になりやすい傾向が見て取れる．とくに男性では希望ありの人では22.1%が正規職になっていたのに対し，希望なしでは12.8%と10ポイント近い差が出ている．ただし，この分析では非正規を続けている同じ対象者が，複数のケースとして含まれている．また年齢や学歴，性別など正規職になることに影響を与えるであろう他の変数の影響は統制されていない．そのため，この結果だけでは希望に効果があるとの結論は出せない．

そこで次に，この累積データに対して個人の変化しない属性だけでなく，個人の変化する意識なども含めた上で，複数の変数の影響を同時に考慮するために，ハイブリッドモデル[12]を用いた分析を行った．その分析結果が図表7-5である．

図表7-5の結果を詳しくみていこう．まず，無配偶男性に比べて有配偶男性の方が正規職になりやすいことが示され，それらは常識に反さない結果であろう．また無配偶男性に比べて女性，特に有配偶女性が正規職になりにくい傾向については，有配偶女性が「主婦」として正規職に就くことを求めず，非正規パートや無職を選択していることが影響していると思われる．また教育年数も長い人の方が正規職になりやすい，という傾向が示された．

それら社会的属性に加え，個人的な将来への希望を持っている人の方が，非正規や無職から正規職になりやすい傾向が示された．つまり個人が将来に抱く

図表7-5 「正規化」への希望の効果 (ハイブリッドモデル)

	Exp(B)	B	95% 信頼区間	
年齢	0.999	−0.001	−0.022 〜	0.019
対比：無配偶男性				
有配偶男性	3.213**	1.167	0.734 〜	1.600
無配偶女性	0.485**	−0.723	−1.038 〜	−0.408
有配偶女性	0.094**	−2.367	−2.721 〜	−2.014
教育年数	1.076*	0.073	0.009 〜	0.137
希望（個人内平均）	1.494**	0.402	0.179 〜	0.624
希望（個人内変化）	0.953	−0.048	−0.203 〜	0.108
主観的健康（個人内平均）	1.033	0.032	−0.131 〜	0.196
主観的健康（個人内変化）	1.184	0.169	−0.062 〜	0.399
定数	0.009**	−4.713	−6.071 〜	−3.354

注：** $p < 0.01$，* $p < 0.05$

希望には，実際に将来を好転させる効果がある可能性を伺わせる結果である．

続いて，他の側面に対する希望の「効果」を確認するため，希望を持っていると，持っていないよりも交際相手がみつかりやすいのか，ということを検討した．具体的には，第1波において交際相手のいなかった人たちが，第2波で交際相手や結婚相手を得ているか否かについて，第1波時点における個人的な希望との関連をみたのが，図表7-6である．

図表7-6 「交際相手の獲得」と希望の関連

	全体			男性			女性		
	相手なし→あり	相手なし継続	N	相手なし→あり	相手なし継続	N	相手なし→あり	相手なし継続	N
希望あり	17.7%	82.3%	(587)	15.9%	84.1%	(301)	19.6%	80.4%	(286)
どちらともいえない	12.5%	87.5%	(464)	9.5%	90.5%	(275)	16.9%	83.1%	(189)
希望なし	7.4%	92.6%	(215)	5.1%	94.9%	(118)	10.3%	89.7%	(97)
全体	14.1%	85.9%	(1266)	11.5%	88.5%	(694)	17.1%	82.9%	(572)

分析の結果としては，まず全体として前年度で希望を持っていた人の方が，翌年度に交際相手を獲得している傾向が示された．男性ではとくに「希望あり」の人が交際相手をみつけやすく，また女性では「希望なし」の場合に交際相手がみつかりにくい傾向が確認された．この希望の効果については，先に「正規化」について行ったような他の変数を統制して分析した結果でも，同様の傾向が示された．そのため，交際相手の獲得という側面についても，希望が

あることに一定の効果があると考えられる．またこの結果から，希望を持つ事の効果は，正規職になるという職業面だけでなく，より広い個人的状況の変化にも影響している可能性が示された．

5. 希望喪失論と階層格差

2007年以降，本章で用いた JLPS-Y・JLPS-M のデータをみても，確かに将来への希望を持っている人が減少する傾向がみられた．またその希望の有無については，先行研究と同じく，社会階層を反映した一定の格差が存在することが確認された．加えて前節の分析で示されたように，希望を持つことはその後の行動や状況と一定の関連があり[13)]，その関連は階層格差を押し広げる方向の影響であった．つまり，希望の有無に格差があるだけでなく，その希望を持てる人が不利な状況から上昇する一方，持てない人が上昇できないということで，さらなる格差を生む可能性を秘めているわけである．一方で，「希望の喪失」については大きな階層差は検出されていない．

そのような現状において「希望」を論じる諸説からは，いかなる対応を考えうるであろうか．本節ではその点を批判的にまとめつつ，ここまでの分析結果を踏まえた提案を出すこととしたい．

5.1 「絶望」と認識すれば良いのか？

日本という社会から希望が失われ，とくに若者の状況は希望がないどころか，「絶望」と呼ぶべき状態である，という議論は少なくない．たとえば本田（2011）は，現在の若者は「家族－教育－仕事という3つの社会領域間の循環関係の破綻」（本田 2011: 6）によって生じる「軋み」の中で苦悩している，と主張する．その上で，逆説的に唯一の「希望」はその軋みの大きさゆえに，絶望的状況に気づく人々が増えてきていることだけだ，と論じる．また同様の論調として古市（2011）は，「複数の指標で主要国最悪の財政赤字．少子高齢化による社会保障費の増大．硬直化した組織形態や労働市場が引き起こす弊害」（古市 2011: 228）という日本社会の絶望的な諸点を列挙する．その上で「正社員」になれない若者の増加と現役世代への不十分な社会保障のような世代間格差な

どから，若者にとって「日本の未来が絶望的」(古市 2011: 242) と断言する[14]．

しかし本田や古市が述べるそれら絶望的な状況を示す情報には，選択の恣意性がないだろうか．「1兆ドルを優に超える世界屈指の外貨準備高．1500兆円を超える個人金融資産．米国に次ぐ国際特許数．2004年から2014年の10年間で認知件数が半減と改善を続ける治安状況．先進諸国内では比較的低い若年失業率」(2014年時点のスペインやギリシャの25歳以下の失業率は5割超．イタリアなども4割を超えている) という数字を元に，「日本 (の若者) に希望はあります」と論ずることも可能である．それらの情報選択は勿論恣意的で，実証的な根拠も乏しい．しかしその点は，前出の絶望を語る種々の言説も大差はない．つまり，さまざまな論者が挙げる絶望を示す「客観的な指標」は，たとえ1つ1つは事実であったとしても，それをもって総じて絶望的状況とは断言できず，「希望」として語り得る指標を選択的に無視しているだけ，ともいえるだろう．

そのため問題は，本田が言うように「絶望」と認識できていないことではない．むしろ全く逆に，「希望」を語る指標よりも「絶望」と判断しうる数字や議論こそが人々に受け入れられやすい，という状況自体ではないだろうか．そこには「絶望的」とみなせるようなデータのみが選択される，という情報選択の歪みが存在しているように思われる．そのような認知の偏りの原因としては「損失の方が，利得よりも感情が強く反応する」という損失回避性という認知的バイアス[15]や，より一般的に「悪い出来事は，良い出来事よりも強い (強く感情的な反応を引き起こす)」というネガティビティ・バイアス (Baumeisterほか 2001) の存在が指摘できよう．そして，そのようなバイアスを触媒として「絶望」を語る社会科学者の言説自体が，人々の間に「希望の喪失」を生み出している，とは考えられないだろうか[16]．

図表7-1で示したように，日本社会に希望を抱く人は極少数 (1割程度) であった．さらに個人的な希望を持たない人も，個々人の生活状況の変化では説明できないほど増えてきている．その2つを併せて考えると，さまざまな「絶望が広がっている」という言説，とくに日本社会の希望は失われているという議論の影響を受け，人々の個人的な希望までもが失われてきている，という可能性は無視できない．そのようなメカニズムの傍証としてJLPS-Y・JLPS-Mのデータでも，「日本社会に希望がない」と答えていた人の3割程度が次年度

に個人的希望を低下させており，日本社会に希望を持つ人の2割強に比べ，その比率が高かった．そのため現状の日本社会の状況を絶望的とみなす言説の広がり自体が，実は人々が希望を失う要因の1つである可能性も指摘できよう．

また本章の分析でも示した通り，希望を持てないことが客観的状況の好転を妨げるのであれば，絶望という言説によって，現実までも実際に絶望的な状況へと向かっていく可能性も無視できない．結局のところ，「希望喪失」を語る言説は，それ自体では残念ながら状況を好転させるよりも，むしろ悪化の一助となる危険性すら持ち合わせているのではないだろうか．

5.2 個人的対処への公的支援で解決するのか？

主に若年層の間で広がる「希望格差」の問題を指摘した山田（2004）は，その著書の最終章において，（それまでの製造業中心の産業構造が，情報・サービス産業中心の構造に転換したという）ニューエコノミーにおける労働の2極化を前提とした上で，個人的対処への公的支援を総合的に行っていく必要性を主張している．具体的には，能力開発の機会と努力をすれば報われることが実感できるシステムの構築，過大な期待をクールダウンさせる職業カウンセリング，コミュニケーション能力（魅力）の獲得支援，さまざまな家族リスクに対応した制度構築，若者への逆年金などである（山田 2004: 240-244）．

以上の施策1つ1つが推進すべき方策であることについて，多くの人々も特に異論はないだろう．しかし現実問題としては，それら施策を推進するための公的支出や制度改革への支持，あるいはその前提となる議論への関心，さらにはそれら対策を政治的に実現する回路が存在しない．そのことこそが，それらの施策の実現を阻んでいるのではないか，と思われる．

2015年現在の日本社会において，多くの人々の間で支持を集めているのは，若者への支援の拡大よりは，どちらかといえば公的支援を縮小させてしまうような「小さな政府化」だと思われる[17]．本章で用いた同じJLPS-Y・JLPS-Mデータの分析結果からも，広い意味での格差解消を求める人々の割合は，2007年以降むしろ低下傾向にあることが示されている（図表7-7）．たとえば，「日本の所得格差は大きすぎる」と思う人が減少傾向にある．あるいは社会福祉についても，財政問題との関連からか，財政が苦しくても充実すべきという意見

第Ⅱ部　社会とのつながりのなかで考える

図表 7-7　格差や格差解消に関する意識の経年変化（2007年時点20〜40歳　N=2484）

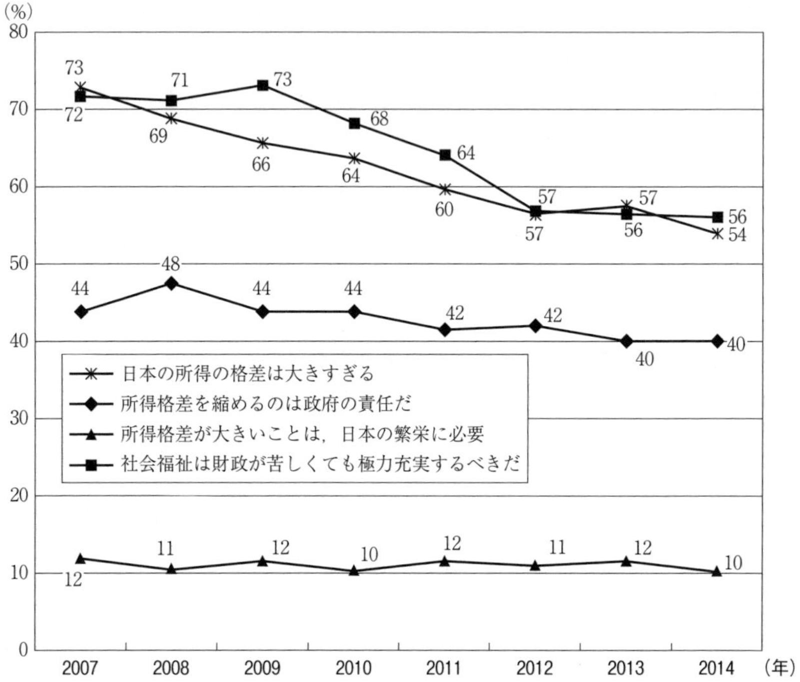

を持つ人は減ってきている．さらに「所得格差を縮めるのは政府の責任だ」と考える人もほぼ横ばいの状態である．

　そのような人々の意見の布置状態に示されるように，現状の日本社会では全体的に公的支援の拡充への支持は比較的弱い．また希望喪失言説は着実に広がっていても，生活保障を強化していく政策への支持はむしろ減少傾向が続いている．そのため必要な施策を提示するだけでは，その実行可能性は低く，ひいては「希望喪失」の解消にはつながらない，と考えざるをえない．よって，より積極的になぜ一定以上の格差は是正すべきなのか，そのことを人々の不安の解消という側面との関連も踏まえて考える必要があると思われる．

5.3　不安が生み出す「希望喪失論」を超えて

5.1 で述べたように「希望」が失われているという言説は，それ自体が「予

言の自己成就」(Merton 1957 = 1961) によって人々の希望を失わせ，希望のない社会を作り，さらには客観的状況までも悪化していく社会を招来させかねない．あるいは現実の客観的状況の問題を，意識や意欲の問題として矮小化した，口先だけの施策への援護射撃にも陥りかねないと思われる．

そのような「意図せざる結果」(Merton 1957 = 1961) を避けるためにまず必要なことは，現実社会がそれほど「希望」がない状態であるのか，その現状認識自体の再検討であろう．先述のように，人間には「損失回避性」という避けがたい認知の歪みがある．2015 年現在の日本社会は，一定の基礎財の平等化が果たされているからこそ，その基礎財が失われることを（損失回避的に）怖れる分，未来を悲観しやすい状況にあるといえる．

誰もが欲しがる基礎財の普及という形で「将来が良くなる」ことを前提としていた高度成長期（「三丁目の夕日」的な社会）は，確かに（経済成長への）希望に溢れていたのかもしれない．しかし現代日本社会は，そのような時代とは大きく異なる局面にいる．そのため，高度成長期以来の経済成長の物語から決別しない限り，成熟社会となった現代日本社会では，新たな希望は生まれがたいと思われる．成長神話それ自体が，基礎財の一定の平等化を果たした社会では，むしろその喪失を恐れる人々の認知によって，希望を失わせる要因となりうるからである．

そのように考えていくと，現代の日本社会における「希望」のなさは，「絶望」を示すのではなく，現在の生活水準を維持できず，失うことへの「不安」の言い換えとみなすべきではないだろうか．JLPS-Y・JLPS-M の調査票では最後に「将来に働き方について，または結婚や家族（子育て・介護など）について，何かお考えがありましたら，ご自由にお書き下さい」として自由回答を求めている．その記述における頻出ワードは「不安」である．具体的な記述としては，20 代の女性の年金や子どもの教育費への不安（ちなみに子どもはいない），20 代未婚男性の家族をもつことや離婚への不安，30 代の女性が抱く両親の介護（両親はまだまだ元気である，との記述もあり）や自身が高齢になった時の不安などが綴られていた．それらの記述からは，現実化するにはまだまだ充分な期間があるはずの諸問題について，未来を先取りした予期の上で大きな不安を感じている人々の姿が浮かび上がってくる．

それでは，そのような「不安」はどのようにすれば解消しうるのだろうか．人々の生活上の不安を解消する術として，戦後の日本社会がその発展を促してきていたのは，さまざまな社会福祉政策による生活保障やセーフティネットであった．しかしそのセーフティネットは，20世紀末から現在に至るまで，新自由主義的な思想潮流とそれに基づく政策変更による攻撃を受け続けている．その結果，多くの人々はその弱体化を懸念し，その分将来への不安が広がっていると思われる．実際，大沢（2009）が指摘するように現状の日本の生活保障システムは，不安を減らすよりも，むしろ特定の人々の「希望」を台無しにする制度になっている．正社員として働く男性稼ぎ主中心に制度が組み立てられていることが，若年層の労働市場の非正規化を増幅している．税制についても，1990年代末から企業と高所得者・資産家への課税が低減された一方，低所得者の負担としては逆進性のある間接税収（消費税等）の比重が増している．さらに他の先進諸外国に比べ，失業時の生活保障も受けにくい．そのように2015年現在の日本の社会保障制度は，不平等の緩和や貧困削減については逆機能状態であるという（大沢 2009）．

　このような生活保障の不備は，そのような支援が必要な人々だけの問題にはとどまらない．何らかの理由によって生活に危機が訪れた時（たとえば失業など），現状の生活水準が維持されることはない，と多くの人々は感じており，結果的に社会全体の不安も増加している．ジャットが述べるように，ある個人が周囲のサポートが得られず，公的支援も得られずに貧困に落ち込んでいくことは，そのような個人を傍目でみている人々の間の相互信頼を失わせ，不安を広げ，希望をも失わせてしまうだろう．さまざまな生活上・経済上の問題が，社会のサポートによって脱出が可能である，と人々が思うことができない「自己責任」の世界を突き進めば，その問題は個人に止まらず，社会全体へと及んでいくのである（Judt 2010 = 2011）．

　社会疫学者のウィルキンソンは，社会における格差それ自体が所得階層間の社会的距離を増大させ，共通のアイデンティティを欠如させ，社会内での分断を生み出す，と主張する．さらにその結果として，（低階層者に限らず）人々の健康を損ね，社会的信頼を低下させ，社会不安を引き起こし，最終的には社会を破壊する要因となると警告している（Wilkinson 2005 = 2009; Wilkinson and

Pickett 2009 = 2010). その理論展開や議論には，とくに右派からの批判は少なくないが（たとえばSnowdon 2010），社会的格差の放置がもたらす帰結として，社会不安の増加や希望の喪失がもたらされる可能性は，疫学分野などからもすでに指摘されているのである．

　そのため，実は希望が失われ，不安が広がっていく社会を変えるには，まずは従来的な制度の不備を是正することによって，野放図な格差拡大を停止させる必要があるのだろう．具体的には，とくに若年層に対する施策としては，高すぎる利息の奨学金，年金の世代間格差，労働市場の硬直性などの修正こそが，当座必要な施策となるだろう．

　ただし前節でも述べたように民主主義社会において行われる政策は，人々の支持を受けなければ成立が難しい．その点，社会福祉や公的扶助などの生活保障政策については，「誰が利益を得るのか」という視点による対立的な論理が主張されやすい．高階層者対低階層者，若者対高齢者などの社会的地位や属性による対立図式である．そのような対立図式を前提としてしまうと，経済成長によるパイの拡大が難しい現状では，生活保障政策への支持は広がりにくい．

　しかし逆説的であるが，本章第2節の分析結果が示すように「希望喪失」については階層差がなく，階層横断的であることは，ある種の「希望」と言いうる．つまり，希望のなさの源泉となる「不安」が特定階層を超えて広がっているからこそ，その不安解消のための施策と認識されれば，特定階層に留まらない幅広い支持を獲得できる可能性は存在するのだ．先に引用したジャットも述べるように，公的支援の不足によって貧困が社会に広がり，その姿をみることによる不安が拡散していけば，高階層者も含めた誰にとっても相互信頼の失われた，不安に満ちた社会になりかねないのである（Judt 2010 = 2011）．つまり，希望や格差に関わる諸事象は，よほど近視眼的な利益追求を求めるような人以外の社会成員の大多数が共有しうる問題なのである．

　そのように考えれば，公的援助の不要な富裕層や将来の希望を強く持つ高階層者にとっても，公的扶助で救済されない極端な格差や社会に広がる希望の無さは，他人事ではなくなる．公的支援は，とかく世代間や経済格差による対立として語られることが多い．しかし，そのような対立は本当に前提なのだろうか．上記のように，多くの問題は，特定の社会に生きるほとんどの人たちにと

って「自分たち，私たち」の問題とみなしうる．そして，そのような視点に基づいて調達しうる支持を基盤にした政治により，格差を広げず，人々の不安を薄めるような施策を着実に実施していく．遠回りにみえるが，「希望の喪失」に立ち向かい，過剰ではないまでも生きるのに必要な程度の「希望」を復活させるためには，そのような方法こそが近道ではないだろうか．

　昨今，アベノミクスのような結局は「経済成長」を目標とする政策によって，一見「希望」が回復しているかにみえる．しかし，そのような政策のみでは，やはり社会に広まる不安の解消にはつながらないであろう．高度成長期的な「誰もが基礎財を獲得していく」という形態の成長が見込めない現代日本社会における経済成長は，一部の経済的成功者のみに「希望」をもたらすであろう．実際，有田伸（2015）の分析に示されているように，アベノミクスは株をもっている人の希望獲得となっていた．そのため，そのような成長から取り残された層は，相対的剥奪感などから，さらに不安を強める可能性がある．結果的に，社会全体としての希望はさらに失われていく，ということにもなりうる．

　本章では，希望の格差とその効果について論じてきた．さらに観察される「希望の喪失」という事態が，実は「希望喪失」言説の影響を受けているのではないかという論を展開した．以上のようなテーマは，広く社会意識と社会の間の相互関連に関わるものである．社会の認知が個人の意識を変化させ，さらにその意識の変化が個人の客観的な状況の変化にも影響する．そして，その個人の状況の集積が実際に社会状況の変化にもつながり，その社会の変化がまた

図表7-8　社会意識と社会の関連構造の概念図

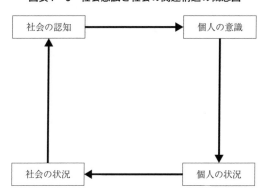

個人の社会に対する認知にフィードバックされる（図表 7-8）．

本章では希望や格差に関わるそのようなメカニズムの一端を，データ分析の結果を通して論じた．しかし，当然ながら本章の議論だけでそのメカニズムの全体が解明できたとはいえず，ましてや発生している現実問題の解決法の提示にはほど遠い．とはいえ，今後そのような視点からの詳細な研究によって，社会と個人の間で生じるメカニズムを実証的に明らかにすることこそ，容易な言説を振りかざすだけに終わらず，かといってただの傍観者にもならない社会科学たり得るのではないか．本論考が，その試みの，わずかではあるが，着実な一歩であることを「希望」する．

注

1）貧困や飢餓に苦しまない程度の所得，テレビ・車・エアコンに代表される耐久消費財，あるいは子どもの高校進学などのことを指す．
2）現実の 1950 年代末から 1960 年代が果たして本当に「希望」に満ちた明るい時代であったかについては，さまざまな異論がある．たとえば，格差や生活の実態については，橋本編（2010）などを参照のこと．
3）『さよなら絶望先生』の掲載された週刊少年マガジンが，創刊から間もない 1960 年頃には「ゆめと希望の少年マガジン」というキャッチコピーを用いていたことなども，非常に象徴的であろう．
4）調査の詳細については，第 1 巻総論を参照のこと．
5）2007 年から 2014 年までの 8 波全ての調査に回答した 2484 ケースに対象を限定している．ただし，次に述べていく結果の傾向については，全 wave に答えた人に絞らない場合でもほとんど差はなかった．そのため後述の図表 7-1，並びに図表 7-8 が示す傾向は，8 年分のパネル調査に協力した人だけに限られる結果ではないと推察される．
6）年齢が若い人ほど希望を抱きやすい傾向があるため，対象者の加齢の効果によって希望を持つ人が減っている，という点も無視できない．しかし，重回帰分析の結果による加齢による低下の予測値（−0.02）や固定効果モデルの時点効果を除いた加齢の効果の推定値（−0.04）よりも，希望の単純平均点は大きく低下している（第 1 波から第 2 波の間で −0.09 ポイント，第 2 波から第 3 波では −0.11 ポイント等）ため，加齢だけで説明できる変化ではないと言いうるであろう．
7）ただしこの上昇については満足度を尋ねた質問項目において，ここで用いている「生活全般」の前に，「あなたの親との関係」「あなたの子との関係」という家族に対する項目が加わったことの影響も考えられる．そのため，2008 年

から2009年にかけて生活満足感が上昇している,とまでは言い切れないだろう.
 8) 2007年からの正規サンプルのみを使用しており,分析対象の個人数は4660,観察数は24162（一個人の平均観察数は5.2）である.また2014年の効果は,他年度と年齢との間の完全相関により除外されている.
 9) 玄田（2009）でも中学生の頃の家庭状況との関連が検討されており,家族関係に恵まれた人ほど希望を持ちやすい傾向が示されている.本研究ではその点について,本人の現在の階層等を統制した上でも出身家庭の影響が残るのかを検討していく.
10) 従属変数を順序尺度として扱う分析（順序ロジスティック回帰分析）でも同様の結果だったため,ここでは簡便性を優先して重回帰分析の結果を掲載した.また「15歳時自宅本量」はカテゴリーの中央値を10で割った値を用いた.正規職には「経営者・役員,正社員・正職員・自営業主・自由業者」を含め,一方の「非正規」には「パート・アルバイト・契約・臨時・嘱託,派遣社員,請負社員,家族従業者,内職」を分類した.また「学生」には学生としてアルバイトで仕事をしている者も含む.また第2波以降の各年次のデータ,あるいは第1波から第8波を累積させたデータを用いた場合でも,ほぼ同様の傾向が示されたため,脱落などの影響がない分,最も代表性の高いと考えられる第1波データの分析結果を提示した.
11) 社会階層の上昇については,複数の指標で捉えることが可能である.たとえば社会階層を所得の面で捉えるのであれば年収や賃金の上昇,学歴であれば上級学校への進学などである.ただし,現在日本において「非正規雇用」と若者の希望の無さを結びつける議論は少なくない.たとえば益田（2012）は若年非正規労働者を,「『希望』をつねに求めつつも,それが叶わぬ間は現在に身を委ねざるをえないという,希望と現在とを往還する生き方」（益田 2012: 101）を強いられる存在として描いている.そのような議論を踏まえ本章では,非正規・無職から正規職への変化に対する希望の影響を分析対象とした.
12) ハイブリッドモデルとは,固定効果モデルとランダム効果モデルを結合させたもので,時間共変量については固定効果モデルと同じ係数を得ながら,個人間の分散も個人内平均をモデルに組み込むことで説明するモデルである（Allison 2009）.2007年からの正規サンプルのみを使用しており,分析対象の個人数は2342,観察数は9791（一個人の平均観察数は4.2）である.また分析の結果,希望の個人内変化の係数が有意ではないことから,ある個人が希望を獲得したり,喪失したりすることの効果は検出されていない.
13) パネル調査のデータを用いたとはいえ,この分析によって因果関係が解明されたと断言できるわけではない.正規化の機会があること,あるいは交際相手獲得の見込みがあることが「希望」の源泉となっていて,結果的に正規職になったり,交際を開始したりしたのであれば,因果順は逆であろう.とはいえ通

常の一時点の調査よりは，パネル調査の特性を生かして前時点の回答情報を用いているため，「希望」を持つことの効果の蓋然性を示せた結果と考える．

14) 同書でも述べられているように，貧困が現実的に餓死に至るような問題になっているのは主に高齢層である．そのため，客観水準だけで「絶望」を考えるならば，本章で対象としたデータでは検証のできない高齢者層において，それが広がっているのかも知れない．

15) 行動経済学における「予測理論（Prospect Theory）」の中で主張される概念である．その理論についての簡便な紹介や説明については，Bernstein（1996 = 2001）の第16章などを参照のこと．その中で予測理論の発案者の1人トヴァスキーの言葉として引用されているように「人間が快楽を得る仕組みの最も重要で大きな特徴は，人々はプラスの刺激よりもマイナスの刺激に対してずっと敏感である，ということである．（中略）あなたの気分をより良くしてくれるものはいくつかあるだろうが，今の気分を害するものの数は無限大である」（Bernstein 1996 = 2001：170-171）のだ．

16) この点については，「恐怖」を振りまくことで人々の関心を集め，世論を誘導する「恐怖の文化」（Glassner 2000 = 2004）と類似の現象が，この「希望」にまつわる言説においても発生している，とも言えるだろう．社会における問題を告発する際，冷静な議論や厳密な統計数値を出すよりは，前述の「損失回避性」というバイアスも手伝い，恐怖や危機を煽る個別事例の方が人々の関心を集め，印象に残って広まりやすい．そのため，「絶望」と銘打つ議論の方が人々に受け入れやすく，社会に浸透しやすい傾向があるのだろう．同様の現象について，政治（特に民主主義の現状）についての言説で「危機」が煽られている一方，その現状が異なることへの実証的批判は拙編著（田辺編 2014）を参照のこと．

17) 2006年の日本の一般政府支出の対GDP比は36.0%と，OECD平均の40%よりも低く，小さな政府の代表のように語られる米国と同程度である（OECD 2009）．そのような指標でみれば，日本はすでに十分「小さな政府」である．しかしながら，2012年の衆議院選挙では，どちらかといえば若者への支援や公的サービスの拡充を主張した民主党は惨敗し，その後政権を担った自民党の基本的な経済政策も，生活保護水準の切り下げなどに端的に示されているように，生活保障の面では「小さな政府化」の路線を進め続けている．そのことからも，そのような方向の政策への支持は未だに少なくない，とも考えられる．中澤（2014）などを参照のこと．

文献

Allison, Paul D. (2009) *Fixed Effects Regression Models*, Sage.
有田伸 (2015)「「日本社会の希望」を高めているのは誰か？」『パネル調査から見る満足度，希望と社会活動「働き方とライフスタイルの変化に関する全国

調査（JLPS）2014」の結果から』東京大学社会科学研究所パネル調査プロジェクトディスカッションペーパーシリーズ No 85: 8-13.
Baumeister, Roy F., Finkenauer, Catrin, Vohs, Kathleen D. (2001) "Bad is stronger than good" *Review of General Psychology* 5 (4): 323-370.
Bernstein, Peter L. (1996) *Against the Gods*, John Wiley & Sons. ＝（2001）青山護訳『リスク――神々への反逆 下』日本経済新聞社.
Dower John W. (1999) *Embracing Defeat: Japan in the Wake of World War II*, W.W. Norton & Co. ／New Press ＝（2004）三浦陽一・高杉忠明訳『敗北を抱きしめて――第二次大戦後の日本人 上』岩波書店.
福井康貴（2014）「個人の希望から社会の希望へ――社会意識のミクロ‐マクロリンク」『理論と方法』: 29(2), 307-322.
玄田有史（2009）「データが語る日本の希望――可能性, 関係性, 物語性」東大社研・玄田有史・宇野重規編『希望学1　希望を語る――社会科学の新たな地平へ』127-172.
玄田有史（2010）『希望のつくり方』岩波書店.
Glassner, Barry (2000) *The Culture of Fear: Why Americans Are Afraid of the Wrong Things*, Basic Books. ＝（2004）松本薫訳『アメリカは恐怖に踊る』草思社.
古市憲寿（2011）『絶望の国の幸福な若者たち』講談社.
橋本健二編（2010）『家族と格差の戦後史――一九六〇年代日本のリアリティ』青弓社.
原純輔・盛山和夫（1999）『社会階層――豊かさの中の不平等』東京大学出版会.
本田由紀（2011）『軋む社会――教育・仕事・若者の現在』河出書房新社.
岩上真珠（2003）『ライフコースとジェンダーで読む家族』有斐閣.
Judt, Tony (2010) *Ill Fares The Land*, The Penguin Press. ＝（2011）森本醇訳『荒廃する世界のなかで――これからの「社会民主主義」を語ろう』みすず書房.
吉川徹（2009）『学歴分断社会』筑摩書房.
久米田康治（2005）『さよなら絶望先生 第一集』講談社.
益田仁（2012）「若年非正規雇用労働者と希望」『社会学評論』249: 87-105.
Merton, Robert K. (1957) *Social Theory and Social Structure*, New York：Free Press. ＝（1961）森東吾・金沢実・森好夫・中島竜太郎訳『社会理論と社会構造』みすず書房.
宮本みち子（2002）『若者が〈社会的弱者〉に転落する』洋泉社.
村上龍（2002）『希望の国のエクソダス』文芸春秋.
中澤渉（2014）『なぜ日本の公教育費は少ないのか――教育の公的役割を問いなおす』勁草書房.
仁田道夫（2009）「『希望がない』ということ――戦後日本と「改革」の時代」東

大社研・玄田有史・宇野重規編『希望学 1　希望を語る——社会科学の新たな地平へ』173-190.
OECD (2009) *Government at a Glance 2009*, OECD Publishing.
大沢真理 (2009)「希望が台無し——逆機能する生活保障システム」東大社研・玄田有史・宇野重規編『希望学 4　希望のはじまり——流動化する世界で』153-183.
Snowdon, Christopher (2010) *The Spirit Level Delusion : Fact-checking the Left's new theory of everything*, Democracy Institute/Little Dice.
鈴木亘 (2010)『財政危機と社会保障』講談社.
田辺俊介・吉田崇・大島真夫 (2011)「希望・所得変動・自己啓発——「働き方とライフスタイルの変化に関する全国調査 (JLPS) 2010」の結果から」東京大学社会科学研究所パネル調査プロジェクトディスカッションペーパーシリーズ No. 38.
田辺俊介編 (2014)『民主主義の「危機」——国際比較調査からみる市民意識』勁草書房.
Wilkinson, Richard G. (2005) *The Impact of Inequality: How to Make Sick Societies Healthier*, The New Press. =(2009) 池本幸生・片岡洋子・末原睦美訳『格差社会の衝撃——不健康な格差社会を健康にする法』書籍工房早山.
Wilkinson, Richard G. and Kate Pickett (2009) *The Spirit Level: Why More Equal Societies Almost Always Do Better*, Allen Lane. =(2010) 酒井泰介訳『平等社会——経済成長に代わる，次の目標』東洋経済新報社.
山田昌弘 (2004)『希望格差社会』筑摩書房.

終　章

就労支援から自立支援へ

佐藤　香

1. 若者たちがおかれている現状

　本書では，パネル調査のデータをもちいて，7章にわたり，現在の若者がおかれている状況について，さまざまな側面からみてきた．この終章では，各章の内容を整理し，若者に対する支援について考えていくことにしたい．

1.1　働く独身男女の「幸せ感」

　第1章「幸せ感からみた若者の多様性——ジェンダーと女性間の違いに着目して」（鈴木富美子）では，JLPS-H 第8波と第1波のデータのうち未婚で働いている338名を対象とする分析をおこなっている．高卒8年目，大卒であれば，現役で進学し4年で卒業した場合には4年目にあたる．

　「現在の生活についての全体としての満足度」は，女性のほうがやや高いが，男女とも6～7割が「満足」「やや満足」と回答している．けれども，その満足感を支える要因は，男女によって異なる．

　男性では「正社員であること」「収入が高いこと」「現在の仕事を継続したいと思っていること」「恋人がいること」が生活全体の満足度を上昇させるうえで重要である．また，（月1回以上の）「スポーツ」「映画鑑賞などの外出」も満足度を上昇させる効果がある．

　それに対して，女性では仕事上の要因は男性ほど重要ではない．労働時間が

長ければ，明らかに満足度が下がる．「現在の仕事を継続したいと思っていること」「恋人がいること」も満足度を上昇させるが，男性ほど効果が大きいわけではない．また，月1回以上の「スポーツ」「映画鑑賞などの外出」「家族との外出」「習い事や自己啓発」といった余暇活動が満足度を上昇させている．

　仕事さえうまくいけば生活全体が満足なものになる男性と比較すると，女性では満足の源泉が多岐にわたるということができるだろう．実際，男性の8割近くが「高収入・満足」か「低収入・不満」のどちらかに分類される．この2つの類型は，おなじ価値観をもつ類型である．一方，女性では高収入でも4人に1人は不満であり，低収入でも3人に2人は満足となっている．女性では「高収入・満足」「高収入・不満」「低収入・満足」「低収入・不満」の4類型に，偏りはあるものの，それぞれ分布していることが示されている[1]．

　鈴木によれば，「高収入・不満」の女性の特徴は，中小企業で戦力として期待され，サービス・技能職についていて，賃金ではそれなりの待遇を得ているが，労働時間が長く，現在の仕事を継続したいとは思っていないという点にある．労働時間が長ければ，女性の生活満足度を上昇させる余暇活動をおこなうことができない．「高収入・満足」と「低収入・満足」では余暇活動が活発であることを考慮すれば，女性では満足度の源泉が仕事に限定されないからこそ，ワーク・ライフ・バランスが重要になるといえるだろう．

　「高収入・不満」の女性は，「高収入・満足」の女性と比較すると，結婚意欲も低い．現在の生活にも不満はあるが，結婚して新しい生活を築いていくことにも消極的なのだろうか．独身でいる理由として「家の居心地がいい」をあげる比率は4つの女性類型のなかで最も少ない．半数が「今は仕事や学業に打ち込みたい」としており，「異性（交際相手）とうまくつきあえない」「異性とつきあう時間がない」の比率も高くなっている．

　低収入の女性たちも結婚をためらう傾向にある．独身でいる理由のうち「結婚後の経済状況に不安がある」は，現在の生活満足度とは無関係である．「低収入・満足」では「家の居心地がいい」とする比率も高い．現在の生活にそれなりに満足している一方で，将来の生活に経済的不安があれば，結婚に踏み切れないというのも理解される．彼女たちは，結婚という選択肢を考えないわけではないが，決断しきれないでいる．

一方,「低収入・不満」では,自分が結婚を選択する主体であるという認識が弱く,「結婚できないかもしれない」という不安を抱く者が多い. これらの女性たちは, 失業の不安や生計の不安を強く抱いているため, 将来のことよりも現在の生活を維持することで精いっぱいなのかもしれない.

　女性がどの類型に属するかは, 実は, 高校時代における親子のありかたと無関係ではない.「高収入・満足」は親との会話頻度が高く,「学校での出来事」「高卒後の進学」「世の中の出来事」「将来」「悩み事」などの話題で頻繁に話をしているが,「成績」についてはあまり取り上げない. また, 進路や将来について考えるとき, 母親だけでなく父親を参考にすることが多い.

　「高収入・不満」でも会話頻度は高いが, その話題は「高収入・満足」とは, やや異なっている. おもな話題は「成績」「高卒後の進学」「将来」であり,「悩み事」について話すことは非常に少ない.

　「低収入・満足」は親との会話頻度が4類型中, もっとも少ない.「世の中の出来事」や「将来」について話すことは, ほとんどない. 高校生の時点で親子関係が距離感のあるものとなっており, そのことが, むしろ, 20歳代半ばになって「家の居心地がいい」という感覚に結びついているようである.

　「低収入・不満」では「学校での出来事」「高卒後の進学」「成績」「世の中の出来事」については頻繁に会話していたが,「将来」について親と話すことが少ない. この類型では高校時代も26歳時点でも専業主婦志向が強いが, それが実現されていないだけに現在に対する不満が強まっている可能性もある. 余暇活動も活発ではなく, 鈴木は「『ワーク』も『ライフ』も満たされていない状況」であることを指摘している.

　少子化問題と関連して, さまざまな未婚化・非婚化への対策がおこなわれているが, それらを有効なものにするためには, よりきめ細やかに考える必要がある. この第1章の知見からは, 男女とも, 現在の生活満足度をあげることが, 結婚というステップを踏み出す勇気につながることが示唆される. 男性では, 何よりも安定して収入が得られる雇用機会が重要である. また, 男女とも一定の余暇活動が確保されていることが生活満足感につながっており, 労働時間の適正化とワーク・ライフ・バランスが求められる. とくに女性では, 労働時間とワーク・ライフ・バランスは男性以上に重要な問題である.

1.2 若者たちの価値観と選択

第2章「何を重視し，どう行動するか――日米の若者の価値観・進路・家族」（深堀聰子）は，JLPS-H 第1波と第8波および米国の若者を対象としたパネル調査 NELS（National Education Longitudinal Study）の 2nd follow-up と 4th follow-up のデータをもちいた分析をおこなっている．日本の JLPS-H は高校3年卒業時の18歳（2003年）と26歳（2011年），米国の NELS は第12学年の18歳（1992年）と26歳（2000年）である．

この日米のデータは，どちらも経済的不況のなかで厳しい雇用環境におかれた時期に青年期を迎えたという点で共通点がある．また，JLPS-H 調査は当初から NELS との比較を念頭において設計されており，共通の設問項目を含んでいる．その意味で，この第2章の比較分析はきわめて興味深いといえるだろう．

JLPS-H 第1波では価値観に関する13項目について「次の事がらは，あなたにとってどれほど重要ですか」を3件法で尋ねている．そのうち，ここではキャリア形成と家族形成に関連する4項目，すなわち，「よい教育をうけること」「仕事で成功すること」「結婚をして幸せな家庭生活をおくること」「子どもをもつこと」に着目した．これら4項目は NELS でも同様に質問されている．

日本の高校生は「結婚して幸せな家庭生活をおくること」＞「仕事で成功すること」＞「子どもをもつこと」＞「よい教育をうけること」の順に「とても重要」としている．結婚や子どもをもつことが遠い将来の出来事で，まだ身近ではない高校生の時点では，結婚や子どもを重視する比率は女性よりも男性のほうが高い．

明治時代以降の日本では，「よい教育を受ければよい仕事につける」ことが社会的に広く信じられ，その信念が絶え間ない教育拡大を支えてきたといわれてきた．けれども，ここでみる日本の高校生の価値観では，「仕事で成功すること」と「よい教育をうけること」との比率に差があることから，教育と仕事とが必ずしも結びつけて考えられていないことがわかる．2つのデータからも，教育と仕事の両方を「とても重要」としている日本の高校生は23.8%にとどまり，米国の高校生の78.2%とは大きく異なっている．

仕事と結婚生活との関連について「仕事で成功すること」と「結婚して幸せ

な家庭生活をおくること」の両方を「とても重要」とする比率をみると，日本の高校生では42.9%，米国の高校生では71.9%となっている．男女別にみると，日本では男性47.9%，女性38.1%，米国では男性70.9%，女性73.0%となっている．日本の女子高校生では，結婚は重要だが仕事は重要ではないとする比率が34.1%にのぼる．深堀は「ワーク・ライフ・バランスが困難な日本の雇用環境のもとで，女性の職業アスピレーションは高校生の時点から抑制されており，性別役割規範が再生産されている」と指摘している．

高校生の価値観と大学進学との関係をみると，日本の高校生では，「仕事で成功すること」を重視する男性ほど大学に進学せず，また，「結婚して幸せな家庭生活をおくること」を重視する場合は男女とも大学進学が少なくなる．それに対して米国の高校生は，「仕事で成功すること」「結婚して幸せな家庭生活をおくること」のどちらを重視する場合でも大学進学の比率が高い．

JLPS-H 第1波と第8波の2時点データの比較からは，日本の若者がおかれている雇用環境の厳しさがうかがえる．男女とも「仕事で成功すること」を「とても重要」とする比率が低下しており，とくに女性では，その減少幅が大きい．他方で，「結婚して幸せな家庭生活をおくること」「子どもをもつこと」については，男性では重視しない方向へ，女性では重視する方向への変化が生じている．

第2章における重要な論点として，深堀は，①大学教育の職業的レリバンス，②ワーク・ライフ・バランス，の2点をあげている．前者は，とくに男性に関わり，後者はとくに女性に関わる．1つずつ，確認していこう．

近年，高校卒業後の大学進学率は，ほぼ50%で推移している．だが，大学に進学するのは，「教育を受けること」を重視している高校生ばかりではない．むしろ教育も仕事上での成功も重視しない男子学生が多く進学している．「そんな彼らにとって大学は，学問を探求する場所でも職業キャリアにむけて準備する場所でもない」現状を変革することは，大学教育の課題にほかならない．

他方で，高校時代に「仕事で成功すること」を重視していた少数派の女性たちは，その後，大学に進学し，安定した雇用機会を獲得している．それにもかかわらず，「ワーク・ライフ・バランスの環境整備が遅れるなかで」彼女たちの職業アスピレーションは大幅に低下しており，家庭志向を強めている．米国

と比較すれば明らかなように，日本社会の性別役割規範は根強く，女性に対して「仕事か家庭かの二者択一を迫る」．だが，現在の社会・経済的な状況のもとでは，「結婚は必ずしも男性稼ぎ手のもとでの安定した生活を保障するものではない．日本女性のライフコースのジレンマは，家庭と職業社会との不調和の問題を鮮明に反映していると」みることができる．

　本章の分析からも，若者たちが親もとを離れ経済的に自立して新たな家族を形成することがきわめて困難なものになっていることがわかるだろう．これは，若者たちの自立問題であると同時に，晩婚化や非婚化，少子化の問題とも結びついている．若者たちの自立とかかわる問題は，実は，日本社会におけるさまざまな課題でもあるということができる．

1.3　困難な「経済的自立」

　第3章「親元にとどまる若者——のしかかる「重層的な支出」」（伊藤秀樹）では，親との同居に焦点をあてて，質問紙調査のデータに加え，インタビュー調査のデータもあわせて，日本の若者の現状を明らかにしている．

　離家，すなわち親元を離れて暮らすことは，とりわけ欧米諸国では自立プロセスの重要な一環と考えられているが，経済的不況のなかで，その時期が遅れる傾向にある．日本では，もともと欧米よりも親との同居率が高かったが，やはり離家が減少し，親と同居する若者が増加している．

　先行研究の整理から，伊藤は，親と同居する若者像に2種類があることを指摘する．1つは，かつて山田昌弘が『パラサイト・シングルの時代』(1999)で描いた「優雅な独身者」に代表される若者である．もう1つは，親子のいずれか，あるいは双方が経済的に厳しく，収入を持ち寄ることで生計を維持している若者である．前者は離家することも可能だが同居を選択しているのに対して，後者は親との同居を余儀なくされている．当然のことながら，現在の日本の若者では，後者のほうが圧倒的に多い．本章では，後者の若者たちについて，その生活に即した詳細な分析をおこなっている．

　まず，質問紙調査（第7波）のデータから，女性，非正社員・無業・家事，高校卒・短大卒，低収入であるほど25歳時点での同居率が高いことが示される．けれども，彼らの多くは，高校3年生のときには，25歳までには離家し

たいと考えていた．その時期が遅れ，まだ親と同居している場合でも，その 6 割は 30 歳までには離家したいと思っている．

離家したいが実現できないというケースでは，経済的な問題が大きい．回答者の 1 人が言うように，手取り月収が 20 万円に達しない状態では，一人暮らしは難しいだろう．だが，第 7 波で手取り 20 万円を超える就労者は 16.4％ に過ぎず，14～16 万円という回答が最も多い．正社員であっても，とくに地方在住者では，自立に必要な収入を得られていないことがわかる．

これまで，たとえ低収入であっても，親と同居しているのであれば，若者が生計を立てるのは比較的，容易であると考えられてきた．けれども，インタビューに回答してくれた若者たちは，その少ない収入から家計を分担し，貸与奨学金を返済し，職業に就くために学校（予備校）に通い，生活に不可欠な自動車のローンと維持費を捻出している．1 つ 1 つは，さほど大きな額ではなくても，それらが複数あることで，経済的な自立が困難になっている．こうした状態を，伊藤は「重層的な支出」と名づけている．

家計の分担割合はそれぞれだが，3 万円以上の負担は珍しくない．父親がおらず，25 歳ですでに一家の家計の主要な担い手となっているケースもある．他方では，両親がいても，きょうだいの学費を負担しているため，毎月 8 万円を渡している若者もいる．長引く不況のなかで，親も生活が苦しい．母親しかいなければ，なおさらだろう．ここには，親の苦労を分かち合おうと，就職して社会人になった若者たちが，少ない収入から最大限の負担をしている「けなげ」で「親孝行」な姿がある．

親世代に経済的な余裕がなく，子世代も 1 人で暮らせるほどの収入はない．互いの収入を持ち寄ることで生活を維持していることがうかがわれる．この状態が続いていけば，若者が自立プロセスを進めることは難しくなる．

同じように収入が少なくても，親に経済的なゆとりがある若者は，自分の生活のことだけを考えることができる．親のゆとりが十分であれば，子どもが就職してからも経済的な支援をすることができ，それによって子どもは離家が可能になる．それに対して，親が経済的に苦しければ，収入の持ち寄りが要請されるため，子どもは離家することができない．離家が自立プロセスの一環として組み込まれている一方で，それが実現できるか否かは親の経済力に左右され

る．ここには，若者の自立が階層的な問題でもあることが示されているだろう．

　奨学金の返済についても同様である．親の経済力が十分であれば，奨学金を受けることなく進学することができる．けれども，現実には，高卒後の進学者の相当数が奨学金を受けている．たとえば，JLPS-H の対象者が大学生だった 2006 年度では大学・短大在籍者の約 25％ が日本学生支援機構による奨学金を受給していた（小林 2008: 136）．この奨学金受給者は，ごく一部を除いて，返済の義務を負っている[2]．大学や専門学校を卒業して就職した若者たちが，返済という社会的な義務を果たすことで，彼ら／彼女らの少ない収入が，さらに減少しているのが実情である．

　以上のように，現在の日本社会には，若者の自立が阻害されてしまうメカニズムが存在する．このメカニズムについて，伊藤は次のように述べている．「これらの出費を自ら負担し，経済的に自立した個人としてふるまおうとしている．そして，経済的に自立したふるまいを試みた結果，今度は離家による生活的自立が難しくなり，経済的自立と生活的自立とのジレンマが生じているのである」．

　こうした若者の自立プロセスに内包されるジレンマは，さきにもふれたように階層的な問題である．格差問題といってもよい．だが，この自立格差をもたらしているのは，豊かな階層でも豊かでない階層でも同一の規範，すなわち「支え合う家族」規範だと，伊藤は指摘する．豊かな家庭では親が子を支え，豊かでない家庭では親子が支え合う[3]．

　さらに，教育費や働く／働き続けるための必要経費の負担が若者たちの自立を阻害する要因となっている．これらの費用を負担できる家計と負担できない家計で若者の自立プロセスが異なる影響を受けるという意味では，これらも階層的な問題といえる．だが，これを階層的問題としているのは，教育政策であり，企業福祉の縮小であって，その責任を家庭や個人に帰することはできない．

　離家の遅れが晩婚化につながることは，容易に想像されるだろう．少子化対策や晩婚化対策を，より根本的に考えるのであれば，若者が離家できる社会的環境が必要となる．その環境を構成するためには，若者に対する支援だけでは不十分であることが明らかである．これまで家庭に委ねられてきた福祉や教育，企業に委ねられてきた福祉機能を，社会的に分かち合う構造を構築していかな

ければならない.

1.4 若者たちが考える「30歳の自分」

第4章「若者の描く将来像——キャリアデザインの変容」（元治恵子）では，若者たちの現状とキャリアデザイン（30歳になったときの働きかた）との関係に着目した分析をおこなっている.

調査では，第1波から，ほぼ毎年，「あなたは，30歳ごろになったとき，どのような働き方をしていたいと思いますか」という質問をしているが，第4章では，この質問に対する第1波と第8波の回答の比較をおこなっている[4]．高校3年生のときの回答をみると，男性は正社員（67%）＞独立（24%）＞その他（9%），女性は正社員（55%）＞非正社員・専業主婦（19%）＞独立（17%）＞その他（9%），の順になっていた．高卒8年目になると，男性は正社員（83%）＞独立（9%）＞その他（9%），女性は正社員（48%）＞非正社員・専業主婦（34%）＞その他（11%）＞独立（8%），と変化している．

男性では順位に変動はないものの，正社員が増加して，他の選択肢，とくに独立が大きく減少している．18歳の高校3年生にとって30歳は遠い将来で，その頃には自分で事業を起こしたりフリーの立場で仕事をしたりするようになっていると考えていたのだろう．けれども，25歳になってみると，それは，あと5年で実現するとは思えないし，実現できたとしてもリスクが大きすぎて必ずしもベストではないと考えるようになったのではないだろうか．その結果，回答者の8割以上が正社員を選択している．

第2章でみたように，男性でも，第8波の時点においては，「仕事で成功すること」を重視する比率が低下していた．その一方での正社員志向の強まりである．正社員として長期にわたって働き続け，昇進していこうというわけではないだろう．そうであるとすれば，ここでみられる正社員志向は，ひたすら安定を求めてのことだと考えられる．

日本の若者たちは，就職して数年がたつと，仕事での「成功」など望むべくもないことを認識するようになる．昇給や昇進を前提としていない非正規雇用についていれば，なおさらだろう．だが，生活の安定をはかるためには，仕事で成功したいわけではなくても働き続けなければならず，そのためには目の前

の仕事に全力で打ち込むしかない．とくに男性には，仕事に全力をあげることを社会的に強く要請される傾向が強い．

　キャリアデザインの変化に戻ろう．独立については，女性でも男性と同様の傾向が認められ，半減している．また，女性の場合，特徴的な変化は正社員の減少と，それに対応するかのような非正社員・専業主婦の増加である．単純な2時点の比較からは，正社員は微減にみえるが，元治の分析によれば，8回すべての調査に回答している女性のうち，この質問で正社員を選択している女性は26％にすぎない．つまり，正社員として働く30歳の自分を「常に」想定している女性は少なく，将来の自画像は揺れ動いているという．「自分自身の現在の状況と思い描く将来像などを勘案しながら将来のキャリアデザインが揺れ動いている様子がうかがえる」．

　学歴とキャリアデザイン（第8波）との関係についてみると，男性では両者は無関係である．学歴にかかわらず，正社員として働きたいと考えている．それに対して，女性では学歴とキャリアデザインとの関連が認められる[5]．4年制大学では正社員が多く，逆に高卒では非正社員・専業主婦が多い．また，専門学校・専修学校・職業訓練校では独立が多くなっている．

　男女の違いは婚姻状態とキャリアデザインとの関係にもあらわれている．男性では，（少数ではあるが）既婚者ほど正社員を選択する比率が高い．それに対して女性では，正社員を選択する比率が既婚者よりも未婚者で高くなっている．ここには，女性が正社員として働くことと家庭をもつこととの両立の難しさがあるだろう．序章でも述べたように，若い女性のキャリアデザインは，結婚や出産を含めたライフコースと関連しながら取捨選択されていく．第4章では，この点に着目した分析もおこなっている．

　ライフコース希望は，ここでは，継続，中断，退職，その他，の4つのカテゴリに整理されている[6]．第1波と第8波のライフコース希望を比較してみると，将来像と同様に，それほど大きな変化はみられない．けれども，個々人のレベルでみると，揺れ動いていることがわかる．また，第8波のライフコース希望とキャリアデザインとは密接に関連しており，継続希望では正社員，中断や退職では非正社員・専業主婦が大半を占める．

　第2章でみた価値観との関係で考えると，女性では，高校時代から「仕事で

成功すること」を重視するのは少数派であったが，その女性たちも仕事から家庭へ比重を移しつつあるのが第8波のデータから示されていた．高校時代は仕事での成功を夢見ていた女性たちも，社会に出て，それを断念するようになる．彼女たちは，行き止まりがみえた仕事よりも結婚して子どもをもつことを，ライフコースにおける，より重要なイベントとして意識するようになるのだろう．その意識がライフコース希望では中断や退職を選択させ，キャリアデザインでは非正社員や専業主婦を選択させることに結びついていると考えられる．

1.5 分断される若者たち

第5章「分化するフリーター像——共感されない非正規雇用の若者たち」（山口泰史・伊藤秀樹）は，若者たちが連帯していくことの可能性について，第1波と第7波のデータをもちいて意識の面から分析している．焦点をあてているのは，非正規雇用の待遇改善である．正規雇用で働く若者と，非正規雇用で働く若者とが，現在の厳しい雇用環境を共通のものとして，それを変えるために連帯することができるのか，という点について考察がおこなわれる．

ここまでの各章でみてきたように，若者の自立の困難は，社会の構造的な要因によるところが大きい．けれども，序章でもふれたが，1990年代半ばに，その困難さがみいだされた当初，自立できないのは若者自身の「甘さ」に原因があるとする考え方が強かった．その後も，若者たちや家庭に問題がある，学校に問題がある，いや企業社会に問題がある，という原因探しが続いてきたが，そのいずれにも部分的な責任はある．そのことを認めたうえで，では，この現状をどうしたら変えることができるのか，その方策を真剣に探さなければならない段階にいたっている．

その方策の1つとして考えられているのが，若者たちの連帯による「運動」である．だが，現実には，この連帯は一過性あるいは局地的なものにとどまっている．本章では，連帯を通じた若者たちの運動が成立しない背景として，2つのメカニズムが検討される．第1は，非正規雇用の若者たちが自らの立場を受け入れてしまう「自己肯定」メカニズムである．そのため，彼ら／彼女らは自分たちの待遇改善を強く求めることができない．第2は，正規雇用の若者が，非正規雇用の若者に対して，「若者バッシング」をおこなう中高年層と同じ認

識を抱いてしまうというメカニズムである．このメカニズムが作用すれば若者たちは連帯することができなくなる．

第1のメカニズムでは，意識と立場の関係が重要となる．これまでの研究では，フリーターの若者たちは特有の意識をもつとされてきた．たとえば，「やりたいこと志向」「進路意識の曖昧さ」「現在志向」「努力より運」などである．これらの意識が，フリーターという立場に身をおかせるという因果関係が，暗黙のうちに考えられてきた．けれども，本章の分析からは，この因果関係は存在せず，むしろ立場が意識をつくるという逆の関係が存在することが示唆される．

続いて検討される意識は「フリーター観」である．調査では，フリーター観として以下の7つの項目が質問されている．

- フリーターになると，あとあとまで不利だ
- 自分がやりたいことを探すためにはよいことだ
- 夢を実現するためにフリーターをしている人はかっこいい
- フリーターもりっぱな1つの働き方だ
- だれでもフリーターになるかもしれない
- 働き口が減っているのでしかたない
- 本人が無気力なせいだ

非正規雇用の経験者について第1波と第7波（高校卒業時と高卒7年目）の比較をすると，フリーターが不利であるという認識が強くなる一方で，「やりたいこと」や「夢」といった文脈で積極的に肯定する比率は低下し，フリーターを「かっこいい」とする比率も大幅に減少している．ただし，「フリーターもりっぱな1つの働き方だ」は半数以上が支持していて，ここにささやかな自己肯定が認められる．

第2のメカニズムについては，正規雇用のみの経験者と非正規雇用経験者のフリーター観を比較している．フリーターが不利であるという認識は両者とも共通しているが，正規雇用のみ経験者ではフリーターに対する積極的な肯定は，非正規雇用経験者よりも，さらに減少している．非正規雇用経験者のささやか

な自己肯定である「りっぱな1つの働き方」についても，正規雇用のみ経験者では支持する比率が低い．これまでに経験した働き方の違いが，両者の意識をより乖離させる方向に機能している．

フリーター観についての7つの項目のうち，後半3つについての回答をみると，「だれでもフリーターになるかもしれない」という認識は，高卒後7年の間に強められており，これは両者に共通する．それに対して，フリーターという存在を構造的な問題とする「働き口が減っているのでしかたない」は，正規雇用のみ経験者で減少，非正規雇用経験者で増加している．一方，フリーターを個人的な問題とする「本人が無気力なせいだ」は，正規雇用のみ経験者で増加，非正規雇用経験者で減少している．ここでも，働き方の違いが意識の違いに結びついており，結果として若者たち内部の意識が分化していることがわかる．

以上のことから，本章では，非正規雇用の待遇改善が若者全体の声として求められ，行動につながるかという点については，否定的な結論となっている．非正規雇用経験者のささやかな自己肯定は，自尊心という意味でも当然のものであるが，これが待遇への不満を抑圧する可能性もある．他方では，正規雇用のみ経験者は，自分もフリーターになるかもしれないという危機感を抱きつつ，フリーターになるのは自己責任だと考えている．これは，現在の仕事に没入していれば自分は大丈夫だと，自らを安心させるためでもあるかもしれない．異なる立場の若者たちが，それぞれ「ささやかな自己肯定」や「安心」を求めることが，互いに共感することを阻んでいる．

さらに，山口・伊藤は，次のように指摘する．「非正規雇用の若者たちの苦境が当人たちにしかわからないものとして閉じ込められた結果，若者の間の格差が拡大していく可能性も浮かび上がってくる．正規雇用の若者と非正規雇用の若者との間で生まれる若者間の経済的な格差は，生活的自立の格差や希望格差へと連鎖していくが，そうした連鎖の鎖がより強固なものになっていくことも推察される」．若者たち自身の「行動」にこの鎖を断ち切ることを期待することはできない．より年長の世代の責任にかかっているといえるだろう．

1.6 選挙に行かない社会的不利益層

第6章「投票に行く若者は誰か——雇用形態・不公平感と投票行動」(長尾由希子)は，おもに第6波のデータをもちいて雇用形態と投票行動について分析している．第6波のデータでは24歳の若者たちの2009年衆院選における投票行動をたずねている．政権交代が起きることとなった同選挙では，20代の若者の投票率も高く，社会的な注目を集めた．JLPS-Hでは初の選挙に関する質問項目が盛り込まれた．

第6章では，第5章における雇用形態による格差と連携といった関心を共有しながら，若者単独でも可能な政治参加の1つとして投票行動をあつかっている．JLPS-Hの調査協力者の投票率は第6波で平均72.5%（公益財団法人明るい選挙推進協会調査では全国の20代平均は49.45%）ときわめて高く，真面目な若者がパネル調査に回答しつづけている様子がうかがえる．ただし，雇用形態別に投票率を検討したところ，統計的に有意ではないものの正社員にくらべて非正規や学生・無職などの若者は投票率が低いようであった．そこで，他の変数をコントロールするとどのような結果になるのか，投票行動に関する2項ロジスティック回帰分析をおこなった．

投票行動の分析に先立ち，そもそも雇用形態による不公平があるということが若者のあいだで共通認識となっているかどうか，現在の状況別に検討した．平均値は4ポイント中3.3ポイントであり，不公平を認識している者は多かったが，正社員は非正規・学生などの若者よりも雇用形態による不公平感を感じていない．

続いて，投票／棄権を従属変数に，性別・学歴・雇用形態・雇用形態別不公平感を独立変数にした2項ロジスティック回帰分析をおこなっている．その結果，大卒ダミーと正社員ダミーの2変数のみが有意に正の値となった．雇用形態別不公平感は，単独でも属性別に作成した交互作用項をもちいても，有意にならなかった．

つまり，非大卒と非正規という社会的不利益層が投票に参加していないことと，政治的な問題意識でもあり選挙における争点でもあった，雇用形態別不公平感はいかなるかたちでも投票行動に影響しないという結果が明らかとなった．

以上の分析から長尾は不公平の自覚はあるが選挙に行かない非正規と，不公

平の認識は弱いが選挙に行く正社員という双方に課題があると指摘している．さらに，非正規という雇用形態はなかばネガティブな属性化しているが，実際には流動的なものであり，他者としてではなくわが身のこととしてとらえることの重要性，ひとりひとりの政治的社会化と社会全体の公共性構築を同時に進めていく意義を強調している．

　政治によって雇用や生活が大きく変わりつつある現在，若者の自立を考える際，経済的な自立だけではなく，政治的リテラシーを身につけることも重要な自立の要件となるであろう．

1.7　「希望がない」のは若者たちなのか，社会なのか

　第7章「希望は失われているのか？──格差と希望喪失の共犯関係」（田辺俊介）では，JLPS-Y および JLPS-M の 2007～2014 年の 8 年間のデータをもちいて，「希望」をめぐる言説と現実との間に存在するメカニズムについて実証的な分析にもとづいた議論をおこなっている．

　希望には，社会についての「社会の希望」と自分自身についての「個人の希望」の2つがある．まず，この8年を通じて，「社会の希望」をもつ比率が10％台の低水準で推移し，「個人の希望」をもつ比率は55％から，いったんは35％まで低下してその後37％になったことが示される．たしかに，この間，リーマン・ショックなどがあり，経済的な困難に直面した人は少なくない．けれども，データからみるかぎり，個人収入や世帯収入の増減が，個人の希望の喪失と結びついているわけではない．

　こうしたなかで，年齢が若いほど，また出身階層が高いほど希望をもちやすいことが明らかにされている．それでは，希望をもつことは，現実を生きるうえで，どのような効果をもつのだろうか．田辺の分析結果は，たとえば非正規から正規の職への移動についても，交際相手と巡り合うことについても，希望をもっている人のほうが実現しやすいことを示している．出身階層に恵まれる→希望をもつ→より恵まれた状態になる，というメカニズムである．希望の効果それ自体は生きていくうえでの励ましになるかもしれないが，出身階層に恵まれていない人にとっては，希望をもつことができず，現実を変えることもできないという連鎖が起こりうる．

このことから，田辺は，希望が格差を拡大する危険を孕む可能性を指摘する．「希望の有無に格差があるだけでなく，その希望を持てる人が不利な状況から上昇する一方，もてない人が上昇できないということで，さらなる格差を生む可能性を秘めている」．田辺によれば，さまざまな言説が「希望」に着目する背景には，日本社会の現実が「絶望的」なものであるという認識があるという．田辺は，この認識にある種の歪みがある可能性を指摘している．現在の日本社会の問題は，事実として「絶望的」であるというよりも，「『絶望』と判断しうる数字や議論こそが人々に受け入れられやすい，という状況自体」にある．

なぜ，このような状況が生じるのだろうか．その理由としてあげられるのが「損失回避性」である．人間の感情には，利得よりも損失のほうに強く反応するという認識的なバイアスが存在する．感情が強く反応した情報ほど記憶に残る．「絶望的」という情報が発信されるほど，絶望的であるという認識が共有され，絶望的な現実が生み出されていくということも，ありえないことではない．

貧困や飢餓に苦しまない程度の所得や，テレビ・エアコン・自動車など一定の耐久消費財，子どもの高校進学などを「基礎財」という．現在の日本は，大多数の人に基礎財がいきわたった「基礎的平等化」が達成された状態といえる．貧しい時代には基礎財を得ることが希望になりうるが，豊かな時代には損失回避性という認知バイアスのためもあって，基礎財を失うのではないかという不安を抱きやすい．この不安が，人々を悲観的にし，希望を失わせる．

自由記述のデータでみても，20歳代の回答者が将来の年金や家族をもつことについて不安を抱いていたり，30歳代の回答者が高齢になったときの生活を不安に感じていたりする．このことから，田辺は「現実化するにはまだまだ充分な期間があるはずの諸問題について，未来を先取りした予期の上で，大きな不安を感じている人々の姿が浮かび上がってくる」と述べている．

将来に不安を抱いている人は，できるだけ損失を小さくしようとする．社会の将来についても同様である．田辺は，現在，多くの人々が公的支出を縮小させる「小さな政府」を支持している背景には，この不安が存在するのではないかとしている．社会保障費など公的支援を拡大させるよりも，格差が拡大することを受け入れてしまおうとする方向に向かっている．

けれども，さまざまなリスクのある現代において，いざとなったら公的な生活保障が受けられるというセーフティネットに不備があることは，社会全体の不安を増大させる．セーフティネットを十分なものにするという政策は，実際に支援を必要としている人々にとどまらない効果をもつ．つまり，若者たちを支援することは，社会全体の不安を低下させ，希望を回復させることにもなる．喫緊の課題として，具体的には，高すぎる利息を払わなければならない奨学金や，年金の世代間格差，労働市場の硬直性などがあげられる．

それにもかかわらず，若者たちを支援する政策は，今のところ，支持されていない．限られた財源のなかでの公的支援であることから，対象となる高齢者と若者との間に世代間対立が生じ，人口構成上で大きな比率を占める高齢者が優先されるという説明がなされることが多い．こうした流れを変えることこそが政治の役割だと田辺は主張している．

「公的支援の不足によって貧困が社会に広がり，その姿をみることによる不安が拡散していけば，高階層者も含めた誰にとっても相互信頼の失われた，不安に満ちた社会になりかねないのである．つまり，希望や格差にかかわる諸現象は，よほど近視眼的な利益追求を求めるような人以外の社会成員の大多数が共有しうる問題なのである」，「多くの問題は，特定の社会に生きるほとんどの人たちにとって『自分たち，私たち』の問題とみなしうる．そして，そのような視点に基づいて調達しうる支持を基盤にした政治により，格差を広げず，人々の不安を薄めることができるような施策を着実に実施していく」必要がある．

2. 自立していないのは若者だけなのか

以上でみてきたように，現在，若者たちの自立プロセス，すなわち「成人期への移行」は困難なものとなっており，これは他の世代も共有すべき社会全体の問題である．若者たち自身の努力だけでは，この現状を変えることはできない．大人たち，より年長の世代が，社会全体の変化を促進していく必要がある．本節では，生活時間という視点から，この点について考えてみたい．

序章1.2で述べたように，自立とは社会への完全参加であり，成人年齢に達

終　章　就労支援から自立支援へ

して政治参加の権利を有し，経済的に親に依存することなく生活を営み，自らの選択によって新たな家族を形成し，その生活を維持することである．改めて考えてみれば，若者だけでなく，実は多くの日本人もまた，この自立条件を満たしていないことに思い当たる．

2.1　女性の経済的自立

　総体としての自立を可能にするのは，経済的自立である．その重要性は，序章でみたイギリス社会でも，日本社会でも同様だが，ここで問題となるのが，社会階層とジェンダーである．ここでは，後者のジェンダーに着目したい．

　「男性は仕事，女性は家事・育児」という性別役割分業の規範が残っているとはいえ，専業主婦は減少傾向にある．総務省統計局「労働力調査」によれば，2012年の女性の就業率は，25～34歳で69.1%，35～44歳で66.7%である．既婚女性に限ってみても，これらの年齢層での就業率は60%を超えることから，子育て世代であっても，共働き世帯が過半数を占めることがわかる．

　ただし，働く女性の大多数は，フルタイムの正社員ではなく，パートなど非正規雇用で働いている．その最大の理由は，正規雇用よりも非正規雇用のほうが仕事と家事・育児が両立しやすいためである．逆にいえば，社会全体でのワーク・ライフ・バランスが実現していないため，パートという働き方が選ばれていることになる．

　図表終-1は，総務省統計局「社会生活基本調査」[7]（2006年）のデータをもちいて，仕事のある平日に，夫と妻がそれぞれ，どれだけの時間を労働（ペイドワーク）と家事・育児（アンペイドワーク）に費やしているかを平均値で示したものである[8]．配偶者（妻）の時間配分は，働きかたによって大きく異なる．正規雇用で働く女性は約8時間の労働をし，3時間弱の家事・育児をしており，合計では11時間近くになる．世帯主である夫の合計時間よりも1時間ほど長く働いており，これが「働く女性の二重負担」と呼ばれる問題となっている．一方，非正規雇用の女性は5.5時間の労働と約4時間の家事・育児，無職（専業主婦）の場合は，約7.5時間の家事・育児となっている．

　正規雇用で働く女性は，仕事と家事・育児のため長い時間働いており，睡眠時間も短く，その負担は大きい．それにもかかわらず，専業主婦やパート主婦

図表終-1 世帯の就業形態別にみたペイドワーク（労働時間）と
アンペイドワーク（家事・育児時間）

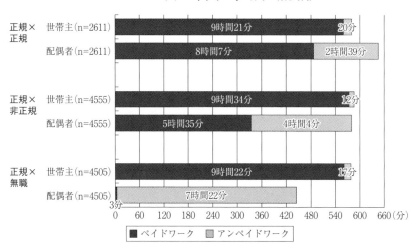

と比較すると家事・育児時間が短く，家庭での責任を十分に果たしていないというプレッシャーを感じやすい．こうしたプレッシャーを抱える女性の呟きを，萩原久美子（2006）は，次のように記述している．

　仕事も家庭のことも日々，ただ，あくせくと通り過ぎていく．そんな「ワーキングマザー」としての生活も，なにかのはずみで一挙にくずれていくような焦りがある．いつも砂袋をひきずっているような疲れ．いったい，これはなんなのだろう．（萩原 2006: 20）

　こうしたなかで，たとえば体調を崩すなどして正規雇用の職を退職すれば，その後，働く必要が生じたとしても，パートという働きかたを選ぶことが容易に想像できるだろう．ところが，パートという働き方を選ぶと，その低い賃金も受け入れなければならなくなる．もともとパートで働く既婚女性は家計補助として考えられてきたこともあって，生計が成り立つような賃金体系にはなっていない．そのうえ，専業主婦を「標準的」モデルとしてきた税制や社会保障制度が変わっていないため，いわゆる「103万円の壁」「130万円の壁」の枠内

で働く女性が多い[9]．このシステムのもとでは，女性，とくに既婚女性が経済的自立を果たすことは難しい．

2000年代に入ってからは，主婦パートの主流は「家計の足しにするため」の「家計補助型」から「生活を維持するため」の「生活維持型」に変化している（本田 2010: 24）．すでに私たちの生活は，女性の労働なしに維持していくことができなくなっているのである．よく知られているように，バブル崩壊後の日本企業は人件費の削減のため，正規雇用の採用を抑制し，労働力の非正規化を進めてきた．この非正規の雇用労働者のなかで最も多いのが主婦パートである．1990年代以降，主婦パートの「基幹化」が進み，多くのパート社員が正社員なみに働くことが求められるようになった．それにもかかわらず，2008年の段階でも，男性正社員の賃金を100としたときの女性パートの賃金は46.9と低い水準にとどまっている（本田 2010: 88）[10]．

夫の失業や離婚などのリスクに直面したときに，パートなど非正規雇用の現在の賃金水準では，自立した生活は難しい．人並みあるいは人並み以上に働いても「ワーキング・プア」になってしまう賃金格差の是正が必要である．また，女性パートの賃金が低いために非正規雇用全体の賃金も低くなっており，そのことが非正規雇用で働かなければならない若者たちの自立を阻害している．

2.2　男性の生活的自立

自立した生活を送るのに必要なのは，経済的条件だけではない．自立していない状態の一例として，介護・介助が必要な状態を考えてみよう．清潔な衣類を身につけること，食料品を購入し調理して食べたら片付けること，入浴や洗面をして身体を清潔に保つこと，掃除しごみを出して清潔な居住環境を維持すること，これらの場面で人手を必要とすれば「自立していない」状態といえる．つまり，生活的自立を保つためには，毎日，必ず，ある程度の家事を必要とするのである．掃除や洗濯は，数日に1回でも間に合わせることができるが，食事や入浴など毎日の生活に不可欠な家事も少なくない．子どもがいれば，なおさらである．けれども，図表終‒1でもみたように，正規雇用男性の平日のアンペイドワーク（家事・育児）の時間は極めて短い．妻の就業状態によって，多少の違いは認められるものの（妻が正規雇用で20分，非正規雇用で12分，専

業主婦で17分），生活的自立には不十分な時間である．

　もっとも，上記の数値は平均値であり，必ずしも現実を反映しているとはいえない．そこで，アンペイドワークが0（ゼロ）である比率をみたところ，正規雇用で働く男性世帯主全体では79%，妻が正規雇用で74%，非正規雇用で84%，専業主婦で79%であり，大多数が平日のアンペイドワークが0（ゼロ）という結果になった[11]．これらの男性は，清潔な居住環境や衣服，入浴の準備，食事などについて，すべて家族（多くの場合は妻と考えられるが）に依存して生活していることになる．

　男性世帯主がアンペイドワークをおこなう要因について，おこなう場合を1，おこなわない場合を0とする2項ロジスティック回帰分析をおこなった．結果は図表終-2に示したが，夫あるいは妻が高等教育を受けていること，妻が正規で働いていること，末子が就学前であること，大都市圏以外に住んでいること，などがアンペイドワークをおこなう確率を高め，長い労働時間は低下させ

図表終-2　夫のアンペイドワークの規定要因

		Exp(B)
年齢	世帯主年齢	0.995
	配偶者年齢	0.991
学歴	世帯主高等教育ダミー	1.177 ***
	配偶者高等教育ダミー	1.139 *
	(基準：高卒以下)	
労働時間	世帯主仕事時間	0.996 ***
妻の就労	正規ダミー	1.618 ***
	非正規ダミー	0.890 *
	(基準：無職)	
ライフ	子どもなしダミー	1.089
ステージ	末子就学前ダミー	2.334 ***
	末子小中高ダミー	1.045
	(基準：末子大学以上)	
居住地域	大都市圏ダミー	0.783 ***
	(基準：非大都市圏)	
	(定数)	3.186
	-2対数尤度	10216.137
	Cox-Snell R2乗	0.106
	Nagelkerke R2乗	0.168
	N	11454

注1：札幌・仙台・関東・中京・京阪神・広島・北九州福岡・静岡の8大都市圏を大都市圏とした．
　2：*** $p<0.001$，** $p<0.01$，* $p<0.05$，† $p<0.10$

る．

　この分析からも明らかだが，妻が非正規雇用であることは夫のアンペイドワークを減少させる効果がある．その背景には夫の長時間労働がある．ペイドワークの平均時間をみると，妻が正規9時間21分，非正規9時間34分，専業主婦9時間22分となっており，妻が非正規の夫で最も長い．

　男性正社員の長時間労働を前提としたシステムのもとで，妻は経済的自立ができず，夫は生活的自立ができていない．立岩真也（2006）は，「職につけている人の多くにしてもつらいところはある．一人の稼ぎで大人（配偶者）を含む一家を養えてしまえるというのは異様と言ってよいことだが，それは稼いでいる側も圧迫する．仕事も少なく給料もその分少ない二人の方が，そうでない一人よりたいてい楽なはずだ」（立岩 2006: 157）と述べる．仕事も家事も，すべて対等であるべきだというのではなく，それぞれが最低限の経済的・生活的自立ができない状態が日常化していることが問題なのである．

　既婚女性にとっては，夫の失業や離婚がリスクであるが，既婚男性にとっても，妻の死亡や離婚はリスクとなる．日々をペイドワークのみで暮らしてアンペイドワークをおこなっていなかったら，そのリスクは大きなストレスを生み出す．男性がアンペイドワークをおこなって生活的自立を可能にすることは，リスクに対する備えでもあるが，同時に妻の夫婦関係満足度を向上させ，離婚リスクを軽減することにもつながる[12]．そのためには，男性正社員の長時間労働を制限し，ワーク・ライフ・バランスを図る必要がある．

2.3　若者たちに自立を求めるための前提

　以上でみてきたように，現在の日本社会では，「大人」世代であっても，経済的自立のうえに生活的自立を果たしている人は少ない．親子や夫婦の間で依存し合う関係が一般的である．親子・夫婦が支え合うといえば美談であるが，自分ではない家族に生じたアクシデントや，その家族の意思決定によって，それまでの生活の基盤が，決定的に，しかも根こそぎ奪われる可能性がある[13]．このことが，第7章で田辺が指摘している「将来への不安」と結びついている．

　経済的自立と生活的自立が相補関係になっている大人世代とは異なり，序章2.2でもふれたように，少なくない若者たちが経済的自立と生活的自立のどち

らも成立できない状態におかれている．この点を，若者たちの立場から告発したのが，今野晴貴（2012）である．

　序章第3節で述べたように，日本的雇用システムのもとでの正社員は，職務・労働時間・労働場所について限定のない労働義務を負う代わりに，雇用保障があり，生活給が支払われ，その他の追加給付や保険を受けることができるという暗黙の前提があった．しかし，いわゆる「ブラック企業」では，正社員としての労働義務を負いながら，代償としての賃金や保障を得ることができない．経済的自立ができない賃金と生活的自立ができない長時間労働のなかで，多くの若者が離職し，あるいは鬱病や過労死に追い込まれているという．

　今野は，現在，進められている「若者支援」の政策，具体的には「キャリア教育」や「就職活動の支援」，企業の場における「トライアル雇用」などは，若者たちの現状を改善させるよりも，むしろ悪化させる恐れがあると指摘する．本当に必要なのは，日本的雇用システムからの脱却であり，長時間残業や遠距離配転が前提とされる「正社員」のあり方と，それにともなう諸制度を見直さなければならないと主張する．「そもそも日本型雇用とは，企業ごとに正社員（その多くは男性）だけにメンバーシップを与え，彼らだけに雇用保障と福祉を与えるという仕組みである．しがたって最初から限定的・閉鎖的で，さらには差別的な雇用なのである．そして，ここに国家の福祉が大きく依存していたこと自体に，日本社会のゆがみがある[14]」（今野 2012: 230-231）．

　こうした日本的雇用システムの歪みが是正されない状態で，若者たちに自立を要求することができるだろうか．本書でみてきたように，自立困難な若者が親への依存を，より長期化させれば，それは社会全体の格差を拡大することにつながる．日本的雇用システムが抜本的に見直されるとき，パート労働の賃金も適正化され，ワーク・ライフ・バランスも実現されることになる．「大人」世代における女性の経済的自立や男性の生活的自立も，その延長線上に存在する．若者たちの自立を支援することは，実は，大人世代のさまざまな課題を解決することにもつながっている[15]．

3. 結びにかえて

若者たちの自立を支援するためには，年長世代の働きかたを変え，日本的雇用システムを変革する必要がある．先行研究が指摘しているように，俳優やミュージシャン・ダンサー・デザイナーなどの職業に憧れたり（荒川 2009），音楽家・舞台芸術家・職業スポーツ家といった「著名人」（片瀬 2005）を目指したりする高校生は少なくない．けれども，JLPS-H がみてきたように，20代半ばにもなれば，こうした「夢」は断念され，「普通に働いて，普通に暮らす」ことを望むようになっている．

「普通の暮らし」ができることが，若者たちの自立である[16]．年長世代の働きかたを変えるにあたっては，既得権の問題もあり，さまざまな障害が存在すると予想される．だが，「働くこと」の原点に立ち戻れば，失ってはならないものは，それほど多くはない．

> 暮らすことの中に消費があり，消費のために生産がある．働くことはまず手段であり，生活するために働く．その意味で働くこと，生産することはよいことである．そして能力とはなにかの用に役に立つ力である．だから能力があることは役に立つことではある．できること，できるようになることは，それ以下でないが，それ以上でもない．そして次に，働くことは，少なくとも時には，楽しみである．そして，もちろん必要であることと楽しみであることとは両立しうる．生活のために働いているが，その仕事は楽しいというように．それ以外のことを言うとしたら，それは余計である．たんに手段であるものを，あるいは楽しみであるものを，それ以上のものにしている．しようとしている．（立岩 2006: 33）

私たちの社会は，働くことを過剰に希望と結びつけ，生きがいや喜び，人間的成長などに不可欠なものにしてしまう「余計」な心性に覆われているといえるだろう．これは，序章でみた水町勇一郎（2009）の指摘にも通じるものがある．余計なものを余計と認識し，働くことに潜む2つの危険，すなわち「働け

ずに孤立する危険」と「働きすぎて自己を見失う危険」を回避しなければならない．

　生活のために働く機会を分かち合い，できるだけ多くの人が他人に依存することなく生活していける社会を構築していくことが，ほんとうの意味での若者支援となる．そのうえで，奨学金など高等教育の費用負担や[17]，教育における職業的レリバンスや政治的リテラシーなど，とくに若者に必要とされる対策についても，早急に政策的な対応が必要である．何よりも，自立しようと懸命に努力している若者たちに対して，自立できないことを問責するのではなく，応援すること，それを伝えることから始めたいと思う．そして，年長世代に向けて，若者を支援することの必要性を理解してもらえる努力をしていきたい．

　最後になるが，これまで JLPS-H，JLPS-Y および JLPS-M の調査に協力してくださってきた数多くの回答者すべてに感謝したい．調査はこれからも継続される予定である．引き続き調査対象者の協力を得て，より実りある成果をあげていきたいと考えている．

注

1) やや視点は異なるが，金井淑子（2011）は，現在の社会構造では女性の〈若者問題〉がみえにくく，そのなかで女性内部における「女女格差」とでもいうべき分化が生じていることを指摘している．
2) このうち無利子の第1種が3分の1，有利子の第2種が3分の2である．第1種奨学金は年額約54〜77万円，第2種は年額36〜180万円となっている（2008年）．この金額からもわかるように，奨学金を受けたからといって，親の経済的負担なしに進学できるわけではない．
3) 一例ではあるが，祖父母の介護を一身に担っているケースもあげられている．経済的および介護などにおける家族の支え合いが規範となっていることの背景には，渡辺秀樹（2011）が指摘するように，日本では子どもの自立を期待しない家族文化が存在すると考えられる．
4) 各カテゴリに含まれる選択肢の詳細については，本書第4章を参照のこと．
5) この点については，本書第2章も参照のこと．
6) 各カテゴリに含まれる選択肢については，本書第4章を参照のこと．
7) 「社会生活基本調査」は，1976年以降，5年ごとに実施されている生活時間調査である．2006年には，約8万世帯に居住する10歳以上の世帯員約20万人を対象として，1日の生活時間の配分と過去1年間における主な活動状況などを調査している．なお，以下で示すのは，平成22年度内閣府経済社会総合

研究所「ワーク・ライフ・バランス社会の実現と生産性に関する研究」において，統計法第33条に基づき，内閣府経済社会総合研究所が総務省統計局から提供を受けた個票データの分析結果である．

8) ここでは，世帯主が20歳以上65歳以下の男性世帯主世帯で，世帯主が正規雇用で，配偶者（妻）が正規雇用・非正規雇用・無職（専業主婦）である11,671世帯に限定して集計した．

9) 103万円はパート収入にかかる所得税が夫の配偶者控除によって免除される限度額であり，130万円は健康保険や年金など社会保険料をパート収入から支払わなければならなくなる限度額である．

10) 職場におけるジェンダー格差はパート労働者だけではない．正社員であっても，雇用機会や昇進・昇格などの待遇，賃金など，さまざまな格差が存在している（萩原2006，第6章参照）．

11) アンペイドワークをおこなっている場合の平均時間は1時間23分であった．

12) 山口一男（2007）参照．

13) このことと関連して，序章でみたジョーンズ＆ウォーレス（1992＝1996）が公的扶助による若者の自立を主張していることを指摘しておきたい．制度化された公的扶助であれば，家族のアクシデントや人間関係の悪化などによって奪われることはないため，他人に依存していることにはならない．だが，日本では，生活保護など公的扶助によって生計を維持することを自立から最も遠いと感じることが多く，この日英の意識の差は興味深い．なお，本書では親子間の支援を否定しているわけではない．だが，それぞれの自立のうえでの支援を選択するのではなく，支援がなければ生活が成立しない，すなわち選択の自由が存在しない状態を問題視するものである．

14) 企業福祉から公的福祉への代替が必要であることについては橘木俊詔（2005）などを参照．

15) 中西新太郎（2005）は，若者支援の前提として社会的自立像の組み換えが不可欠であり，そこでは社会システム全体の変革が必要となるとしている．また，広井良典（2006）は，若者に対する公的支援は「人生前半期の社会保障」であり，これがすべての世代の社会保障を支えることを示している．

16) 前掲今野（2012）も，「普通の人が生きていけるモデル」を策定する重要性を指摘している（今野 2012: 233-235）．

17) 矢野眞和（2011）は大学授業料を無償化することで家庭における歪みや日本的雇用システムを変革する可能性を示している．

文献

荒川葉（2009）『「夢追い型」進路形成の功罪――高校改革の社会学』東信堂．
萩原久美子（2006）『迷走する両立支援』太郎次郎社エディタス．
広井良典（2006）『持続可能な福祉社会』筑摩書房．

本田一成（2010）『主婦パート――最大の非正規雇用』集英社.
Jones, G. and Wallace, C.（1992）*Youth, Family and Citizenship*, Buckingham, Open University Press. =（1996）宮本みち子監訳・鈴木宏訳『若者はなぜ大人になれないのか――家族・国家・シティズンシップ』新評論.
金井淑子（2011）「不可視化される『女性の〈若者問題〉』」宮本みち子・小杉礼子編著『二極化する若者と自立支援 「若者問題」への接近』明石書店.
片瀬一男（2005）『夢の行方――高校生の教育・職業アスピレーションの変容』東北大学出版会.
小林雅之（2008）『進学格差――深刻化する教育費負担』筑摩書房.
今野晴貴（2012）『ブラック企業――日本を食いつぶす妖怪』文藝春秋.
水町勇一郎（2009）「労働信仰の魔法とそれを解く法」東大社研・玄田有史・宇野重規編『希望学1　希望を語る』東京大学出版会: 191-214.
中西新太郎（2005）「これからの社会と自立像――『学力』論議を超えて」佐藤洋作・平塚眞樹編著『ニート・フリーターと学力』明石書房.
橘木俊詔（2005）『企業福祉の終焉――格差の時代にどう対応すべきか』中央公論新社.
立岩真也（2006）『希望について』青土社.
渡辺秀樹（2011）「家族の文化」宮本みち子・小杉礼子編著『二極化する若者と自立支援 「若者問題」への接近』明石書店.
山田昌弘（1999）『パラサイト・シングルの時代』筑摩書房.
山口一男（2007）「夫婦関係満足度とワーク・ライフ・バランス」『季刊家計経済研究』73号: 50-60.
矢野眞和（2011）『「習慣病」になったニッポンの大学―― 18歳主義・卒業主義・親負担主義からの解放』日本図書センター.

付　録

分析に使用した調査票の設問一覧

注：各章で分析に使用した調査票の設問を，wave 1 の問 1 から順に並べています．同じ問に含まれていて分析に使用しなかった設問の選択肢は，削除しています．（たとえば問の中に A・B・C の設問があり，A だけを分析に使用した場合，B・C の選択肢を削除．）また，分岐項目の指示なども，不要なものについては削除しています．

★第 1 章

○性別（wave 1 問 1(a)）

問 1.　あなたについておたずねします．(a)と(b)のそれぞれについて，あてはまる番号 1 つに○をつけてください．(c)は，□内に数値を記入してください．

(a) 性別
1　男
2　女

○進路や将来の仕事について参考にする人（wave 1 問 21 A・B・E）

問 21.　あなたは，進路や将来の職業について次の人びとの意見をどのくらい参考にします（した）か．A～F のそれぞれについて，あてはまる番号 1 つに○をつけてください．

	かなり参考にする	少し参考にする	参考にしない	そういう人はいない
A.　父親	1	2	3	4
B.　母親	1	2	3	4
E.　学校の先生	1	2	3	

付　録　分析に使用した調査票の設問一覧

〇親との会話頻度（wave 1 問 30 A～H）

問 30. あなたはご家族（保護者）と，次の事がらについてどれほどひんぱんに話し合いますか（ましたか）．A～Hのそれぞれについて，あてはまる番号1つに〇をつけてください．

	ひんぱんに	時々	まったくない
A. 学校での出来事について……	1	2	3
C. 成績について…………………	1	2	3
D. 高卒後の進学について………	1	2	3
F. 世のなかの出来事について…	1	2	3
G. 悩み事について………………	1	2	3
H. あなたの将来について………	1	2	3

〇就業形態・企業規模・職種（wave 8 問 5(b)・(d)・(e)）

問 5. あなたが現在ついている仕事（正規・非正規にかかわらず）についておうかがいします．(a)には，数字を記入し，(b)～(e)には，それぞれあてはまる番号1つに〇をつけてください．(f)には，具体的な仕事の内容をお答えください．

(b) 就業形態

1	経営者・役員	4	派遣社員	8	内職
2	正社員・正職員	5	請負	9	その他
3	パート・アルバイト・契約・臨時・嘱託	6	自営業主，自由業者		（具体的に：　　　　）
		7	家族従業者		

(d) 企業規模（本社・支社などすべて含めた従業員数，パート・アルバイトは除く）

| 1 | 29 人以下 | 3 | 100～299 人 | 5 | 500～999 人 | 7 | 公務員 |
| 2 | 30～99 人 | 4 | 300～499 人 | 6 | 1000 人以上 | | |

(e) 職種

1	専門・技術的職業（医師，看護師，弁護士，教師，ケアマネージャー，介護福祉士など専門的知識・技術を要するもの）
2	管理的職業（企業・官公庁における課長職以上，職員，経営者など）
3	事務的職業（企業・官公庁における一般事務，経理，内勤の仕事など）
4	販売的職業（小売・卸売店主，店員，不動産売買，保険外交，外勤のセールスなど）
5	技能工・生産工程に関わる職業（製品製造・組み立て，自動車整備，建設作業員，大工，電気工事，農水産物加工など）
6	運輸・通信的職業（トラック・タクシー運転手，船員，郵便配達，通信士など）
7	保安的職業（警察官，消防官，自衛官，警備員など）
8	農・林・水産に関わる職業（農作物生産，家畜飼養，森林培養・伐採，水産物養殖・漁獲など）
9	サービス的職業（理・美容師，介護ヘルパー，コック・料理人，ウェイター・ウェイトレス，客室乗務員など）
10	その他（具体的に：　　　　　　　　　　　）

付　録　分析に使用した調査票の設問一覧

〇労働時間（wave 8 問 6 A・B）

問 6.　あなたは，通常の 1 週間に，仕事を何時間していますか．所定内労働時間と時間外労働（残業時間＋休日出勤）にわけて，数字でお答えください．※ 2 つ以上仕事をしている方は，合計の時間をお答えください．

A.　所定内労働時間　　　　　　　　週あたり　☐☐時間
B.　時間外労働（残業時間＋休日出勤）週あたり　☐☐時間

〇当面の仕事継続意向（wave 8 問 9）

問 9.　あなたは現在の会社で当面（5 年程度）仕事や事業を続けたいと思いますか．あてはまる番号 1 つに〇をつけてください．また，続けたい（やめたい）と思っている理由を，☐内に自由にお書きください．

| 1 | 当面続けるつもりである | 3 | すぐにやめるつもりである |
| 2 | やめることを考えている | 4 | わからない |

〈仕事を続けたい（やめたい）と思っている理由〉

〇最後に通った学校（wave 8 問 10・付問 10-1）

問 10.　あなたが最後に通った，または在学中の学校は，次のどれにあたりますか．あてはまる番号 1 つに〇をつけてください．

1	高校	5	職業訓練校
2	4 年制大学（医歯薬学部を含む）	6	大学院
3	短期大学	7	その他（具体的に：　　　　）
4	専門・専修学校		

付問 10-1.　あなたはその学校を卒業しましたか，中退しましたか，それとも在学中ですか．あてはまる番号 1 つに〇をつけてください．

| 1 | 卒業 | 2 | 中退 | 3 | 在学中 |

〇収入（wave 8 問 11）

問 11.　あなたが仕事（アルバイトを含む）などから得る手取り収入は，1 ヶ月平均いくらぐらいですか（ボーナスは含みません）．あてはまる番号 1 つに〇をつけてください．

1	収入はない	6	12～14 万円未満	11	22～24 万円未満
2	5 万円未満	7	14～16 万円未満	12	24～26 万円未満
3	5～8 万円未満	8	16～18 万円未満	13	26～28 万円未満
4	8～10 万円未満	9	18～20 万円未満	14	28 万円以上
5	10～12 万円未満	10	20～22 万円未満		（具体的に：　　　　）

付　録　分析に使用した調査票の設問一覧

○同居者の有無（wave 8 問13）

問13．あなたは現在，だれと暮らしていますか．あてはまる番号すべてに○をつけてください．

1	父親	5	祖母	9	親族ではない知人
2	母親	6	その他の親族	10	ひとりで
3	兄弟姉妹	7	配偶者	11	その他
4	祖父	8	子ども		（具体的に：　　　）

○余暇活動の頻度（wave 8 問18 A〜F）

問18．あなたは次のような活動をどのくらいの頻度で行っていますか．A〜Gのそれぞれについて，あてはまる番号1つに○をつけてください．

	ほとんど毎日	週に3〜4回程度	週に1〜2回程度	月に2〜3回程度	月に1回程度	年に数回程度	ほとんどやっていない
A．家族で外出する（外食を含む）	1	2	3	4	5	6	7
B．友人と外出し，一緒に遊んだり食事をしたりする	1	2	3	4	5	6	7
C．習い事や学校に通うなど学習活動や自己啓発をする	1	2	3	4	5	6	7
D．スポーツ（ジョギング，ジム，ダンスなど）で体を動かす	1	2	3	4	5	6	7
E．エステ・マッサージなどリラクゼーションに行く	1	2	3	4	5	6	7
F．（自宅外で）映画，音楽，演劇などの鑑賞，スポーツ観戦をする	1	2	3	4	5	6	7

○将来に対する不安（wave 8 問22 A〜F）

問22．あなたには，将来の生活について，次のような不安がどれほどありますか．A〜Fのそれぞれについて，あてはまる番号1つに○をつけてください．

	とてもある	少しある	あまりない	まったくない
A．職につけなかったり，職を失うのではないか，という不安	1	2	3	4
B．生活するのに十分な収入が得られなくなるのではないか，という不安	1	2	3	4
C．家族の介護に追われるようになるのではないか，という不安	1	2	3	4
D．突然の事故に見舞われるのではないか，という不安	1	2	3	4
E．突然の病気に見舞われるのではないか，という不安	1	2	3	4
F．結婚できないのではないか，という不安	1	2	3	4

○恋人の有無（wave 8 問32）

問32．あなたは現在つきあっている方がいますか．あてはまる番号1つに○をつけてください．

1 現在いる　　2 過去にいた　　3 いない

○結婚意向（wave 8 問33）

問33．結婚について，あなたはどのように考えていますか．あてはまる番号1つに○をつけてください．

| 1 | ぜひ結婚したい | 3 | 結婚しなくてもよい | 5 | 結婚について考えていない |
| 2 | できれば結婚したい | 4 | 結婚したくない | | |

○現在独身でいる理由（wave 8 問34）

問34．あなたが現在独身でいる理由は，次の中から選ぶとすればどれですか．あてはまる番号すべてに○をつけてください．

1	結婚するにはまだ若すぎる	9	異性とうまくつきあえない
2	結婚する必要性をまだ感じない	10	結婚後の経済状況に不安がある
3	今は，仕事や学業にうちこみたい	11	現在の交際をもっと深めたい
4	今は，趣味や娯楽を楽しみたい	12	現在の交際相手との結婚を決めるきっかけがない
5	適当な相手にまだめぐり会わない	13	結婚資金が足りない
6	独身の自由や気楽さを失いたくない	14	親に反対されている
7	家の居心地がいい	15	結婚を予定している
8	異性（交際相手）とつきあう時間がない	16	その他（具体的に：　　　）

○ライフコース希望（wave 1 問26，wave 8 問35）

※ wave 1

問26．女性の仕事と結婚に関して，あなたはどうすることがよいと思いますか．あてはまる番号1つに○をつけてください．

1	仕事をせず，結婚して家庭に入る
2	結婚したら仕事をやめて，家庭に入る
3	子どもができたら仕事をやめて，家庭に入る
4	子どもができたらいったん仕事をやめ，子どもに手がかからなくなったら仕事をはじめる
5	結婚して子どもができても仕事をつづける
6	結婚しても子どもをつくらず，仕事をつづける
7	結婚しないで仕事をつづける
8	その他（具体的に：　　　）
9	わからない

※ wave 8

問35．女性の，家庭と仕事について，あなたの考えをうかがいます．
　　　あなたが女性の場合：あなた自身は，どのような生活をしたいと思いますか．
　　　あなたが男性の場合：あなたの配偶者になる人には，どのようにしてほしいと思いますか．
　　　あてはまる番号1つに○をつけてください．

1	仕事をせず，結婚して家庭に入る
2	結婚したら，もう仕事はしない
3	子どもができたら，もう仕事はしない
4	子どもができたらいったん仕事をやめ，子どもに手がかからなくなったら仕事をはじめる
5	結婚して子どもができても，仕事をつづける
6	結婚しても子どもをつくらず，仕事をつづける
7	結婚しないで仕事をつづける
8	その他（具体的に：　　　）
9	わからない

付　録　分析に使用した調査票の設問一覧

○生活満足度（wave 8 問 38）

問38. あなたは，ご自身の現在の生活について，全体としてどのくらい満足していますか．あてはまる番号1つに○をつけてください．

満足	やや満足	やや不満	不満
1	2	3	4

★第2章

○性別・学科（wave 1 問 1(a)・(b)）

問1. あなたについておたずねします．(a)と(b)のそれぞれについて，あてはまる番号1つに○をつけてください．(c)は，□内に数値を記入してください．

(a) 性別
1	男
2	女

(c) 年齢
□□ 歳

(b) 学科（具体的なコース名：例えば，特進・情報技術・自動車・福祉・国際など）
1	普通科 （コース： ）
2	商業科・商業系学科 （コース： ）
3	工業科・工業系学科 （コース： ）
4	農業科・水産科 （コース： ）
5	家庭科 （コース： ）
6	看護科 （コース： ）
7	総合学科 （コース： ）
8	その他 （コース： ）

○高校卒業時の予定進路（wave 1 問 3）

問3. 今の時点で，高校卒業後にどのような進路にすすむ予定ですか．あてはまる記号1つに○をつけてください．

A	正社員として内定をもらった（公務員試験を含む）
B	正社員として就職したいが，内定（公務員試験を含む）をまだもらっていない
C	専門学校・各種学校：進学先が決まっている
D	専門学校・各種学校：進学先が決まっていない
E	短大：進学先が決まっている
F	短大：進学先が決まっていない
G	4年制大学：進学先が決まっている
H	4年制大学：進学先が決まっていない
I	フリーター（進学でも就職でもなくアルバイトやパートで生活すること）
J	家業手伝い
K	その他（具体的に： ）
L	卒業後どうするかまったく決めていない

付　録　分析に使用した調査票の設問一覧

○価値観（wave 1 問 25 A・B・F・M，wave 8 問 27 A・B・F・M）
　※ wave 1 の設問を抜粋．選択肢は他の wave でも共通．

問25　次の事がらは，あなたにとってどれほど重要ですか．A～M のそれぞれについて，あてはまる番号1つに○をつけてください．

	とても重要	少し重要	重要ではない
A. 仕事で成功すること	1	2	3
B. 結婚して幸せな家庭生活をおくること	1	2	3
F. 子どもをもつこと	1	2	3
M. よい教育をうけること	1	2	3

○職業キャリア（wave 8 問 2）

問2．あなたの 2011 年 10 月現在の状況は，次のどれにあたりますか．あてはまる番号1つに○をつけてください．

就労	1	正社員
	2	公務員
	3	自営業主
	4	家族従業者
	5	非正社員（パート，アルバイト，契約社員，派遣社員，請負など）
就学	6	4年制大学（医歯薬学部を含む）
	7	短期大学
	8	専門・専修学校
	9	職業訓練校
	10	大学院
	11	社会人学生
その他	12	進学準備中（予備校通いを含む）
	13	無職だが，仕事を探して活動している
	14	出産・育児休業中
	15	病気療養中
	16	家にいる（専業主婦（夫）・家事手伝いを含む）

○家族形成（wave 8 問 30）

問30．あなたは現在結婚していますか．あてはまる番号1つに○をつけてください．

1 既婚（配偶者あり）	2 離別・死別	3 未婚

付　録　分析に使用した調査票の設問一覧

★第3章

○性別（wave 1 問1(a)）

問1. あなたについておたずねします．(a)と(b)のそれぞれについて，あてはまる番号1つに○をつけてください．(c)は，□内に数値を記入してください．

(a) 性別
1	男
2	女

○親元を離れて早く自立した方がいい（wave 1 問11K，wave 7 問23 R）
　　※ wave 1 の設問を抜粋．選択肢は他の wave でも共通．

問11. 最近，進学や正社員としての就職をせずにアルバイトやパートで生活する人（フリーター）や，結婚せずにずっと親と同居する人が増えていますが，そうした生き方についてどう思いますか．A～Oのそれぞれについて，あてはまる番号1つに○をつけてください．

	とても そう思う	まあ そう思う	あまりそう 思わない	まったくそう 思わない
K. 親元を離れて早く自立したほうがよい …	1	2	3	4

○親とちがうところに住む（wave 1 問29 B，wave 7 問28 A）

※ wave 1
問29. あなたは何歳ごろまでに，次のことをしたいと思いますか．A～Dのそれぞれについて，あてはまる番号1つに○をつけてください．

	すでに そうした	18～ 21歳	22～ 25歳	26～ 29歳	30～ 34歳	35歳 以上	そうする つもりはない
B. 親とちがうところに住む …	1	2	3	4	5	6	7

※ wave 7
問28. あなたは何歳ごろになったときに，次のことをしていたいと思いますか．A～Dのそれぞれについて，あてはまる番号1つに○をつけてください．

	すでに そうした	26～ 29歳	30～ 34歳	35～ 39歳	40歳 以上	そうする つもりはない
A. 親とちがうところに住む …	1	2	3	4	5	6

付　録　分析に使用した調査票の設問一覧

〇現在の仕事（wave 7 問 1）

問 1.　あなたの 2010 年 10 月現在の状況は，次のどれにあたりますか．あてはまる番号1つに〇をつけてください．

就労	1	正社員
	2	公務員
	3	自営業主
	4	家族従業者
	5	非正社員（パート，アルバイト，契約社員，派遣社員，請負など）
就学	6	4 年制大学（医歯薬学部を含む）
	7	短期大学
	8	専門・専修学校
	9	職業訓練校
	10	大学院
	11	社会人学生
その他	12	進学準備中（予備校通いを含む）
	13	無職だが，仕事を探して活動している
	14	出産・育児休業中
	15	病気療養中
	16	家にいる（専業主婦（夫）・家事手伝いを含む）
	17	特に何もしていない

〇最終学歴（wave 7 問 9・付問 9-1）

問 9.　あなたが最後に通った，または在学中の学校は，次のどれにあたりますか．あてはまる番号1つに〇をつけてください．

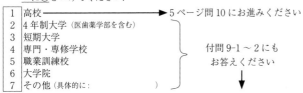

付問 9-1.　あなたはその学校を卒業しましたか，中退しましたか，それとも在学中ですか．あてはまる番号1つに〇をつけてください．

| 1 | 卒業 | | 2 | 中退 | | 3 | 在学中 |

〇自己啓発を行ううえで障害になること（wave 7 問 12）

問 12.　あなたが仕事にかかわる自己啓発を行うにあたり，障害になることがありますか．あてはまる番号すべてに〇をつけてください．

1	自己啓発を行う時間がない	4	どこで学べばよいかわからない
2	自己啓発の費用が高額である	5	どのような内容を学べばよいかわからない
3	自己啓発をしても仕事上評価されない	6	特にない

付　録　分析に使用した調査票の設問一覧

○手取り収入（wave 7 問 14）

問 14. あなたが仕事（アルバイトを含む）などから得る手取り収入は，1ヶ月平均いくらぐらいですか（ボーナスは含みません）．あてはまる番号1つに○をつけてください．

1	収入はない	5	10～12万円未満	9	18～20万円未満	13	26～28万円未満
2	5万円未満	6	12～14万円未満	10	20～22万円未満	14	28万円以上
3	5～8万円未満	7	14～16万円未満	11	22～24万円未満		（具体的に：　　　　）
4	8～10万円未満	8	16～18万円未満	12	24～26万円未満		

★第 4 章

○性別（wave 1 問 1(a)）

問 1. あなたについておたずねします．(a)と(b)のそれぞれについて，あてはまる番号1つに○をつけてください．(c)は，□内に数値を記入してください．

(a) 性別

1	男
2	女

○ライフコース希望（wave 1 問 26，wave 8 問 35）

※ wave 1
問 26. 女性の仕事と結婚に関して，あなたはどうすることがよいと思いますか．あてはまる番号1つに○をつけてください．

1	仕事をせず，結婚して家庭に入る
2	結婚したら仕事をやめて，家庭に入る
3	子どもができたら仕事をやめて，家庭に入る
4	子どもができたらいったん仕事をやめ，子どもに手がかからなくなったら仕事をはじめる
5	結婚して子どもができても仕事をつづける
6	結婚しても子どもをつくらず，仕事をつづける
7	結婚しないで仕事をつづける
8	その他（具体的に：　　　　　　　　　　）
9	わからない

※ wave 8
問 35. 女性の，家庭と仕事について，あなたの考えをうかがいます．
　　　　あなたが女性の場合：あなた自身は，どのような生活をしたいと思いますか．
　　　　あなたが男性の場合：あなたの配偶者になる人には，どのようにしてほしいと思いますか．
　　　あてはまる番号1つに○をつけてください．

1	仕事をせず，結婚して家庭に入る
2	結婚したら，もう仕事はしない
3	子どもができたら，もう仕事はしない

4	子どもができたらいったん仕事をやめ，子どもに手がかからなくなったら仕事をはじめる
5	結婚して子どもができても，仕事をつづける
6	結婚しても子どもをつくらず，仕事をつづける
7	結婚しないで仕事をつづける
8	その他（具体的に：　　　　　　　　　　　　）
9	わからない

○キャリアデザイン（wave 1 問 28，wave 2 A 票 問 35／B 票 問 19，wave 3 A 票 問 27／B 票 問 37／C 票 問 38／D 票 問 26，wave 4 A 票 問 24／B 票 問 20／C 票 問 21，wave 5 問 18，wave 7 問 27，wave 8 問 28）

※ wave 1の設問を抜粋．選択肢は他のwaveでも共通．

問 28．あなたは 30 歳ごろになったときに，どのような働き方をしていたいと思いますか．あてはまる番号 1 つに○をつけてください．

1	正社員として働きたい	5	アルバイトやパートで働きたい
2	自分で事業を起こしたい	6	専業主婦・主夫になりたい
3	親の家業をつぎたい	7	その他（具体的に：　　　　　）
4	独立して一人で仕事をしたい	8	わからない

○現在の状況（wave 7 問 1）

問 1．あなたの 2010 年 10 月現在の状況は，次のどれにあたりますか．あてはまる番号 1 つに○をつけてください．

	1	正社員
就労	2	公務員
	3	自営業主
	4	家族従業者
	5	非正社員（パート，アルバイト，契約社員，派遣社員，請負など）
就学	6	4年制大学（医歯薬学部を含む）
	7	短期大学
	8	専門・専修学校
	9	職業訓練校
	10	大学院
	11	社会人学生
その他	12	進学準備中（予備校通いを含む）
	13	無職だが，仕事を探して活動している
	14	出産・育児休業中
	15	病気療養中
	16	家にいる（専業主婦（夫）・家事手伝いを含む）
	17	特に何もしていない

付　録　分析に使用した調査票の設問一覧

○自立の状況および見込み（wave 7 問 28 A～D）

問28. あなたは何歳ごろになったときに，次のことをしていたいと思いますか．A～Dのそれぞれについて，あてはまる番号1つに○をつけてください．

	すでにそうした	26～29歳	30～34歳	35～39歳	40歳以上	そうするつもりはない
A. 親とちがうところに住む	1	2	3	4	5	6
B. 結婚する	1	2	3	4	5	6
C. 最初の子どもをもつ	1	2	3	4	5	6
D. 自分の家を買う	1	2	3	4	5	6

○学歴（wave 8 問 10・付問 10-1）

問10. あなたが最後に通った，または在学中の学校は，次のどれにあたりますか．あてはまる番号1つに○をつけてください．

1	高校
2	4年制大学（医歯薬学部を含む）
3	短期大学
4	専門・専修学校
5	職業訓練校
6	大学院
7	その他（具体的に：　　　　）

付問 10-1. あなたはその学校を卒業しましたか，中退しましたか，それとも在学中ですか．あてはまる番号1つに○をつけてください．

| 1 | 卒業 | 2 | 中退 | 3 | 在学中 |

○婚姻状況（wave 8 問 30）

問30. あなたは現在結婚していますか．あてはまる番号1つに○をつけてください．

| 1 | 既婚（配偶者あり） | 2 | 離別・死別 | 3 | 未婚 |

★第5章

○性別（wave 1 問 1(a)）

問1. あなたについておたずねします．(a)と(b)のそれぞれについて，あてはまる番号1つに○をつけてください．(c)は，□内に数値を記入してください．

(a) 性別

| 1 | 男 |
| 2 | 女 |

付　録　分析に使用した調査票の設問一覧

○非正規雇用経験の有無（wave 1～wave 7）
　※wave 7の場合

問1. あなたの2010年10月現在の状況は，次のどれにあたりますか．あてはまる番号1つに○をつけてください．

就労	1	正社員
	2	公務員
	3	自営業主
	4	家族従業者
	5	非正社員（パート，アルバイト，契約社員，派遣社員，請負など）
就学	6	4年制大学（医歯薬学部を含む）
	7	短期大学
	8	専門・専修学校
	9	職業訓練校
	10	大学院
	11	社会人学生
その他	12	進学準備中（予備校通いを含む）
	13	無職だが，仕事を探して活動している
	14	出産・育児休業中
	15	病気療養中
	16	家にいる（専業主婦（夫）・家事手伝いを含む）
	17	特に何もしていない

○フリーター観（wave 問11 A～C・F～I，wave 問23 A～C・F～I）
　※wave 1の設問を抜粋．選択肢は他のwaveでも共通．

問11. 最近，進学や正社員としての就職をせずにアルバイトやパートで生活する人（フリーター）や，結婚せずにずっと親と同居する人が増えていますが，そうした生き方についてどう思いますか．A～Oのそれぞれについて，あてはまる番号1つに○をつけてください．

	とてもそう思う	まあそう思う	あまりそう思わない	まったくそう思わない
A. 働き口が減っているのでしかたない	1	2	3	4
B. 自分がやりたいことを探すためにはよいことだ	1	2	3	4
C. 本人が無気力なせいだ	1	2	3	4
F. 夢を実現するためにフリーターをしている人はかっこいい	1	2	3	4
G. だれでもフリーターになるかもしれない	1	2	3	4
H. フリーターになると，あとあとまで不利だ	1	2	3	4
I. フリーターもりっぱな1つの働き方だ	1	2	3	4

付　録　分析に使用した調査票の設問一覧

○進路意識の曖昧さ（wave 1 問 13 C）
○現在志向（wave 1 問 13 F）
○やりたいこと志向（wave 1 問 13 O）

問 13. 次のような事がらは，あなたにどれほどあてはまりますか．A～S のそれぞれについて，あてはまる番号1つに○をつけてください．

	とてもあてはまる	ややあてはまる	あまりあてはまらない	まったくあてはまらない
C. 自分の進路について今でも悩んでいる	1	2	3	4
F. 将来よりも今の生活を楽しみたいと思う	1	2	3	4
O. 若いうちはやりたくない仕事にはつきたくない	1	2	3	4

○努力より運（wave 1 問 24 A）

問 24. 次のような事がらは，あなたにどれほどあてはまりますか．A～F のそれぞれについて，あてはまる番号1つに○をつけてください．

	とてもあてはまる	ややあてはまる	あまりあてはまらない	まったくあてはまらない
A. 成功するためには，努力より運が重要だと思う	1	2	3	4

○学歴（wave 7 問 9・付問 9-1）

問 9. あなたが最後に通った，または在学中の学校は，次のどれにあたりますか．あてはまる番号1つに○をつけてください．

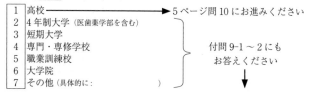

1　高校　──────────→ 5ページ問 10 にお進みください
2　4 年制大学（医歯薬学部を含む）
3　短期大学
4　専門・専修学校　　　　　　　　　付問 9-1～2 にも
5　職業訓練校　　　　　　　　　　　お答えください
6　大学院
7　その他（具体的に：　　　　　）

付問 9-1. あなたはその学校を卒業しましたか，中退しましたか，それとも在学中ですか．あてはまる番号1つに○をつけてください．

1　卒業　　2　中退　　3　在学中

付　録　分析に使用した調査票の設問一覧

★第6章

○性別（wave 1 問1(a)）

問1.　あなたについておたずねします．(a)と(b)のそれぞれについて，あてはまる番号1つに○をつけてください．(c)は，□内に数値を記入してください．

(a) 性別
- 1　男
- 2　女

○現在の状況（wave 6 問1）

問1.　あなたの2009年10月現在の状況は，次のどれにあたりますか．
　　　あてはまる番号1つに○をつけてください．

就労
- 1　正社員
- 2　公務員
- 3　自営業主
- 4　家族従業者
- 5　非正社員（パート，アルバイト，契約社員，派遣社員，請負など）

就学
- 6　4年制大学（医歯薬学部を含む）
- 7　短期大学
- 8　専門・専修学校
- 9　職業訓練校
- 10　大学院
- 11　社会人学生

その他
- 12　進学準備中（予備校通いを含む）
- 13　無職だが，仕事を探して活動している
- 14　出産・育児休業中
- 15　病気療養中
- 16　家にいる（専業主婦（夫）・家事手伝いを含む）
- 17　特に何もしていない

○学歴（wave 6 問4）

問4.　あなたが最後に通った，または在学中の学校は，次のどれにあたりますか．
　　　あてはまる番号1つに○をつけてください．

- 1　高校
- 2　4年制大学（医歯薬学部を含む）
- 3　短期大学
- 4　専門・専修学校
- 5　職業訓練校
- 6　大学院
- 7　その他（具体的に：　　　　　　）

付問4-1.　あなたはその学校を卒業しましたか，中退しましたか，それとも在学中ですか．
　　　　あてはまる番号1つに○をつけてください．

- 1　卒業　　2　中退　　3　在学中

245

付　録　分析に使用した調査票の設問一覧

○不公平感（wave 6 問 18）

問 18. あなたは，今の日本社会に，以下に示したような不公平があると思いますか．
　　　　A～Fのそれぞれについて，あてはまる番号1つに〇をつけてください．

	とても ある	少し ある	あまり ない	まったく ない
A. 性別による不公平	1	2	3	4
B. 年齢による不公平	1	2	3	4
C. 学歴による不公平	1	2	3	4
D. 雇用形態（正規・非正規）による不公平	1	2	3	4
E. 育った家庭による不公平	1	2	3	4
F. 地域（都市部・地方）による不公平	1	2	3	4

○投票／棄権（wave 6 問 20）

問 20. あなたは前回の衆議院選挙（2009 年 8 月）の比例代表で，次のどの政党に投票をしましたか．
　　　あてはまる番号1つに〇をつけてください．

1	自由民主党	6	国民新党
2	公明党	7	新党日本
3	民主党	8	みんなの党
4	社会民主党	9	その他（具体的に：　　　　）
5	共産党	10	投票に行かなかった

★※以下は，中心的な分析ではないが本文中で言及した他の分析でもちいた変数（使用順）★

○投票／棄権（wave 7 問 26）

問 26. あなたは前回の参議院選挙（2010 年 7 月）の比例代表で，次のどの政党に投票をしましたか．
　　　あてはまる番号1つに〇をつけてください．

1	自由民主党	6	国民新党
2	公明党	7	みんなの党
3	民主党	8	その他（具体的に：　　　　）
4	社会民主党	9	投票に行かなかった
5	共産党		

○労働知識（wave 6 問 15）

問 15. 次のなかで，働く人の権利や義務について，法律で決められているものはどれだと思いますか．
　　　　A～Fのそれぞれについて，あてはまる番号1つに〇をつけてください．

	決められて いる	決められて いない	わからない
A. アルバイトでも労働組合をつくれる	1	2	3
B. 子どもが生まれたら育児休暇をとらなければならない	1	2	3
C. 残業したら残業手当を要求できる	1	2	3
D. 働く人は必ず一定以上の時給をもらえる	1	2	3
E. アルバイトは有給休暇を認められない	1	2	3
F. 20歳になったらだれでも，国民年金の保険料を払わなければならない	1	2	3

付　録　分析に使用した調査票の設問一覧

〇収入（wave 6 問 12）

問 12. あなたが仕事（アルバイトを含む）などから得る手取り収入は，1ヶ月平均いくらぐらいですか（ボーナスは含みません）．あてはまる番号1つに〇をつけてください．

1	収入はない	6	12〜14万円未満	11	22〜24万円未満
2	5万円未満	7	14〜16万円未満	12	24〜26万円未満
3	5〜8万円未満	8	16〜18万円未満	13	26〜28万円未満
4	8〜10万円未満	9	18〜20万円未満	14	28万円以上
5	10〜12万円未満	10	20〜22万円未満		（具体的に：　　　）

〇過去の非正規経験（wave 5 問 1）

問 1. あなたは過去5年間，どのように過ごしていましたか．それぞれの時期について，あてはまる番号1つに〇をつけてください．

		2004年4月 高卒直後	2004年10月 高卒1年目	2005年10月 高卒2年目	2006年10月 高卒3年目	2007年10月 高卒4年目	2008年10月 高卒5年目
就労	1. 正社員	1	1	1	1	1	1
	2. 公務員	2	2	2	2	2	2
	3. 自営業主	3	3	3	3	3	3
	4. 家族従業者	4	4	4	4	4	4
	5. 非正社員（パート，アルバイト，派遣社員，請負など）	5	5	5	5	5	5
就学	6. 4年制大学（医歯薬学部を含む）	6	6	6	6	6	6
	7. 短期大学	7	7	7	7	7	7
	8. 専門・専修学校	8	8	8	8	8	8
	9. 職業訓練校	9	9	9	9	9	9
	10. 大学院						10
	11. 社会人学生	11	11	11	11	11	11
その他	12. 進学準備中（予備校通いを含む）	12	12	12	12	12	12
	13. 無職だが，仕事を探して活動している	13	13	13	13	13	13
	14. 出産・育児休業中	14	14	14	14	14	14
	15. 病気療養中	15	15	15	15	15	15
	16. 家にいる（専業主婦(夫)・家事手伝いを含む）	16	16	16	16	16	16
	17. 特に何もしていない	17	17	17	17	17	17

付　録　分析に使用した調査票の設問一覧

★第7章（※この章のみ，JLPS-Y・JLPS-M のデータを使用）

○性別・生年月（wave 1 問 1 (1)・(2)）

問 1. あなたの性別とお生まれの年月をお教えください．
(1) 性別

1. 男性	2. 女性

(2) お生まれの年月

西暦 昭和	年	月

○現在の状況（wave 1 問 3，wave 2 問 2，wave 3 問 2，wave 4 問 2，wave 5 問 2，wave 6 問 2）

※ wave 1 の設問を抜粋．選択肢は他の wave でも共通．

問 3. あなたはふだん何か収入になる仕事（学生アルバイトを含む）をしていますか．（○は 1 つ）

1. している
2. していない

(1) ふだん，主に何をしていますか．（○は 1 つ）

1. 通学している
2. 家事をしている
3. その他

仕事とは，収入を伴う仕事をいい，自家営業（農業や店の仕事など）の手伝いや内職・パートタイム・アルバイトを含めます．

○現在の働き方（正規／非正規）（wave 1 問 4，wave 2 問 3 (1)，wave 3 問 3 (1)，wave 4 問 3 (1)，wave 5 問 3 (1)，wave 6 問 3 (1)）

※ wave 1

問 4. あなたの現在および最初に就いたお仕事についてうかがいます（現在働いていない方は，直近の（最後に就いた）お仕事についてうかがいます）．

〈現在（直近）のお仕事〉と〈学校を卒業後，最初に就いたお仕事〉が同じ場合は，A にのみ回答してください．	A. 現在（直近）のお仕事	B. 学校を卒業後最初に就いたお仕事
(1) 働き方　もっとも近いものを1つ選んでください．（○は1つ）		
1. 経営者，役員	1	1
2. 正社員・正職員	2	2
3. パート・アルバイト（学生アルバイトを含む）・契約・臨時・嘱託	3	3
4. 派遣社員	4	4
5. 請負社員	5	5
6. 自営業主，自由業者	6	6
7. 家族従業者	7	7
8. 内職	8	8
9. その他	9 → [9. その他] ← 9	

学生アルバイトの方はA．現在（直近）のお仕事にのみお答え下さい

付　録　分析に使用した調査票の設問一覧

※ wave 2 以降
問3．あなたの現在のお仕事についてうかがいます．
(1) **働き方**　もっとも近いものを1つ選んでください．（○は1つ）

1. 経営者，役員	4. 派遣社員	8. 内職
2. 正社員・正職員	5. 請負社員	9. その他
3. パート・アルバイト	6. 自営業主，自由業者	（具体的に： 　　　）
（学生アルバイトを含む）	7. 家族従業者	
契約・臨時・嘱託		

○現在の暮らし向き（wave 1 問12）

問12　現在のあなたのお宅の暮らしむきは，この中のどれにあたるでしょうか．（○は1つ）

1	2	3	4	5
豊か	やや豊か	ふつう	やや貧しい	貧しい

○15歳時の暮らし向き（wave 1 問16）

問16．あなたが15歳だった頃（中学卒業時），あなたのお宅の暮らしむきは，この中のどれにあたるでしょうか．当時のふつうの暮らしむきとくらべてお答えください．（○は1つ）

1	2	3	4	5	6
豊か	やや豊か	ふつう	やや貧しい	貧しい	わからない

○15歳時の自宅の本の量（wave 1 問19）

問19　あなたが15歳だった頃（中学卒業時），あなたのお宅には本がどのくらいありましたか．雑誌，新聞，教科書，漫画，コミックは含めないでお答えください．（○は1つ）

0. 0冊（家に本は無かった）	5. 101冊〜200冊
1. 10冊以下	6. 201冊〜500冊
2. 11冊〜25冊	7. 501冊以上
3. 26冊〜50冊	8. わからない
4. 51冊〜100冊	

○15歳時の家庭の雰囲気（wave 1 問21）

問21．あなたが15歳だった頃（中学卒業時），あなたの育った家庭の雰囲気はいかがでしたか．（○は1つ）

| 1. 暖かい雰囲気だった | 3. どちらかというと暖かい雰囲気ではなかった |
| 2. どちらかというと暖かい雰囲気だった | 4. 暖かい雰囲気ではなかった |

付　録　分析に使用した調査票の設問一覧

○父・母の働き方・職種（wave 1 問 22（1）（2））

問 22. あなたが 15 歳だった頃（中学卒業時），ご両親はどのようなお仕事をなさっていましたか．

	A. 父親	B. 母親
(1) 働き方　もっとも近いものを１つ選んでください．（○は１つ）		
1. 経営者，役員	1	1
2. 正社員・正職員	2	2
3. パートなど（契約・臨時・嘱託・請負等含む）	3	3
4. 自営業主，自由業者	4	4
5. 家族従業者	5	5
6. 内職	6	6
7. 無職（専業主婦・主夫を含む）	7 〔父の(2)〜(4)は回答不要〕	7 〔母の(2)〜(4)は回答不要〕
8. 学生	8	8
9. 当時父・母はいなかった	9	9
10. その他	10 → ［10. その他 具体的に　　　　］ ← 10	
(2) お仕事の内容　もっとも近いものを１つ選んでください．（○は１つ）		
1. 専門職・技術職 （医師，看護師，弁護士，教師，技術者，デザイナーなど専門的知識・技術を要するもの）	1	1
2. 管理職 （企業・官公庁における課長職以上，議員，経営者など）	2	2
3. 事務職 （企業・官公庁における一般事務，経理，内勤の営業など）	3	3
4. 販売職 （小売・卸売店主，店員，不動産売買，保険外交，外勤のセールスなど）	4	4
5. サービス職 （理・美容師，料理人，ウェイトレス，ホームヘルパーなど）	5	5
6. 生産現場職・技能 （製品製造・組立，自動車整備，建設作業員，大工，電気工事，農水産物加工など）	6	6
7. 運輸・保安職 （トラック運転手，船員，郵便配達，通信士，警察官，消防官，自衛官，警備員など）	7	7
8. その他	8	8
9. わからない	9	9

付　録　分析に使用した調査票の設問一覧

○本人・父・母の教育年数（wave 1 問 23）

問 23. 次のうち，あなたが最後に通った（または現在通学中の）学校はどれですか．あてはまるもの 1 つに○をつけてください．配偶者やご両親についても，わかる範囲で同様にお答えください．

	あなた	配偶者	父親	母親	(注)
1. 中学校	1	1	1	1	旧制の学校は次のように読み替えてください．
2. 高等学校	2	2	2	2	〈1. 中学校〉とするもの　尋常小学校（国民学校含む）　高等小学校
3. 専修学校（専門学校）	3	3	3	3	〈2. 高等学校〉とするもの　旧制中学校，高等女学校
4. 短期大学・高等専門学校（5 年制）	4	4	4	4	実業学校，商業学校，師範学校
5. 大学	5	5	5	5	〈5. 大学〉とするもの
6. 大学院	6	6	6	6	旧制大学，旧制高等学校
7. わからない	7	7	7	7	旧制専門学校，高等師範学校
8. 配偶者はいない	×	8	×	×	〈6. 大学院〉とするもの　旧制大学院

○生活全般への満足（wave 1 問 30 D，wave 2 問 32 D，wave 3 問 23 F，wave 4 問 20 F，wave 5 問 18 F，wave 6 問 18 F）

※ wave 1 の設問を抜粋．選択肢は他の wave でも共通．

問 30. 次のことについて，現在あなたはどのくらい満足していますか．（○はそれぞれにつき 1 つ）

	満足している	どちらかといえば満足している	どちらともいえない	どちらかといえば不満である	不満である	非該当
D. 生活全般	1	2	3	4	5	

○階層帰属意識（wave 1 問 35）

問 35. かりに社会全体を上から順に 1 から 10 の層に分けるとすれば，あなた自身は，このどれに入ると思いますか．（○は 1 つ）

1	2	3	4	5	6	7	8	9	10
一番上 ←								→	一番下

○将来の自分の生活・仕事に希望（wave 1 問 36，wave 2 問 34，wave 3 問 30，wave 4 問 25，wave 5 問 22，wave 6 問 22）

※ wave 1 の設問を抜粋．選択肢は他の wave でも共通．

問 36. あなたは，将来の自分の仕事や生活に希望がありますか．（○は 1 つ）

1	2	3	4	5
大いに希望がある	希望がある	どちらともいえない	あまり希望がない	まったく希望がない

付　録　分析に使用した調査票の設問一覧

○日本の所得の格差は大きすぎる（wave 1 問 38 A，wave 2 問 36 C，wave 3 問 31 B，wave 4 問 28 C，wave 5 問 25 B，wave 6 問 23 C）
※wave 1の設問を抜粋．選択肢は他のwaveでも共通．

問 38．日本社会に関する以下のような意見について，あなたはどう思いますか．もっとも近いと思う番号1つに○をつけてください．（○はそれぞれにつき1つ）

	そう思う	どちらかといえばそう思う	どちらともいえない	どちらかといえばそう思わない	そう思わない	わからない
A. 日本の所得の格差は大きすぎる	1	2	3	4	5	6

○所得格差を縮めるのは政府の責任（wave 1 問 40 C，wave 2 問 38 C，wave 3 問 35 C，wave 4 問 36 C，wave 5 問 29 C，wave 6 問 28 C）
○社会福祉は財政が苦しくても極力充実するべき（wave 1 問 40 E，wave 2 問 38 E，wave 3 問 35 E，wave 4 問 36 E，wave 5 問 29 E，wave 6 問 28 E）
※wave 1の設問を抜粋．選択肢は他のwaveでも共通．

問 40．あなたは以下のような意見について，賛成ですか，反対ですか．もっとも近いと思う番号1つに○をつけてください．（○はそれぞれにつき1つ）

	賛成	どちらかといえば賛成	どちらともいえない	どちらかといえば反対	反対	わからない
C. 収入の多い人と少ない人の所得格差を縮めるのは政府の責任だ	1	2	3	4	5	6
E. 年金や老人医療などの社会福祉は財政が苦しくても極力充実するべきだ	1	2	3	4	5	6

○個人収入・世帯収入（wave 1 問 47，wave 2 問 48，wave 3 問 36，wave 4 問 37，wave 5 問 35，wave 6 問 34）
※wave 1の設問を抜粋．選択肢は他のwaveでも共通．

問 47．過去一年間の収入についてうかがいます．あなた個人，配偶者，世帯全体の収入はそれぞれどれくらいでしょうか．臨時収入，副収入も含めてお答えください．

	あなた個人	配偶者	世帯全体
1. なし	1	1	1
2. 25万円未満	2	2	2
3. 50万円くらい（25～75万円未満）	3	3	3
4. 100万円くらい（75～150万円未満）	4	4	4
5. 200万円くらい（150～250万円未満）	5	5	5
6. 300万円くらい（250～350万円未満）	6	6	6
7. 400万円くらい（350～450万円未満）	7	7	7
8. 500万円くらい（450～600万円未満）	8	8	8
9. 700万円くらい（600～850万円未満）	9	9	9
10. 1,000万円くらい（850～1,250万円未満）	10	10	10
11. 1,500万円くらい（1,250～1,750万円未満）	11	11	11
12. 2,000万円くらい（1,750～2,250万円未満）	12	12	12
13. 2,250万円以上	13	13	13
14. わからない	14	14	14
15. 配偶者はいない		15	

付　録　分析に使用した調査票の設問一覧

○婚姻状態（wave 1 問 50, wave 2 問 52, wave 3 問 42, wave 4 問 45, wave 5 問 43, wave 6 問 41）

※ wave 1
問 50. あなたは現在結婚していますか．

1. 未婚
2. 既婚（配偶者あり）
3. 死別
4. 離別

※ wave 2 以降
問 52. あなたは現在結婚していますか．（○は 1 つ）

1. 既婚（事実婚を含む）
2. 未婚
3. 死別
4. 離別

○交際相手の有無（wave 1 問 58, wave 2 問 59, wave 3 問 51, wave 4 問 54, wave 5 問 53, wave 6 問 52）
　　※ wave 2 の設問を抜粋．選択肢は他の wave でも共通．
問 59. 現在，交際している人はいますか．（○は 1 つ）

1. 婚約者がいる
2. 特定の交際相手がいる
3. 現在はいない

○10 年後の暮らし向きの予想（wave 1 問 62, wave 2 問 63, wave 3 問 57, wave 4 問 26, wave 5 問 27, wave 6 問 25）
　　※ wave 1 の設問を抜粋．選択肢は他の wave でも共通．
問 62. 10 年後のあなたの暮らしむきは，今よりも良くなると思いますか．それとも悪くなると思いますか．（○は 1 つ）

1	2	3	4	5
良くなる	少し良くなる	変わらない	少し悪くなる	悪くなる

○日本社会に希望はあるか（wave 2 問 36 A, wave 3 問 31 A, wave 4 問 28 A, wave 5 問 25 A, wave 6 問 23 A）
　　※ wave 2 の設問を抜粋．選択肢は他の wave でも共通．
問 36. 日本社会に関する以下のような意見について，あなたはどう思いますか．もっとも近いと思う番号 1 つに○をつけてください．（○はそれぞれにつき 1 つ）

	そう思う	どちらかといえばそう思う	どちらともいえない	どちらかといえばそう思わない	そう思わない	わからない
A. 日本の社会には，希望がある	1	2	3	4	5	6

253

索　引

あ行

アスピレーション　66, 69, 76, 78, 112, 207
有田伸　196
アンペイドワーク　220, 222
移行　14
石田浩　22
意図せざる結果　193
岩上真珠　84
インタビュー調査　24, 85, 86
ウィルキンソン　194
エスピン＝アンデルセン　99
横断的調査　21, 124
親子関係　12, 43, 50

か行

格差　8, 33, 99, 151, 159, 163, 189, 191, 195, 210, 215, 218, 219
家族形成　7, 31, 67, 72, 76, 111
価値観　57, 62, 64, 206
学校基本調査　109
苅谷剛彦　3, 4, 22, 134
基礎的平等化　177, 218
希望　20, 177, 179-184, 187, 195, 217
キャリア形成　72, 76
キャリアデザイン　112-115, 117-128, 211, 212
久木元真吾　137
熊沢誠　15
久米田康治　178
クロス表　40
クロス表分析　35
経済的自立　5, 13, 103, 220, 224
経済的に自立　97
結婚　14, 46, 115, 116
現在志向　140, 150, 214

さ行

玄田有史　135
高卒就職者　3, 24
高卒パネル調査　23
公的支援　191, 219
高等教育　6, 8, 100, 227
幸福感　32, 34
小杉礼子　113, 134
ゴフマン　171
固定効果モデル　182

さ行

幸せ感　33, 38, 41, 50, 53, 203
ジェンダー　8, 9, 13, 33, 50, 67, 69, 119, 220
自己肯定　136, 137, 145, 213, 215
仕事キャリア　33
失業　6, 7
失業者　10
社会階級　9
社会生活基本調査　220
ジャット　194
重回帰分析　184
出身階層　184, 217
主婦パート　158, 222
準拠集団　53, 137, 138, 149, 170
奨学金　195, 210, 219, 227
ジョーンズ＆ウォーレス　4, 13, 21, 136
職業キャリア形成　64
女性パート　222
白川一郎　135
自立　5, 88, 89, 208, 219, 227
白波瀬佐和子　85
新規学卒　11, 110
新規学卒一括採用　3, 8, 11, 61
スティグマ　171
生活時間　219

索　引

生活満足　182
生活満足度　33, 34, 38, 185, 205
正規雇用　15, 25, 36, 110, 133, 136, 138, 146, 150, 158, 186, 214, 221
政治的社会化　159, 173
正社員　16-18, 31, 163, 164
性別役割分業　13, 53
セーフティネット　194, 219
絶望　189
相対的剥奪感　196
総務省統計局　220
損失回避性　190, 193, 218

た行
貸与型奨学金　94, 100
太郎丸博　19
男女雇用機会均等法　13, 118
長時間労働　14, 15, 18, 19, 52, 59, 224
粒来香（佐藤香）　4, 134
東京大学社会科学研究所　22, 178
投票　166
投票行動　158, 216
トランジション　3, 4, 8, 9

な行
中山慶子　123
ニート　15
2項ロジスティック回帰分析　72, 76, 142, 223
2項ロジット　167
仁田道夫　179
日本型雇用システム　16, 17, 19, 58
日本的雇用　225
ネガティビティ・バイアス　190

は行
パート　220-222
パートタイム労働　11, 59, 225
ハイブリッドモデル　187
働き方とライフスタイルの変化に関する全国調査（JLPS）　22, 179
パネル調査　114
パネル調査データ　21, 34, 43
濱口桂一郎　16
林拓也　112
パラサイト・シングル　12
樋口美雄　16
非正規雇用　11, 15, 25, 31, 36, 133-138, 140, 142, 146, 151, 169, 186, 213, 220
非正規労働　18
平野浩　172
貧困　99, 195
不安　48, 50, 193, 195, 218, 219
福祉　99, 102, 103, 191
福祉政策　6, 8
不公平　159, 164, 165, 167, 169, 216
フリーター　4, 11, 15, 133, 134, 138-140, 146, 148-151, 214
古市憲寿　32
分散分析　49
ペイドワーク　220
本田由紀　32, 135

ま行
未婚者　35
未婚女性　50
水町勇一郎　20, 226
三輪哲　113
無業者　3
村上龍　178
文部科学省　109

や行
保田時男　32
山田昌弘　83, 178
やりたいこと志向　140, 150, 214
郵送法　25
予言の自己成就　192

索　引

ら行
ライフイベント　5, 9, 57, 157
ライフコース　4, 8, 14, 32, 47, 57, 80, 123-126, 128, 208, 212
ライフデザイン　46, 50, 54, 90
離家　14, 83, 89, 92, 99, 102, 115, 116, 208
離職　15
レリバンス　65, 66, 78, 79, 207, 227
労働時間　37
労働政策研究・研修機構　113
労働力調査　160
ロジスティック回帰分析　127

わ行
ワーク・ライフ・バランス　14, 16, 19, 54, 80, 204, 207, 224

アルファベット
JLPS-H　21, 23-25, 58, 61, 85, 114, 138, 161, 165, 166, 206, 227
JLPS-M　25, 227
JLPS-Y　25, 227
NELS　23, 58, 60, 206
OECD　59
SSM 調査データ　164

執筆者紹介 (執筆順. ＊は編者)

石田　浩 (いしだ　ひろし)
　　1954 年生まれ．ハーバード大学大学院社会学部 Ph. D
　現　在　東京大学社会科学研究所教授
　主　著

佐藤　香 (さとう　かおる) [旧姓：粒来] ＊
　　1690 年生まれ．東京工業大学大学院社会理工学研究科博士課程／博士（工学）
　現　在　東京大学社会科学研究所教授
　主　著　『社会移動の歴史社会学』(2004 年，東洋館出版社)
　　　　　「学校から職業への移行とライフチャンス」佐藤嘉倫・尾嶋史章編『現代の階層社会 1　格差と多様性』(2011 年，東京大学出版会，65-79 頁)
　　　　　「仕事と家庭における公正」盛山和夫・上野千鶴子・武川正吾編『公共社会学 2　少子高齢社会の公共性』(2012 年，東京大学出版会，271-285 頁)

鈴木富美子 (すずき　ふみこ)
　　1959 年生まれ．大阪大学大学院人間科学研究科社会学専攻博士課程修了／博士（人間科学）
　現　在　東京大学社会科学研究所助教
　主　著　「育児期のワーク・ライフ・バランス」稲葉昭英・保田時男・田渕六郎・田中重人編『日本の家族 1999-2009：全国家族調査［NFRJ］による計量社会学』(2016 年，東京大学出版会)
　　　　　「休日における夫の家事・育児への関与は平日の『埋め合わせ』になるのか──妻の就業形態，ライフステージ，生活時間に着目して」『季刊家計経済研究』(2011 年，公益財団法人家計経済研究所) など

深堀聰子 (ふかほり　さとこ)
　　1967 年生まれ．コロンビア大学大学院教育学研究科 Ph. D.
　現　在　国立教育政策研究所高等教育研究部長
　主　著　『アウトカムに基づく大学教育の質保証──チューニングとアセスメントにみる世界の動向』(2015 年，東信堂)
　　　　　米川英樹・深堀聰子「アメリカ──企業型経営の成果と代償」志水宏吉・山田哲也編『学力格差是正策の国際比較』(2015 年，岩波書店)

伊藤秀樹 (いとう　ひでき)
　　1983 年生まれ．東京大学大学院教育学研究科博士課程単位取得退学／博士（教育学）
　現　在　東京学芸大学教育学部講師
　主　著　『高等専修学校における適応と進路──後期中等教育のセーフティネット』(近刊，東信堂)
　　　　　「スタッフのストレスと喜び」「ダルクにいれば安心」「スイッチを入れるための覚せい剤」ダルク研究会編著『ダルクの日々──薬物依存者たちの生活と人生』(2013 年，知玄舎)

元治恵子（げんじ　けいこ）
1965 年生まれ．立教大学大学院社会学研究科応用社会学専攻博士後期課程単位取得退学／社会学修士
現　在　明星大学人文学部教授
主　著　「戦後復興期の女性労働」橋本健二編『戦後日本社会の誕生』（2015 年，弘文堂）
　　　　「職業評定の国際比較――日本，韓国，アメリカの 3 国間比較」石田浩他編著『現代の階層社会 趨勢と比較』（2011 年，東京大学出版会）

山口泰史（やまぐち　やすふみ）
1989 年生まれ．東京大学大学院教育学研究科修士課程修了／修士：教育学
現　在　東京大学大学院教育学研究科・博士課程／日本学術振興会特別研究員 DC1
主　著　「大学費用負担政策における世代間対立――社会負担の増加に対する世代間意識格差の検討」矢野眞和編『教育財政および費用負担の比較社会的研究』（2008-2011 年度科学研究費補助金研究成果報告書）

長尾由希子（ながお　ゆきこ）
1976 年生まれ．東京大学大学院教育学研究科博士課程単位取得満期退学
現　在　聖カタリナ大学人間健康福祉学部教授

田辺俊介（たなべ　しゅんすけ）
1976 年生まれ．東京都立大学大学院社会科学研究科博士課程単位取得退学／博士（社会学）
現　在　早稲田大学文学学術院准教授
主　著　『ナショナル・アイデンティティの国際比較』（2010 年，慶應義塾大学出版会）
　　　　『民主主義の「危機」――国際比較調査からみる市民意識』（編著，2014 年，勁草書房）

格差の連鎖と若者　第3巻
ライフデザインと希望

2017年3月20日　第1版第1刷発行

監修者　石　田　　　浩
編　者　佐　藤　　　香
発行者　井　村　寿　人

発行所　株式会社　勁　草　書　房
112-0005 東京都文京区水道2-1-1　振替 00150-2-175253
（編集）電話 03-3815-5277／FAX 03-3814-6968
（営業）電話 03-3814-6861／FAX 03-3814-6854
本文組版 プログレス・日本フィニッシュ・松岳社

©SATOU Kaoru　2017

ISBN978-4-326-64884-9　　Printed in Japan　　

〈(社)出版者著作権管理機構 委託出版物〉
本書の無断複写は著作権法上での例外を除き禁じられています。
複写される場合は、そのつど事前に、(社)出版者著作権管理機構
（電話 03-3513-6969、FAX 03-3513-6979、e-mail: info@jcopy.or.jp)
の許諾を得てください。

＊落丁本・乱丁本はお取替いたします。

http://www.keisoshobo.co.jp

佐藤博樹 武石恵美子 編著	ワーク・ライフ・バランスと働き方改革	2400円
佐藤博樹 武石恵美子 編著	人を活かす企業が伸びる 人事戦略としてのワーク・ライフ・バランス	2800円
佐藤博樹 永井暁子 三輪 哲 編著	結婚の壁 非婚・晩婚の構造	2400円
中澤 渉	なぜ日本の公教育費は少ないのか 教育の公的割合を問いなおす	3800円
中澤 渉 藤原 翔 編著	格差社会の中の高校生 家族・学校・進路選択	3200円
大島正夫	大学就職部にできること	2700円

石田 浩 監修
―― 格差の連鎖と若者 ――

石田 浩 編
第1巻 教育とキャリア　　3000円

佐藤 博樹 編
第2巻 結婚と若者　　近刊

佐藤 香 編
第3巻 ライフデザインと希望　　2800円

―― 勁草書房刊

＊刊行状況と表示価格は2017年3月現在。消費税は含まれておりません。